몸젠의 로마사 제5권

혁명: 농지개혁부터 드루수스의 개혁 시도까지

05
Mommsen

Römische Geschichte

몸젠의 로마사

혁명: 농지개혁부터 드루수스의 개혁 시도까지

테오도르 몸젠 지음 / 김남우·성중모 옮김

푸른역사

일러두기

1. 이 책은 Theodor Mommsen, *Römische Geschichte*, Bd. 3, Buch 4, Berlin, 1902.의 제1장~ 제6장을 번역한 것이며, 소제목은 Theodor Mommsen, *Roman History*, translated by William Purdie Dickson, Richard Bentley Publisher, 1864.을 참고하여 번역자들이 붙였다.

2. 고유명사 표기에 있어 국립국어원 외래어 표기법을 따르지 않은 것이 있다. 예를 들어 '그리스' 대신 '희랍'이라고 적었는바, 이는 '희랍'을 고대 그리스를 가리키는 전문용어로 사용하고자 했기 때문이다.

3. 문화체육관광부에서 고시한 〈외래어 표기법〉 일부 개정안(문화체육관광부 고시 제 2017-14호, 2017년 3월 28일)에 따라 일부 용어 표기가 《몸젠의 로마사》 제3권까지의 표기와 다르다. 예를 들어 '로마 인'은 '로마인'으로, '라티움 어'는 '라티움어'로, '도나우 강'은 '도나우강'으로, '켈트 족'은 '켈트족'으로, '올림포스 산'은 '올림포스산'으로 표기 했다(제3권까지의 표기는 추후 수정할 예정이다).

옮긴이 서문

《몸젠의 로마사》 제5권의 첫 독자는 몸젠에게 경의를 표하지 않을 수 없다고 했다. 우리는 여기에 따로 옮긴이의 변을 사족으로 덧붙이지 않는 것이 도리가 아닌가를 고민하지 않을 수 없었다. 《몸젠의 로마사》에 왜 추천이 따로 필요하고, 왜 소개가 달리 이루어져야 하겠는가?

《몸젠의 로마사》 제5권에서는 로마의 혁명 시대, 특히 그락쿠스 형제의 노력과 시도를 다룬다. 이탈리아에 카르타고 방식의 대농장 경영이 도입되었고, 거대 자본이 성장하기 시작했다. 농민은 농토를 잃었고 삶은 피폐해졌다. 노예노동에 기초한 거대 농장을 중심으로 곳곳에서 노예반란도 일어났다. 이탈리아 내의 국유지를 이용하여 농민들을 다시 정착시키는 한편, 이탈리아 밖에 식민지를 건설하는 것이 시급해졌다. 민중당파는 이를 밀어붙였다. 일부 귀족들의 지지도 있었지만 귀족당파는 반발했다. 폭력 사태로 혁명 지도자들을 잃으면서 주춤하던 민중당파는 전쟁 영웅 마리우스에게 다시 한 번 희망을 걸었고 무려 7번이나 그를 집정관으로 뽑았으나, 정작 그는 결정적인 순간 민중당파의 혁명과 거리를 두었다. 마리우스는 군사독재의 가능성을 보여주었고, 무산자계급의 입대를 허용하는 군대 개혁은 이후 로마 역사에 중대한 결과를 초래한다.

Homo qui erranti comiter monstrat viam. 방황하는 자에게 친절하게 길을 알려주는 사람. 이 말은 키케로가 《의무론》에서 인용한 로마 시인 엔니우스의 말이다. 그런데 오늘날 우리는 로마 시인 엔니우스와 그의 업적을 설명해야 할 때 흔히 이 말을 인용한다. 그는 로마문학에서 그런 사람이었다. 로마 문학의 아버지 엔니우스가 사망한 이후, 이탈리아 안팎에서 대단한 도전에 직면하여 강인함과 탁월함을 보여주던 로마의 한 시대가 저물고, 이때 커다란 변화와 몰락이 찾아온 것이 분명해 보인다. 길을 안내하던 시인이 세상을 떠나자마자 이제 더는 그런 사람이 세상에 모습을 보이지 않은 것 같다. 마치 암흑기가 아닌가 싶을 정도로 이때의 로마 문학은 이렇다 할 성과를 남기지 못했다. 《몸젠의 로마사》 제5권과 제6권이 다루는 시기가 바로 이 시기다.

몸젠의 로마사 번역에 큰 걸림돌 하나는 고유명사의 번역어다. '라틴어'를 '라티움어'로 번역한 것은 고유명사의 음차 규칙을 만들고 이를 고수하다 보니 불거진 '불편'이다. 또 진작부터 겪어오던 어려움이지만, 로마의 정부조직과 정무관 칭호의 번역어다. 처음에 음역이 적극적으로 검토되긴 했지만, 결과적으로 일단은 계속해서 우리말 번역어를 시도해보기로 했다. 제5권을 번역하면서 생겨난 어려움은 지명이다. 라티움어와 희랍어가 어미가 달라 '알렉산드리아'로 적느냐 '알렉산드레이아'로 적느냐는 이제 문제도 아닌 것이, 아시아 속주 너머로, 아프리카 속주 너머로 가면서 이름을 정하기도 쉽지 않을 정도로 낯선 지명들이 등장하기 시작했기 때문이다.

몸젠의 번역어 사전을 모아놓던 공간(www.mommsen.or.kr)이 장차 키케로 번역어 사전(www.cicero.or.kr)으로 통합되어 새로운 곳에 자리 잡는다. 인명사전도 이곳으로 병합되는데, 기원후 1세기까지의 인물을 모두 담아내는 작업이 진행 중이며, 인명 색인 번호를 붙여 정리하고자 한다. 이는 언젠가 라티움어 – 우리말 사전의 토대가 될 것이다.

변함없이 번역에 도움을 주는 서승일 선생님께 감사드린다. 인명사전의 확장을 위한 좋은 제안을 해주셨고 번역 초고를 읽고 좋은 제안을 해주셨다. 몸젠 번역어 사전을 키케로 번역어 사전으로 변모시키는 데 애를 쓰고 있는 김출곤 선생님께 감사드린다. 번역 초고를 읽어준 임성진 선생에게도 고마움을 전한다. 더딘 작업을 묵묵히 도와주고 있는 도서출판 푸른역사에도 감사의 마음을 전한다.

2020년 6월
번역자 일동

● 옮긴이 서문 _ V

제1장 그락쿠스 시대까지의 복속 지역 _ 2

히스파니아 | 루시타니아 전쟁 | 켈티베리아 전쟁 | 마르쿠스 클라우디우스 마르켈루스 | 루키우스 루쿨루스 | 루시타니아의 영웅 비리아투스 | 비리아투스의 성공 | 비리아투스의 죽음 | 누만티아 | 만키누스 | 스키피오 아이밀리아누스 | 칼라이키아 정복 | 히스파니아의 재조직 | 아프리카와 희랍, 아시아의 피호 국가들 | 카르타고와 누미디아 | 로마가 결정한 카르타고의 파괴 | 마시니사와 카르타고의 전쟁 | 로마의 선전 포고 | 카르타고인들의 저항 | 카르타고의 상황 | 포위 공격 | 스키피오 아이밀리아누스 | 카르타고 함락 | 카르타고의 파괴 | 아프리카 속주 | 마케도니아와 위(僞)필립포스 | 메텔루스의 승리 | 마케도니아 속주 | 희랍 본토 | 아카이아 전쟁 | 아카이아 속주 | 코린토스의 파괴 | 아시아 | 아시아 속주 | 아리스토니코스에 대한 전쟁 | 아시아 서부 | 카파도키아 | 폰토스 | 쉬리아와 이집트 | 유대인들 | 파르티아제국 | 동방의 서방 침략 | 해양 상황 | 크레타 | 킬리키아 | 일반적 결론

제2장 개혁 움직임과 티베리우스 그락쿠스 _ 102

그락쿠스 형제 이전의 로마 정부 | 부패의 확산 | 개혁의 시도 | 공직 선거 | 귀족당파

와 민중당파 | 사회적 위기 | 노예제와 그 결과 | 노예 반란 | 시킬리아 노예 반란 | 이탈리아 농부들 | 개혁의 이념 | 티베리우스 그락쿠스 | 로마 건국 620년(기원전 134년)의 그락쿠스 | 그락쿠스의 다음 계획 | 그락쿠스가 호민관 재선을 획책하다 | 그락쿠스의 죽음 | 공유지 문제 | 시민들이 본 공유지 문제 | 결과

제3장 혁명과 가이우스 그락쿠스 _ 146

토지 분배 | 스키피오 아이밀리아누스에 의한 집행 중지 | 아이밀리아누스의 암살 | 민중당파의 선동 | 가이우스 그락쿠스 | 가이우스 그락쿠스의 국제 변경 | 투표 순서의 변경 | 농지법 | 해외 식민지 | 법률의 변경 | 기사계급 | 아시아 속주의 세금 징수 | 재판의 심판인 | 원로원 통치를 대신하는 일인 정부 | 가이우스 그락쿠스 국제의 특징 | 동맹 공동체 문제 | 그락쿠스의 몰락 | 원로원의 민중 선동: 리비우스 법들 | 해외 식민지에 대한 공격: 그락쿠스의 몰락

제4장 복고정치 _ 188

정부의 부재 | 복귀한 귀족당파 | 민중당파의 기소 | 복고정치 아래서 국유지 문제 | 복고정치하의 기사계급과 무산자계급 | 복고정치의 인물들 | 마르쿠스 아이밀리우스 스카우루스 | 복고정치 시대의 행정 | 속주들 | 노예 반란 | 아테니온 | 피호국들 | 누

미디아왕국 | 상속을 위한 전쟁 | 키르타 정복 | 로마의 개입 | 휴전협정의 무효화 | 수도 로마의 불만 | 두 번째 휴전협정의 파기 | 전쟁의 재개 | 무툴 전투 | 로마의 누미디아 점령 | 사막전 | 마리우스의 부임 | 끝없는 갈등 | 보쿠스와의 협상 | 유구르타의 항복과 처형 | 누미디아의 재편 | 정치적 결과

제5장 북방 민족들 _ 240

로마와 북방의 관계 | 알프스와 퓌레네 사이의 지역 | 알프스 저쪽 지역과의 관계 | 알로브로게스와 아르베르니에 맞선 로마의 전쟁 | 나르보 속주 | 로다누스강 유역의 로마 정착 | 복고정부에 의한 확장 중단 | 일뤼리아 | 마케도니아와 트라키아의 로마인들 | 레누스강과 다누비우스 상류의 민족들 | 일뤼리아의 부족들 | 국경지대의 충돌: 알프스 | 국경지대의 충돌: 트라키아 | 국경지대의 충돌: 일뤼리아 | 동부 알프스 저쪽의 원정 | 로마가 다누비우스강에 도달하다 | 킴브리인들 | 킴브리인의 움직임과 갈등 | 아라우시오 전투 | 로마의 반대당파 | 최고 사령관 마리우스 | 로마의 방어전략 | 북방 민족 연합군의 이탈리아 원정 | 아콰이 섹스티아이 전투 | 이탈리아의 킴브리인들 | 라우디우스평원의 전투 | 전승과 당파들

제6장 마리우스의 혁명 시도와 드루수스의 개혁 시도 _ 287

마리우스 | 마리우스의 정치적 지위 | 새로운 군사조직 | 마리우스 군대 재편의 정치적 의미 | 마리우스의 정치적 구상 | 민중당파 | 아풀레이우스 법 | 폭력적 방해공작 | 혁명 세력의 몰락 | 귀족당파 전체의 반대 | 마리우스와 선동가들의 불화 | 사투르니누스의 고립 | 정부 여당의 우세 | 기사계급 당파 | 속주 통치에서 원로원과 기사계급의 관계 | 리비우스 드루수스 | 온건 귀족당파의 개혁 | 리비우스 법률들에 대한 토론 | 리비우스 법률의 무효화 | 리비우스의 살해

● 연표 _ 332
● 찾아보기 _ i

〈지도 1〉
지중해 서부

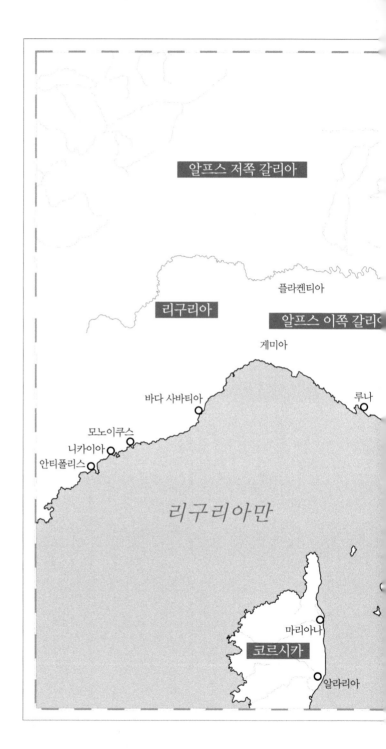

〈지도 2〉
이탈리아 북부,
리구리아

알프스 저쪽 갈리아

플라켄티아

리구리아

알프스 이쪽 갈리ᅌ

게미아

바다 사바티아

루나

모노이쿠스

니카이아

안티폴리스

리구리아만

마리아나

코르시카

알라리아

노리쿰

카르니

베네티아

아퀼레이아

판노니아

히스트리아

달마티아

아트리아

파두스강

아드리아해

라벤나

보노니아

아리미눔

루카

플로렌티아

세나 갈리카

피사이

파에술라이

코르토나

앙코나

볼라테라이

아레티움

피케눔

에트루리아

포풀로니아

페루시아

베틀로니움

클루시움

하드리아

볼시니이

움브리아

일바섬

티베리스강

팔레리이

카르시올리

타르퀴니이

베이이

아니오강

코르피니움

퓌르기

카이레

티부르

로마

프라이네스테

오스티아

〈지도 3〉
리부르니아

아퀼레이아

히스트리아

메툴

라우리아나

타르사티카

아르사

풀미눔

플라로나

알보나

쿠리쿰

세니

네스카티움

크렉사

로

아프소루스

아르바

오르토플리니

폴라

포르투나타

키

아브쉬르티데스군도

리부르니아

리부르니아군도

■ ■ ■ 리부르니아 국경
■ 리부르니아 도시
○ 다른 국가 도시

〈지도 4〉
희랍 북부
마케도니아

파이오니아

에리곤강

펠라고니아

이도메나

악시오

스뷔베라

에우로포스

데리오포스

헤라클레이아 륑코우

알모피아

뷔리

건데트로스

펠라

메갈레 프레스파호

베고리티스호

에데사

쿼르호스

라우디아키

륑코스

켈레

보케리아

보티아

아르니사

미크라 프레스파호

마리니아

알토로스

이에자

에오르다이아

베로이아

아이게아이

오레스티스

할리악몬강

피에리아산

피에리

엘리메이아

벨라

아이아네

참보우니아산

페트라

튐파이아

올림포스산

핀도스산

파라우아이아

뷔티온

곤노

페르하이비아

〈지도 5〉
갈리아

트라키아

뷔잔티온

프로폰티스해

파플라고니아

헤라클레이아　폼페이오폴리

니카이아

비튀니아

프루사

뮈시아

갈라티아

에게해

페르가몬

앙퀴라

타비움

뤼디아

프뤼기아

입소스

사르데스　　에우메니아　안티오키아

튀아나

카리아

뤼카오니아

파사디아　이사우리아

타우루스산

뤼키아

팜퓔리아

킬리키아

셀레우키아

퀴프로스

지중해

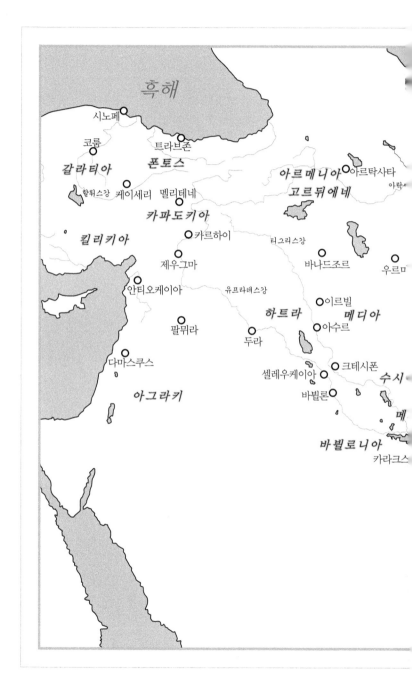

제5권

혁명: 농지개혁부터 드루수스의 개혁 시도까지

Aber sie treiben's toll; Ich fürcht', es breche.' Nicht jeden Wochenschluß Macht Gott die Zeche.
하지만 그들은 미친 듯이 마셔댔다. 나는 두려웠다. 토할 지경이었다.
주말이면 주말마다 매번 신께서 잔치를 베풀진 않으신다.
— 괴테

제1장
그락쿠스 시대까지의 복속 지역

마케도니아 왕국의 몰락과 함께 로마의 패권은 '헤라클레스의 기둥'에서부터 나일강 하구와 오론테스강 하구까지 기정사실이 되었을 뿐만 아니라, 숙명의 선고처럼 피할 수 없는 압박으로 모든 민족에게 가해졌다. 이들에게 주어진 선택지는, 가망 없는 저항으로 소멸하느냐 아니면 절망적인 인내 가운데 소진하느냐 뿐이었다. 역사가 제 권리를 들어 진지한 독자에게, 역사의 즐거운 시절은 물론 우울한 시절을, 봄날의 풍경은 물론 겨울날의 풍경을 지나 동행하라 요구하지 않았다면, 아마도 역사가는 그의 쓸쓸한 과제를, 이미 오래전에 로마제국에 편입된 히스파니아 지역은 물론 아직 피호(被護) 관계에 따라 다스려지는 아프리카, 희랍, 아시아 지역에서 전개되었던바 다양하면서도 뻔한 결론에 이른 강자와 약자의 이런 대결들을 추적하는 과제를 회피했을 것이다. 대결들은 개별적으로 무의미하고 하찮은 것일 수도 있지만, 전체적으로는 심오한 역사적 의미를 가진다. 무엇보다 당시의 이탈리아 상황은, 속주들이 본국에 대해 벌인 저항의 관점에서 바라볼 때에 비로소 명확해지기 때문이다.

히스파니아

지형적으로는 이탈리아반도의 부속 지역으로 간주될 수 있는 곳들을—이들 지역의 리구리아인, 사르디니아인, 코르시카인들도 아직 완전히 복속되지 않았으며, 끊임없이 로마에 '작은 개선식'의 기회를 선사하고 로마의 명예를 보태고 있었다—제외하고, 이 시기 초반 로마의 공식적 패권은 다만 이베리아반도의 북부와 남부에 있는 두 개의 히스파니아 속주에만 국한되었다. 앞서(제3권 302쪽) 우리는 이베리아반도의 상황을 정확히 기술하고자 시도했는바, 이베리아인과 켈트족, 페니키아인과 희랍인, 그리고 로마인들이 이 지역에서 복잡하게 뒤엉켜 있었다. 또한 상이한 종류와 수준의 문화가 다양하게 교차하며 공존하고 있었다. 고대 이베리아 문명과 완벽한 야만이 공존했고, 페니키아계와 희랍계 무역 도시의 상당히 발달한 문화와 이제 막 시작된 라티움 문화가 공존했다. 라티움 문화는 은광에 종사하는 수많은 이탈리아 출신들과 여기에 세워진 강력한 요새를 중심으로 진행되었다. 이와 관련하여 언급할 만한 로마인 정착지로 이탈리카(세비야 근처)가 있으며, 라티움 식민지로는 카르테이아(지브롤터만 근처)가 있다. 후자는 이탈리아 밖에 세워진 라티움어 공동체로 이탈리아식 정체를 갖추었다. 이탈리카는 노(老)스피키오가 히스파니아에서 복귀하기 직전(로마 건국 548년, 기원전 206년), 이베리아반도에 정착하길 원하는 노병들을 위해 건설한 식민지였는데, 당시는 아마도 식민도시가 아니라 단순한 정착지였을 것이다.[1] 카르테이아 식민지의 건설은 로마 건국 583년(기원전 171년)인데, 그 시작은 로마 병사들과 히스파니아 여자 노예들 사이에서 태어난 다수의 주둔지 2세들 때문이었다. 이들은 법적으로는 노예였으나, 사실적으로는 자유 이탈리아인들로 키워졌으며, 국가적 이익을 위해 해방되어 카르테이아 원주민들과 함께 라티움 식민지를 구성했다. 티베리우스 셈프로니우스 그락쿠스(로마 건국 575년과 576년, 기원전 179년과 178년)(제3권 310쪽)가 히베루스 강 유역의 식민지를 조성한 이래 거의 30년 동안 히스파니아 지역은 대체로 평화의 축복이 지속되었다. 물론 켈티베리아인들과 루시타니아인들에 대한 원정이 한두 차례 언급될 뿐이다.

루시타니아 전쟁

하지만 심각한 사건은 로마 건국 600년(기원전 154년)에 발생했다. 푸니쿠스를 우두머리로 앞세워 루시타니아인들은 로마 영역으로 쳐들

---

[1] 이탈리카는 스키피오에 의해 정착지로 꾸며졌는데, 이는 이탈리아에서 소위 '로마 시민의 광장과 법정*forum et conciliabulum civium Romanorum*'이라고 불리는 것과 흡사했다. 비슷한 것이 나중에 갈리아 지역에 세워진 아콰이 섹스티아이*Aquae Sextiae*다. 해외 식민도시 건설은 나중에 카르타고와 나르보를 필두로 시작되는데 여기서 눈에 띄는 것은, 어떤 의미에서 이것도 역시 스피키오가 정초를 놓았다는 것이다.

어왔다. 이들에 맞서 힘을 합친 두 명의 로마 총독을 물리쳤으며 병사 상당수를 살해했다. 이때 (타구스강과 두리우스강 상류의 중간 지대에 거주하던) 베토네스인들은 루시타니아인들에 가담하여, 원정을 지중해 지역까지 확대하길 강력하게 요구했으며, 심지어 로마 영역의 중심 도시 신카르타고(오늘날의 카르테냐)에서 멀지 않은 바스툴로-페니키아인들의 영역을 불태우길 원했다. 로마는 이를 심각하게 받아들였다. 집정관을 히스파니아로 파견할 것을 결정했는데, 이는 로마 건국 559년(기원전 195년) 이래 전례가 없었던 일이다. 또 신속한 병력 지원을 담당하도록 차기 집정관들로 하여금 법정 취임일보다 무려 석 달 반이나 일찍 취임하도록 조치했다. 이것이 이후 집정관 취임일이 3월 15일에서 1월 1일로 앞당겨진 이유이며, 우리가 아직도 사용하는 한 해의 시작이 이렇게 결정되었다. 집정관 퀸투스 풀비우스 노빌리오르가 군대를 이끌고 도착하기 이전에, 벌써 매우 심각한 교전이 발생했다(로마 건국 601년, 기원전 153년). 저쪽 히스파니아의 총독 루키우스 뭄미우스가 이끄는 로마군과 푸니쿠스 사후 뒤를 이어받은 카이사루스가 이끄는 루시타니아인들은 타구스강 우안(右岸)에서 맞붙었다. 초기에는 로마인들에게 전세가 유리하게 전개되었다. 루시타니아 군대가 괴멸되었으며 그들의 진지가 함락되었다. 하지만 부분적으로 이미 행군에 지쳤고, 흩어져 무질서하게 추격전을 전개했기 때문에 로마군은 초반 이미 완전히 제압했던 적병들의 역공에 최종적으로 완벽하게 패배했다. 함락했던 적의 진지는 물론 로마군의 진지마저 빼앗겼고 전사자는 9,000명에 이르렀다.

켈티베리아 전쟁

이제 전쟁의 불길이 멀리 넓게 확대되었다. 루시타니아인들은 타구스강 좌안(左岸)에서 카우케누스의 지휘 아래 로마에 복속된 켈트족(오늘날의 알렌테주 지방)을 공격했고 그 주요 도시 코니스토르기스를 점령했다. 루시타니아인들은 켈티베리아인들에게 승리의 전령이자 경고의 뜻으로 뭄미우스에게 빼앗은 로마 군기를 보냈다. 그리고 여기에 소요의 발단이 빠지지 않았다. 타구스강과 두리우스강의 상류 근처에 자리한 강력한 아레바카이인들에 이웃한 작은 두 부족인, 켈티베리아계의 벨리족과 티티족은 그들 도시들 가운데 하나인 세게다에 모여살기로 뜻을 모았다. 그들이 성벽 건설에 매진하고 있었을 때 로마 측은 성벽 건설을 불허했다. 셈프로니우스 법은 복속된 공동체에 대해 여하한 독단적인 도시 건설을 금지했기 때문이었다. 덧붙여 로마는 그들에게 과거 체결되었으나 오랫동안 지불 요구를 하지 않던 금전적·인적 채무의 이행을 요구했다. 두 요구에 대해 히스파니아인들은 이의를 제기했는데, 그들은 도시를 건설한 것이 아니라 확장한 것에 불과하며, 채무는 유예된 것이 아니라 이미 오래전에 로마인들에 의해 탕감된 것이라고 주장했다. 그러는 사이에 집정관 노빌리오르는 이쪽 히스파니아에 거의 3만 명의 병력을 거느리고 주둔했고, 그중에는 누미디아 기병과 코끼리 10마리도 포함되어 있었다. 아직 새로운 도시 성벽은 미완성이었다. 세게다의 대부분 주민들은 복종했다. 하지만 매우 용맹한 자들은 아내와 아이들을 데리고 이웃의 강력한 아레바카이인들에게 도망쳤고, 그들에게 함께 로마에 대항하여 공동전선을 펼칠 것을 부추겼다. 아레바카이인들은 루시타니아인들이 뭄미우스를 물리친 것에 고무되어 이에 동참하기로 했고, 세게다 망명자 중 한 명인 카루스를 사령관으로 선출했다. 선출되고 3일째 되던 날 용맹한 사령관은 전사자가 되었지만 그들은 로마군을 물리치고 약 6,000명의 로마 시민을 살해했다. 8월 23일의 불카누스 축제일은 그때 이래로 로마인들에게 슬픈 기억으로 남았다.

그런데 아레바카이인들은 사령관이 전사했기 때문에 가장 안전한 도시 누만티아(두리우스강의 소리아 지방 북쪽에 있는 연맹체. 오늘날의 가라이Garray)로 퇴각하기로 결정했다. 노빌리오르는 그곳까지 그들을 추격했다. 도시 성벽 아래서 두 번째 격돌이 있었고, 로마군은 처음부터 코끼리를 동원하여 히스파니아인들을 도시로 밀어붙였다. 하지만 코끼리 한 마리가 부상을 당하면서 로마군은 혼란에 빠졌고, 그사이 다시 적군이 돌아왔을 때 두 번째 패배를 경험했다. 이런 불운에 더해, 보충 병력을 데려오도록 보낸 로마 기병대가 몰살당하는 사건이 발생하면서 로마군은 이쪽 히스파니아에서 매우 불리한 상황에 놓였다. 로마인들의 금고와 보급 창고가 있는 오킬리스 요새가 적의 수중에 들어가고 아레바카이인들은—물론 결실은 없었지만—로마군에게 휴전을 강요할 수 있다고 생각할 정도였다. 이런 불리한 상황은 뭄미우스가 저쪽 히스파니아 속주에서 거둔 승리들로 인해 어느 정도 만회되었다. 패전으로 인한 피해로 군대는 약화되었지만, 이런 군대를 이끌고 뭄미우스는 타구스강 우안에 조심성 없이 흩어져 있던 루시타니아인들을 물리치는 데 성공했다. 그는 이어서 타구스강 좌안으로 넘어와 로마 복속 지역 전체를 휩쓸고 심지어 아프리카까지 진출하고 있던 루시타니아인들을 몰아내고 저쪽 히스파니아 속주를 적의 수중에서 구해냈다.

마르쿠스 클라우디우스 마르켈루스

이듬해(로마 건국 602년, 기원전 152년) 원로원은 이쪽 히스파니아 속주로 상당한 병력 증원과 더불어 다른 사령관을 무능한 노빌리오르를 대신해서 파견했다. 새로운 사령관 마르쿠스 클라우디우스 마르켈루스는 이미 로마 건국 586년(기원전 168년) 법무관으로서 히스파니아에서 혁혁한 전공을 세웠고, 그 이후 두 번의 집정관 재임을 통해 군사적 재능을 입증한 인물이었다. 그의 뛰어난 용병술과 특히나 관대함은 전황을 순식간에 변화시켰다. 오킬리스는 곧 그에게 투항했고 아레바카이인들은—마르켈루스가 그들에게 관대한 보상을 치르고 평화를 회복할 수 있으리라는 희망을 불어넣었기 때문에—휴전협정을 맺고 로마로 사절단을 파견했다. 이로써 마르켈루스는 저쪽 히스파니아 속주로 이동할 수 있었다. 그곳에서 베토네스인들과 루시타니아인들은 그곳에 총독 마르쿠스 아틸리우스가 머무는 동안은 총독에게 순종적 태도를 보이다가, 총독이 떠나자 곧 반란을 일으켜 로마 동맹자들을 공격했다. 집정관의 도착으로 다시 질서가 회복되었다. 그가 코르도바에서 겨울 숙영을 하는 동안 이베리아반도 전체에서 휴전이 이어졌다. 그러는 사이에 로마에서 아레바카이인들과의 평화협정이 논의되었다. 히스파니아 내부 사정과 관련하여 특징적인 것은, 아레바카이인들 가운데 친(親)로마 당파의 사절들이 특히 로마에서 평화안 폐기를 주장했다는 점이다. 그들은 로마가 친로마 성향의 히스파니아인들을 포기하지 않으려면 매년 집정관과 로마군을 이베리아반도로 파견하거나 혹은 이제 단호하게 본때를 보여주는 것뿐이라고 생각했다. 아레바카이인들의 사절들은 최종 회신을 받지 못하고 돌아갔고 강력한 전쟁의 속개가 결정되었다. 마르켈루스는 따라서 이듬해(로마 건국 603년, 기원전 151년) 이른 봄 아레바카이인들에 대한 전쟁을 다시 시작할 필요가 있었다. 하지만 흔히 주장되는 것처럼 전쟁 종식의 명예를 곧 도착할 후임자에게 빼앗기지 않기 위해서든, 아니면 좀 더 개연성이 높은 것인바 그도 그락쿠스처럼 히스파니아인들에 대한 관대한 처결이 영구적 평화의 첫 번째 조건이라고 생각했기 때문이든, 마르켈루스는 누만티아 성벽 아래서 유력한 아레바카이 인사들과의 비밀 회담을 통해 합의를 성사시켰다. 이에 따라 아레바카이인들은 무조건 항복을 받아들였고 기존 조약에 따른 금전적 배상 의무와 인질을 감내하기로 했다.

루키우스 루쿨루스

집정관 루키우스 루쿨루스는 새로운 사령관으로 병력을 인계받았을 때 그가 지휘하려고 온 전쟁이 이미 공식적 평화협정을 거쳐 종료되었음을 알았다. 히스파니아에서 명예와 무엇보다 재산을 챙겨 귀향하리라는 그의 희망은 물거품이 되는 듯했다. 하지만 이에 대해 그는 대책이 있었다. 루쿨루스는 그의 판단에 따라 아레바카이인들의 서쪽

인접 민족인 바카이이인들을 공격했다. 이들은 여전히 독립을 유지하던 켈티베리아의 한 민족으로 로마와 매우 우호적인 협력 관계를 유지하고 있었다. 이들이 무슨 잘못을 했냐는 질문에 대해 루쿨루스의 답은 카우카(오늘날 코카. 세고비아 지방 서쪽의 8개 도시 연맹)시를 급습하는 것이었다. 겁먹은 도시 주민들이 엄청난 무게의 금을 바치며 항복을 구걸하고자 했지만, 로마군은 도시로 진입하여 주민들을 아무런 이유도 없이 살해하거나 노예로 삼았다. 약 2만 명의 비무장 주민들을 살해하는 이런 영웅적 행동 이후에도 로마군의 행군은 계속되었다. 멀리 그리고 널리 마을들과 지역들이 버려졌으며, 견고한 인테르카티아와 바카이이인들의 수도 팔란티아(오늘날의 팔렌시아) 등은 로마 군대에 맞서 성문을 닫아걸었다. 탐욕은 스스로 판 무덤에 스스로 걸려들었다. 어떤 공동체도 사기꾼 사령관을 믿고 항복을 결의하려들지 않았다. 주민들의 도주가 일반화되면서 전쟁 노획물은 줄어들었고 이렇게 황폐화된 지역에 장기 주둔은 거의 불가능했다. 인테르카티아에서 신망이 두터운 군사대장, 퓌드나 전투의 승자를 생부로 두고 자마 전투의 승자를 입양 조부로 둔 스키피오 아이밀리아누스는 맹세를 걸어—사령관의 말은 더는 아무런 효과가 없었지만—주민들과 협약을 맺는 데 성공했으며 로마군은 가축과 의복을 받고 물러가겠다고 약속했다. 한편 팔란티아의 봉쇄는 군수물자 보급의 실패로 포기되었음에 틀림없다. 로마군은 바카이이인들로부터 두리우스강으로 후퇴하는 내내 적의 추격을 당했다. 이어 루쿨루스는 저쪽 히스파니아 속주로 이동했고 거기서 법무관 세르비우스 술키피키우스 갈바는 같은 해 루시타니아인들에게 패배를 맛보아야 했다.

루쿨루스와 갈바는 서로 멀리 떨어지지 않은 지역에 겨울 숙영지를 꾸렸다. 루쿨루스는 투르데타니아인들의 지역에, 갈바는 코니스토르기스에 자리를 잡았다. 이듬해(로마 건국 604년, 기원전 150년) 그들은 공동으로 루시타니아인들을 공격했다. 루쿨루스는 루시타니아인들을 가데스해협 인근에서 일부 제압했다. 갈바는 좀 더 큰 업적을 성취했다. 타구스강의 우안에 위치한 루시타니아계의 세 부족들과 협약을 체결했고 이들에게 좀 더 나은 거주지를 약속했으며, 이에 농지를 희망하며 찾아온 약 7,000명의 야만인들을 세 부류로 나누어 일부는 무장 해제시켰고, 일부는 노예로 팔아 버렸고, 일부는 살해했다. 이 두 명의 사령관들이 지휘한 전쟁만큼 무자비하고 잔혹하고 탐욕스러운 전쟁은 없었다. 범죄로 획득한 재산에 대해 하나는 유죄 판결을 피했고, 다른 하나는 심지어 기소조차 되지 않았다. 노(老)카토는 85세의 나이로 사망하기 몇 달 전에 계속해서 갈바에게 시민들 앞에서 책임을 추궁하려고 했다. 하지만 사령관의 울먹이는 자식들과 그가 고향에 가져온 돈 때문에 로마 인민은 그에게 무죄를 선고했다.

루시타니아의 영웅 비리아투스

루쿨루스와 갈바가 히스파니아에서 거둔 불명예스러운 성공 때문이 아니라 로마 건국 605년(기원전 149년) 제4차 마케도니아 전쟁과 제3차 카르타고 전쟁의 발발 때문에, 로마는 히스파니아 사안을 우선 다시 평범한 속주 총독에게 맡기기로 결정했다. 루시타니아인들은 갈바의 배신에 좌절이 아닌 분노를 느끼며 지속적으로 풍요로운 투르데타니아 지방을 약탈했다. 그러자 로마에서 파견된 속주 총독 가이우스 베틸리우스(로마 건국 607/608년, 기원전 147/146년)[2]는 이들을 공격했고 마침내 언덕 하나에 이들 전체를 몰아넣었다. 이들은 그곳에 모두 몰살당할 것처럼 보였다. 투항해야 한다는 결론이 거의 내려졌을 때, 미천한 신분의 사내 한 명은—그는 일찍이 어린 나이에도 야생 짐승과 도적들에 맞서 가축을 지켜낸 누구보다 용감한 목동이었다—이제 심각한 전쟁 상황에서 적을 두려움에 떨게 하는 유격대 대장으로서, 또한 갈바의 배신과 음모에서 살아남은 소수 가운데 한 명으로서 동포들에게 로마의 약속을 믿지 말라 경고하고, 만약 자신을 따른다면 동포들의 안전을 보장하겠다고 약속했다. 그의 약속과 그의 솔선수범이 사람들을 움직였다. 루시타니아 군대는 그에게 사령관직을 맡겼다. 비리아투스는 이제 그의 부대 전체에 개별 부대별로 흩어져 빠져나가 각자 다른 길로 집결지에서 다시 모일 것을 명령했다. 그는 말을 매우 잘 타고 매우 신뢰할 만한 사람들로 1,000기의 기병대를 조직했고 루시타니아인들의 후퇴를 엄호했다. 로마군은 경무장 기병을 보유하고 있지

---

2 비리아투스 전쟁의 연대는 분명하지 않다. 비리아투스의 등장 시점이 베틸리우스와의 전투 시 기임은 분명하다(App. *Hisp.* 61; Liv. 52; Oros. *his.* 5, 4). 그리고 비리아투스가 로마 건국 615년 (기원전 139년)에 사망한 것도 분명하다(Diod. *Vat.* p. 110 등). 비리아투스의 통치 기간은 8년 (App. *Hisp.* 63) 혹은 10년(Iust. 44, 2) 혹은 11년(Diod. p. 597) 혹은 15년(Liv. 54; Eutr. 4, 16; Oros. *hist.* 5, 4; Flor. *epit.* 1, 33) 혹은 20년(Vell. 2, 90)이다. 첫 번째 주장이 개연성이 높다. 왜냐하면 비리아투스의 등장을 디오도로스(p. 591; *Vat.* p. 107, 108)와 오로시우스(*hist.* 5, 4)는 똑같이 코린토스의 파괴와 연결시키기 때문이다. 비리아투스가 맞붙었던 속주 총독들 가운데 상당수는 분명 이쪽 히스파니아 속주의 총독들이다. 비리아투스가 주로 저쪽 히스파니아 속주에서 활동했지만, 전적으로 저쪽 히스파니아 속주에서만 활동한 것은 아니다(Liv. 52). 총독의 이름 숫자에 따라 그가 사령관을 맡았던 기간을 산출해서는 안 된다.

않았기 때문에 적의 기병이 지켜보는 가운데 흩어져 감히 적을 추격하지 못했다. 비리아투스는 꼬박 이틀 동안 그의 부대를 이끌고 로마군 전체를 막아냈고, 야음을 틈타 서둘러 집결지로 빠져나왔다. 로마 사령관은 그를 추격했다. 하지만 절묘하게 파놓은 매복에 걸려 로마 사령관은 병력의 절반을 잃었고 자신도 사로잡혀 살해당했다. 나머지 로마군은 간신히 목숨을 건져 해협 근처의 식민지 카르테이아에 도착했다. 히베루스강(오늘날의 에브로강)으로부터 5,000명의 히스파니아 보병이 패배한 로마군의 보강을 위해 급하게 파견되었다. 비리아투스는 행군해 오던 증원군마저 격파했고 카르페타니아 내륙 전체를 완전히 장악했다. 로마는 그곳으로 그를 추격해 들어갈 엄두도 내지 못했다.

비리아투스는 이제 루시타니아 전체의 주인이자 왕으로 인정받았다. 하지만 그는 그의 통치권이 온전히 목동들 같은 미천한 신분에 기반하고 있음을 알고 있었다. 그는 그의 병사들과 구분되는 사령관의 표식을 달지 않았다. 로마령 히스파니아의 왕 아스톨파의 딸을 아내로 맞이하는 성대한 혼인식 만찬에서도 그는 말에 탄 채로 빵 한 조각만을 집어들고 그의 산악지대로 돌아왔다. 그는 그의 동료 병사들이 획득한 것과 같은 크기의 노획물만을 받았다. 오직 그의 우람한 체구와 그가 내뱉는 적절한 농담만이 그가 사령관임을 알려주었다. 그는 오로지 절제와 노고에 있어 그의 동료들을 앞섰다. 그는 완전 무장을 하지 않고 잠을 청한 날이 없었으며 전투에서는 늘 누구보다 앞에 나가 싸웠다. 이는 마치 건조한 산문의 시대에 호메로스의 영웅 가운데 한 명이 부활한 것처럼 보였다. 비리아투스라는 이름은 히스파니아에 멀리 널리 퍼졌고, 용맹한 히스파니아 민족은 마침내 외세의 사슬을 끊을 수 있는 그런 인물을 찾았다고 생각했다.

비리아투스의 성공

히스파니아 남부와 북부에 걸쳐 놀라운 성공이 비리아투스 통치로 이어지는 몇 년을 장식했다. 비리아투스는 법무관 가이우스 플라우티우스(로마 건국 608/609년, 기원전 146/145년)를 유인하기 위해 우선 그의 선발대를 분쇄했고, 플라우티우스를 타구스강의 우안으로 끌어들인 후에 그곳에서 매우 인상적인 패배를 안겨 주었다. 로마 사령관은 한여름에 겨울 숙영지로 돌아갔고, 이로 인해 나중에 그는 로마 인민 앞에서 로마 공동체의 위신을 실추시켰다는 이유로 고발당했고, 고향을 떠나 망명하지 않을 수 없었다. 마찬가지로 (아마도 이쪽 히스파니아의) 속주 총독 클라우디우스 우니마누스의 로마군도 전멸당했고, 가이우스 네기디우스의 로마군도 제압당했다. 그리하여 평야지대는 멀리까지 약탈당했다. 히스파니아 산악지대에는 승리의 깃발이 높이 솟았고 로마 속주 총독의 군단기와 무기들로 승리의 깃발을 장식했다. 로마 사람들은 야만인 군왕의 승리에 좌절감과 수치심을 느꼈다.

이제 히스파니아 전쟁의 지휘는 믿을 만한 사령관에게 맡겨졌다. 퓌드나 승자의 둘째아들 집정관 퀸투스 파비우스 막시무스 아이밀리아누스(로마 건국 609년, 기원전 145년)였다. 하지만 이제 막 마케도니아와 아프리카에서 돌아온 노병들을 다시 혐오스러운 히스파니아로 보낼 수 없었다. 막시무스 아이밀리아누스가 데리고 떠난 두 개의 군단은 새로 징집된 병사들이었고, 완전히 사기가 땅에 떨어진 히스파니아 군단보다도 믿을 만하지 못했다. 첫 번째 전투는 루시타니아의 승리로 끝났다. 그때 지혜로운 사령관은 첫 해의 나머지 기간 동안 병력을 우르소*Urso*(오늘날 세비야 지방 남동부의 오수나)에 집결시켜 놓고 적들이 걸어오는 싸움에 응하지 않았다. 그는 이듬해(로마 건국 610년, 기원전 144년) 소규모 전투로 병사들의 전투 경험이 쌓이자 전장으로 나아갔고, 우세를 유지하면서 몇 번의 운 좋은 승리를 거두고 코르도바의 겨울 숙영지로 들어갔다. 하지만 막시무스 아이밀리아누스의 후임으로 무능하고 겁 많은 총독 큉크티우스가 명령권을 넘겨받았을 때 로마군은 다시 연이은 패배를 당했다. 사령관은 다시 한여름에 군대를 코르도바에 집결시켰지만, 비리아투스 무리는 저쪽 히스파니아 속주를 휩쓸었다(로마 건국 611년, 기원전 143년).

큉크티우스의 후임은 막시무스 아이밀리아누스의 입양동생 퀸투스 파비우스 세르빌리아누스였다. 그는 갓 소집된 두 개 군단과 10마리 코끼리와 함께 이베리아반도에 파견되었고, 루시타니아 지역을 공격하려고 시도했다. 하지만 승부를 가리지 못한 일련의 전투를 치르고 로마 군영을 침공하는 적의 공격을 간신히 막아내고 나서 그는 로마 속주로 돌아가야겠다고 생각했다. 비리아투스는 그를 속주까지 추격했다. 그러나 히스파니아 폭도들의 습관대로 병사들이 갑자기 흩어져버리자 비리아투스도 루시타니아로 다시 돌아가지 않을 수 없었다(로마 건국 612년, 기원전 142년). 이듬해(로마 건국 613년, 기원전 141년) 세르빌리아누스는 다시 공세를 취했다. 바이티스강과 아나스강의 유역을 가로질러 루시타니아로 들어가 상당수의 마을들을 점령했다. 많은 반란군이 그에게 붙잡혔다. 그는 우두머리들을—포로들 가운데 500명 정도—처형했고, 로마 속주에서 적진으로 탈주한 자들의 손을 잘랐고, 나머지 상당수는 노예로 팔아버렸다. 하지만 히스파니아 전쟁은 이때 변덕스러움을 여실히 보여주었다. 로마군은 이런 모든 전승 이후 에리사네를 포위 공격하는 동안 비리아투스의 공격을 받았고 쫓겨 벼랑 끝으로 내몰렸다. 그곳은 완전히 적들이 장악한 지역이었다. 하지만 비리아투스는, 지난날 삼니움의 사령관이 카우디움협곡에서 그러했던 것처럼, 그것으로 만족했고 세르빌리아누스와 휴전협정을 맺었으며, 이로써 루시타니아는 독립국으로, 비리아투스는 왕으로 인정받았다. 로마 패권이 확대되지 못한 만큼 민족적 자긍심도 추락했지만, 수도 로마는 오래 끌어온 전쟁의 종료에 기뻐했고 원로원과 인민은 조약을 비준했다.

다만 세르빌리아누스의 친동생이자 후임자인 퀸투스 세르빌리우스 카이피오는 이런 양보를 탐탁지 않게 여겼다. 원로원은 갈피를 잡지 못하고 있었는바, 처음에는 집정관에게 비리아투스에 대한 비밀 작전의 전권을 부여했다가, 곧이어 집정관에게 공개적이고 노골적인 조약 파기의 기회를 찾아보라고 했다. 그리하여 카이피오는 루시타니아로 쳐들어가서 지역을 관통하여 베토네스인들과 칼라이키아인들의 땅까지 횡단했다. 비리아투스는 우세한 적과의 전투를 피했고 놀라운 기동력으로 빠져나갔다(로마 건국 614년, 기원전 140년). 이듬해(로마 건국 615년, 기원전 139년) 카이피오는 공격을 재개했고, 그사이 동원할 수 있게 된 이쪽 히스파니아 속주의 로마군도 마르쿠스 포필리우스의 지휘 아래 루시타니아에 나타났다. 이때 비리아투스는 여하한 조건으로든 휴전할 용의가 있다고 제안했다. 로마는 로마령 히스파니아에서 그에게로 넘어가 전향한 사람들을 그의 장인을 포함하여 모두 넘기라고 요구했다. 비리아투스는 이를 이행했고 로마군은 이들을 모두 죽이거나 이들의 손을 잘라버렸다. 하지만 이것으로 만족하지 못했다. 로마는 복속민들에게 그들의 저주스러운 운명을 한꺼번에 통보하지 않았다.

비리아투스의 죽음

한 가지 요구에 이어 다른 하나가 제시되었는데, 이어지는 요구는 앞서의 요구보다 더욱 가혹했다. 마침내 루시타니아인들에게 모든 무기를 양도하라는 요구가 제시되었다. 이때 비리아투스는 갈바의 요구대로 무기를 버린 동포들의 운명을 다시 한 번 상기했고 다시 무기를 들었다. 하지만 때는 너무 늦었다. 비리아투스의 동요는 이미 주변 사람들에게 배신의 씨앗을 뿌려놓았다. 그의 심복 아우다스와 디탈코, 우르소의 미누키우스는 적을 물리칠 가능성이 없음에 좌절했다. 그들은 왕을 설득하여 다시 한 번 카이피오와 평화협정을 논의하라는 허락을 받아냈다. 하지만 이들은 이 기회를 이용하여 개인적 사면을 보장받고 큰 보상을 추가로 얻는 대신 루시타니아 영웅의 목숨을 적에게 팔아넘겼다. 이들은 진지로 돌아와 왕에게 협정이 매우 유리하게 성공적으로 진행되었다고 보고한 뒤 그날 밤 막사에서 잠든 왕을 칼로 찔러 시해했다. 루시타니아인들은 전례가 없는 장례식을 거행하여 명예로운 사내를 기렸다. 장례식 경기에서 200쌍의 맞대결 검투가 있었다. 나아가 이들은 전쟁을 포기하지 않았고 사망한 영웅을 대신하여 타우타무스를 그들의 사령관으로 선출했다. 새로운 사령관은 로마군에게서 사군툼을 빼앗는 과감한 계획을 제시했다. 하지만 새로운 사령관은 전임자의 현명한 절제심이나 탁월한 전투 지휘 능력을 갖추지 못했다. 이들의 원정은 완전한 실패로 끝났다. 후퇴하던 군대는 바이티스강을 건너는 도중에 공격받았고 무조건 항복하지 않을 수 없었다. 루시타니아는 정정당당한 전쟁이 아니라 내외국인들의 음모와 살해로 인해 굴복하기에 이르렀다.

누만티아

저쪽 히스파니아 속주가 비리아투스와 루시타니아인들에 의해 공격받는 동안, 이쪽 히스파니아와 켈티베리아에서도 이들의 조력을 받으며 첫 번째만큼 심각한 두 번째 전쟁이 발발했다. 비리아투스의 빛나는 성공을 보면서 로마 건국 610년(기원전 144년) 아레바카이인들도 역시 로마에 대항하여 일어났다. 이는 막시무스 아이밀리아누스와 교대하기 위해 히스파니아로 파견된 집정관 퀸투스 카이킬리우스 메텔루스가 저쪽 히스파니아 속주로 가지 않고 켈티베리아로 방향을 튼 원인이었다. 켈티베리아인들과의 전쟁에서, 특히 난공불락으로 여겨지던 도시 콘트레비아의 포위 공격에서 그는 지난날 마케도니아의 위(僞)필립포스를 물리칠 때 보여주었던 탁월함을 과시했다. 2년 동안의 통치(로마 건국 611~612년, 기원전 143~142년)를 통해 이쪽 히스파니아 속주는 순종적으로 달라졌다. 그러나 테르만티아와 누만티아, 오직 이 두 도시만은 여전히 로마인들에게 문을 개방하지 않았다. 이들도 거의 항복을 결정했고 히스파니아인들은 항복 조건의 대부분을 이행했다. 하지만 무기 인도(引渡)에 대해 이들은 비리아투스처럼 히스파니아의 진정한 자존심을 걸고 잘 길들여진 칼의 소지를 고집했고, 용감한 마가라비쿠스의 지휘로 전쟁을 속개하기로 결정했다. 그것은 어리석은 행동으로 보였다. 로마 건국 613년(기원전 141년) 군령권을 인계받은 집정관 퀸투스 폼페이우스가 지휘하는 로마군은 누만티아의 전체 전투 가능 인구보다 네 배의 규모였다. 하지만 전쟁에 전혀 경험이 없던 사령관은 두 도시의 성벽 아래서 쓰디쓴 패배를 경험했다(로마 건국 613~614년, 기원전 141~140년). 그래서 그는 힘으로 강제할 수 없던 휴전을 협상을 통해 이루어내는 쪽을 선택했다. 테르만티아와는 최종적인 합의가 이루어졌음이 분명하다. 로마 사령관은 포로들을 돌려보내면서 누만티아 도시 공동체에도 유리한 조건을 비밀리에 약속하고 무조건 항복할 것을 권고했다. 전쟁에 지친 누만티아인들은 여기에 합의했다. 로마 사령관은 실제로 항복 조건을 가능한 최소화하여 제시했다.

　로마 건국 615년(기원전 139년) 새로운 사령관 마르쿠스 포필리우스 라이나스가 도착했을 때는 이미 포로들과 도망자들과 인질들의 인도 및 제시된 배상금의 지불이 거의 마무리되었다. 폼페이우스가 사령관의 과업을 다른 사람에게 떠맡기는 법을 알았던 것처럼, 포필리우스는—로마적 개념에 비추어 불명예스러운—평화협정의 책임에서 벗어나기 위해, 약속을 파기한 것만이 아니라 심지어 약속을 부정했으며, 누만티아 사람들이 마지막 배상금을 가지고 왔을 때 누만티아 책임자들과 로마 책임자들의 면전에서 거두절미 조약 파기를 선언해버렸다. 이 문제는 법적 문제로 바뀌어 로마의 원로원으로 넘어갔다. 로마에서 문제를 논의하는 동안, 누만티아 성벽 아래서는 전쟁이 멈추었고 포필리우스 라이나스는 루시타니아 원정에 몰두했다. 거기서 그는 비리아투스의 몰락을 가속하는 데 일조했고 누만티아와 인접한 루소네스인들을 약탈했다. 원로원에서 최종 결정이 내려졌을 때 그것은 전쟁 속개였다. 이로써 로마는 국가적으로 폼페이우스의 비열한 행위에 관여하게 된 셈이었다.

만키누스

시들지 않은 용기와 깊어진 분노로 누만티아 사람들은 다시 칼을 들었다. 포필리우스 라이나스는 이들에 맞서 전투를 벌였으나 성공적이지 못했고, 후임자 가이우스 호스틸리우스 만키누스도 크게 다르지 않았다(로마 건국 617년, 기원전 137년). 하지만 로마가 당한 손실은 누만티아 시민들의 무기가 아니라 오히려 로마군 사령관의 안이하고 미흡한 전투 의지와 그 결과로, 해가 갈수록 로마 병사들의 태만과 군기 문란과 비겁함은 확대되었다. 칸타브리아인들과 바카이이인들이 누만티아의 해방을 위해 참전한다는 거짓된 소문에 동요된 로마군은 야간에 무질서하게 군영을 버리고 16년 전 노빌리오르가 구축한 진지(제5권 7쪽)로 도망쳤다. 누만티아 시민들은 도망치는 로마군을 추격했고 포위했다. 이제 로마군들은 칼을 들고 포위를 돌파하거나 아니면 누만티아 시민들이 제시하는 조건으로 평화협정을 맺는 양자택일만이 남았다. 개인적으로 훌륭한 인물이었지만 무르고 이름 없는 집정관을 대신하여 재무관을 맡은 티베리우스 그락쿠스—지난날 히베루스강 유역의 속주를 조직한 지혜로운 행정관이던 아버지의 후광으로 아들도 켈티베리아인들에게 신망을 얻었다—덕분에 누만티아인들은 합리적인, 모든 지휘관들이 받아들인다고 맹세하는 조건으로 협정을 맺는 데 동의했다. 하지만 원로원은 이 일로 사령관을 즉시 소환했을 뿐만 아니라, 오랜 심의 끝에 인민에게 이번 협정을 지난번 카우디움 협정처럼 처리해야 하는지를 물었다. 협정의 비준은 거부되었고 책임은 협정을 맺은 당사자들에게 전가되었다. 법률적으로 이는 협정을 두고 맹세한 모든 지휘관에게 해당되는 일이었다. 하지만 그락쿠스 등은 책임을 면했고, 최상류 귀족 집단에 속하는 않은 만키누스가 본인의 잘못은 물론 다른 사람들의 잘못까지 모든 책임을 혼자 떠안았다. 사령관의 휘장을 내려놓고 로마 집정관은 적진에 인계되었고 그때 누만티아인들도 그를 받아들이길 거부했다. 받아들이는 것은 곧 협정이 무효임을 인정하는 셈이었기 때문이었다. 전직 사령관은 누만티아 성문 앞에서 하루 종일 손은 뒤로 묶인 채 속옷만 걸치고 서 있으면서, 적군과 아군 모두에게 안쓰러운 구경거리를 제공했다.

하지만 만키누스의 후임자가 된 동료 집정관 마르쿠스 아이밀리우스 레피두스는 이런 쓰라린 경험을 전혀 교훈으로 삼지 못한 것으로 보인다. 만키누스가 로마에서 협정을 논의하는 동안 아이밀리우스 레피두스는 앞서 16년 전 루쿨루스처럼 아무런 명분 없이 자유민들인 바카이이인들을 공격했고 저쪽 히스파니아 속주의 총독과 공동으로 팔란티아를 봉쇄했다(로마 건국 618년, 기원전 136년). 즉시 전쟁을 멈추라는 원로원 권고가 그에게 전달되었다. 그럼에도 그는 그동안 상황이 변했다는 핑계를 대면서 포위 공격을 이어갔다. 그리하여 그는 그가 저열한 시민임을 보여주었는데, 비겁한 군인이기도 했다. 거대하고 견고한 도시를 오랫동안 포위 공격하던 그는 거칠고 위험한 적진에서 보급에 실패하자 부상병들을 버려둔 채 철수를 시작했고, 그를 추격한 팔란티아인들은 로마군의 절반을 살해했다. 만약 팔란티아인들이 일찍 추격을 멈추지 않았다면 이미 완전히 와해되기 시작한 로마군은 전멸했을지도 모른다. 이 일로 명문 귀족 출신의 장군인 그는 귀국 후에 벌금형을 받았다. 후임자 루키우스 푸리우스 필루스(로마 건국 618년, 기원전 136년)와 퀸투스 칼푸르니우스 피소(로마 건국 619년, 기원전 135년)는 누만티아 전쟁을 승계했다. 그들은 아무것도 하지 않았고 덕분에 패전도 없이 성공적으로 귀국했다.

스키피오 아이밀리아누스

로마 정부는 마침내 이렇게 계속 내버려둘 수 없다는 것을 알았다. 히스파니아의 작은 지역을 정복하는 특단의 조치로 전쟁을 로마 최고의 사령관 스키피오 아이밀리아누스에게 일임하기로 결정했다. 하지만 그에게 전쟁 수행 예산은 비합리적일 정도로 궁색하게 지급되었고, 그가 요구한 병력 징집권도 허락되지 않았다. 이는 주권 인민에게 부담이 될 것을 두려워한 염려와 당파적 음모의 합작품이었을 것이다.

하지만 많은 친구들과 피호민들이 자발적으로 그를 따라나섰다. 그 가운데는 몇 해 전 비리아투스와의 전쟁에서 혁혁한 전공을 세운 그의 친형 막시무스 아이밀리아누스도 있었다. 사령관의 경호원 신분으로 합류한 이런 믿을 만한 사람들에 기대어 스키피오는 크게 손상된 로마군의 재정비를 시작했다(로마 건국 620년, 기원전 134년). 무엇보다 종군 민간인들을 군영에서 내보내야 했다. 2,000명에 육박하는 매춘부들, 수많은 예언가들과 온갖 종류의 점술사들이 군영에 있었다. 그들은 전투에 무용지물이 되었지만 적어도 보루 정비와 행군은 부담해야 했다. 첫 번째 여름 동안 사령관은 누만티아인들과의 전투를 피했다. 다만 주변 지역의 식량 비축 기지를 파괴하고, 누만티아인들에게 식량을 팔고 있는 바카이이인들을 길들여 로마의 준엄함을 일깨우는 것에 만족했다.

겨울로 접어들어서야 비로소 스키피오는 군대를 누만티아로 집결시켰다. 유구르타 왕자가 지휘하는 누미디아 기병과 보병, 코끼리 10마리, 수많은 히스파니아 지원대 외에도 4개 군단이 있었다. 병력 규모는 6만 명에 이르렀고 이들은 전투 가능 인구래야 8,000명에 불과한 도시를 봉쇄했다. 봉쇄된 누만티아는 이에 굴하지 않고 종종 전투를 걸어왔다. 하지만 스키피오는 오랫동안 군기 문란에 젖은 병사들이 단번에 고쳐지지 않는다는 사실을 잘 알고 있었기에 전투를 모두 회피했다. 봉쇄된 누만티아인들의 공격이 있을 때마다 사령관의 목전에서도 주저하지 않고 도망치는 군단병들의 비겁한 행동은 사령관의 이런 전술을 매우 잘 정당화시켰다. 스키피오는 어떤 로마군 사령관보다 경멸적으로 그의 누만티아 공격 부대를 대했다. 쓴소리를 마다

치 않았고 실제 행동으로도 그가 그의 병사들을 어떻게 생각하는지를 가감 없이 보여주었다. 칼을 들지 말지는 오로지 그들에게 달려 있던 순간, 로마 병사들은 처음으로 곡괭이와 삽을 들었다. 그들은 3.7킬로미터가 훨씬 넘는 누만티아 성벽 둘레에 성벽과 망루와 해자를 갖춘 이중의 토성을 쌓았다. 그리고 봉쇄된 도시 안으로 식량을 옮기던 용맹한 선원들과 잠수부들이 이용하던 두리우스강을 차단했다. 그 결과 사람들이 감히 공격하지 못하던 도시는 굶주림으로 타격을 입었다. 시민들은 여름 동안 충분한 식량 비축에 실패했기 때문에 그 타격은 더욱 가혹했다. 곧 누만티아인들은 모든 것의 결핍으로 인해 고통받았다. 아주 용맹한 누만티아인들 가운데 한 명인 레토게네스는 소수의 일행을 데리고 적의 봉쇄를 뚫었고, 동포를 모른 척할 수 없게 만드는 그의 감동적 연설은 적어도 아레바카이 도시들 가운데 하나인 루티아를 크게 감동시켰다. 하지만 루티아의 시민들이 결단을 내리기에 앞서 스키피오가 루티아의 친(親)로마 인사들이 보낸 전언을 듣고 루티아 성벽 앞에 압도적 병력과 함께 모습을 나타냈다. 스키피오는 루티아의 관리들에게 동조의 주모자들을 내놓으라고 요구했고, 꽃다운 청년 400명이 그에게 인계되었다. 로마 사령관의 명령에 따라 청년들의 손은 잘려나갔다.

마지막 희망마저 빼앗긴 누만티아인들은 스키피오에게 항복 조건을 논의하도록 사신을 보냈고, 용감한 사람들을 구하기 위해 용감한 사내에게 간청했다. 귀환한 사신들이 스키피오는 무조건 항복을 요구한다고 전했을 때, 사신들은 분노한 누만티아인들에게 목숨을 잃었다. 굶주림과 전염병이 일을 마칠 때까지 다시 한참의 시간이 흘러갔다. 마침내 로마군 사령부로 두 번째 대표단이 찾아왔고 도시는 이제 무조건 항복을 위한 준비를 마쳤다고 전달했다. 대표단은 시민들이 다음 날 성문 밖으로 나와야 한다는 말을 들었을 때 며칠의 말미를 요구했다. 자유의 몰락을 받아들이지 못하는 시민들이 스스로 목숨을 끊을 시간을 주기 위해서였다. 이것이 허락되었고 적지 않은 시민들이 이 시간을 이용했다. 마침내 굶주림에 시달린 나머지 시민들이 성문 밖으로 나왔다. 스키피오는 개선식에 세우기 위해 명문 귀족들 가운데 50명을 선발했다. 그 외는 모두 노예로 팔려갔고 누만티아 도시는 철저히 파괴되었다. 그들의 영토는 이웃 도시들에게 분배되었다. 이것은 로마 건국 621년(기원전 133년) 가을의 일이었다. 스키피오가 군사 명령권을 넘겨받은 지 15개월 만이었다.

누만티아의 몰락으로 여기저기에 아직 움직이고 있던 반(反)로마파들은 타격을 입었다. 로마의 군사 시위와 전쟁 배상금은 이쪽 히스파니아 속주 전체가 로마의 패권을 받아들이는 데 충분했다.

칼라이키아 정복

저쪽 히스파니아에서도 루시타니아의 정벌로 로마 패권은 공고히 굳어졌고 확대되었다. 카이피오의 후임자로 부임한 집정관 데키무스 유니우스 브루투스는 루시타니아 전쟁 포로들을 사군툼 근교에 정착시켰고 이들이 새로 건설한 발렌티아(오늘날의 발렌시아)가 카르테이아와 마찬가지로 라티움 국가 정체를 수용하게 했다(로마 건국 616년, 기원전 138년). 그는 계속해서(로마 건국 616~618년, 기원전 138~136년) 여러 방향으로 이베리아반도를 돌아다녔고 로마인들 가운데 처음으로 대서양 연안에 도달했다. 그곳에 살던 루시타니아인들의 도시들은 남녀노소를 가리지 않고 모든 주민이 완강하게 저항했지만 그에 의해 정복되었다. 그때까지 독립을 유지하던 칼라이키아인들은 5만 명이나 전사했다고 전해지는 큰 전투를 치른 이후 로마 속주에 편입되었다. 바카이이인들, 루시타니아인들, 칼라이키아인들의 굴복과 함께 이제 북쪽 해안을 제외하고 이베리아반도 전체는 적어도 명목상으로는 로마의 복속 지역이 되었다.

히스파니아의 재조직

원로원 특사가 히스파니아에 파견되었다. 그는 스키피오와의 합의하에 새로 획득한 속주 지역을 정비하는 임무를 맡았다. 스키피오도 전임자들이 생각없이, 그리고 염치없이 저지른 일들을 정리하기 위해 그가 할 수 있는 일을 했다. 예들 들어 그가 19년 전 루쿨루스의 파렴치한 가혹행위로 인해 피해를 입는 것을 군사대장으로 지켜보아야 했던 카우카인들을 그들의 고향으로 돌려보내 도시를 재건하도록 배려했다. 히스파니아는 이로써 다시 평범한 일상을 되찾기 시작했다. 발레아레스군도에 근거지를 마련한 위협적인 해적들을 퀸투스 카이킬리우스 메텔루스는 로마 건국 631년(기원전 123년) 발레아레스군도 정복을 통해 소탕했고, 이는 히스파니아 무역 번영에 상당한 기여를 했다. 그밖에도 이런 풍요로운 섬, 투석 기술이 탁월한 주민들이 조밀하게 모여 사는 섬은 그 자체로 매우 가치 있는 재산이었다. 이베리아반도에 당시 라티움어를 사용하는 인구가 얼마나 많았는지를 보여주는 증거는 새로 획득한 발레아레스군도의 두 도시 팔마와 폴렌티아(오늘날의 포엔사)에 거주하는 라티움인이 3,000명에 이르렀다는 사실이다. 몇몇 심각한 폐해가 있었지만 그럼에도 히스파니아의 로마 관리들은 전반적으로 카토 시대와 특히 티베리우스 그락쿠스가 히스파니아에 남긴 모습을 그대로 유지했다. 물론 로마의 국경지대는 절반 정도 복속되거나 전혀 복속되지 않은 북부와 서부 부족들에 의해 적잖이 시달려야 했다. 루시타니아 지방에서 특히 빈곤층의 청년들은 규칙적으로 큰 도적떼를 이루어 자기 고장과 이웃 지역을 약탈했고, 이 때문에 아주 나중까지 이 지역의 몇몇 고립된 농촌 지역은 요새 비슷한 시설을 갖추고 있었고 비상시에는 스스로를 방어할 능력을 갖추었다. 로마는 도저히 접근할 수 없는 외딴 루시타니아 산악지역에 숨어든 이들 도적떼를 척결하는 데 실패했다. 하지만 이때에 이르러 전쟁은 점차 소요 사태의 성격이 강해졌고 평범한 속주 총독이 일반적 수단으로 제어할 수 있는 정도였다. 국경지대의 이런 불행에도 불구하고 히스파니아는 모든 로마 속주 가운데 가장 크게 번영하고 가장 잘 다스려지는 속주였다. 그곳 사람들은 십일조와 세리를 알지 못했다. 인구는 풍부했고 비옥한 토지에는 곡식과 가축이 넘쳤다.

아프리카와 희랍, 아시아의 피호 국가들

아프리카와 희랍, 아시아의 국가들은 공식적인 독립과 사실적인 종속의 중간이라는 매우 불리한 상황에 처해 있었다. 이들은 로마가 카르타고, 마케도니아, 쉬리아 등과 벌인 전쟁과 전후 처리 과정에서 로마 패권의 영역 안으로 귀속되었다. 독립 국가라면 그래야만 할 때 전쟁의 수고를 부담할 것이고 독립 유지의 이런 대가는 그다지 크다고 할 수 없다. 또 독립을 잃은 국가라면 상실의 보상으로 적어도 주변국들로부터의 안전을 보호국에게 보장받을 수 있다. 하지만 로마의 피호 국가들은 독립도 안전 보장도 얻지 못했다. 아프리카에는 카르타고와 누미디아 사이에 사실상 영원한 영토 분쟁이 존재했다. 이집트에서는 물론 프톨레마이오스 필로메토르와 뚱보 프톨레마이오스 형제가 벌이는 계승 분쟁이 로마의 판결로 일단락되었지만, 그럼에도 이집트와 퀴레네의 새로운 통치자들은 키프로스섬을 놓고 계속 전쟁을 이어갔다. 아시아에서 대부분의 왕국들은—비튀니아, 카파도키아, 쉬리아 등 모두—왕위 계승 분쟁으로 인해, 그리고 거기에서 야기된 이웃 국가들의 간섭으로 인해 내적으로 분열되어 있었다. 또한 아탈루스왕국과 갈라티아인들, 아탈루스왕국과 비튀니아왕국들, 크레타와 로도스 사이에 여러 차례 심각한 전쟁들이 발발했다. 희랍 본토에서도 마찬가지로 희랍에서 흔히 일어나던 다툼이 꺼지지 않고 이어졌다. 그렇지 않았다면 평온했을 마케도니아는 새로 등장한 민주 정부의 내부 갈등으로 쇠약해지고 있었다. 민족의 마지막 생명력과 마지막 안녕을 이런 무모한 갈등에 쏟아붓고 있었다는 것은 피치자 당사자는 물론 통치자의 책임이기도 했다. 피호 국가들은 우선 모든 국가와 전쟁을 할 능력이 안 되는 국가는 누구와도 전쟁을 할 수 없다는 사실, 그리고 모든 피호 국가의 소유관계와 권력관계가 사실상 로마의 보장으로 존립하기 때문에 모든 갈등에 있어 그들에게 남은 선택지는 이웃 국가들과 호의적으로 해결하거나 아니면 로마에 판결을 요청하는 것뿐이라는 사실을 진작 깨달았어야 했다.

아카이아 의회는 로도스인들과 크레타인들로부터 연방의 지원을 요청받고 지원병의 파견을 심사숙고했지만(로마 건국 601년, 기원전 153년) 이는 다만 정치적 소극(笑劇)에 지나지 않았다. 친(親)로마파의 정치 지도자는 당시 아카이아인들이 로마의 허락 없이 전쟁을 수행할 수 없다는 원칙을 밝혔는데, 이 원칙은 정확하고 역겹지만 분명한 진실을 담고 있었다. 피호 국가들의 주권은 다만 허울뿐이며 허울에 생명을 부여하려는 일체의 노력은 결국 허울마저 없애버릴 것이라는 진실을 말해주고 있었다. 하지만 피지배 공동체를 꾸짖는 질책보다 무거운 질책이 지배 공동체를 향해야 했다. 인간이든 국가든 자신의 무가치함을 받아들이기는 쉽지 않은 법이다. 지배를 포기하거나 아니면 압도적인 물질적 우월함의 과시를 통해 피지배자의 체념을 강압하는 것은 지배자의 의무이자 권리였다. 둘 중의 어느 하나도 로마 원로원은 행하지 않았다. 사방의 요청과 귀찮은 요구에 의해 계속해서 원로원은 아프리카, 희랍, 아시아, 이집트의 모든 사안에 개입했지만, 꾸준하고 단호한 모습을 보여주지 못하는 조정 방식은 오히려 사태를 더욱 악화시켰다.

중재의 시대였다. 원로원의 위임을 맡은 특사들이 계속해서 카르타고와 알렉산드레이아, 아카이아의 의회와 소아시아의 왕국으로 보내졌다. 특사들은 조사하고 금지하고 보고했으며, 때로 매우 중요한 사안의 경우도 원로원에 알리지 않고, 심지어 원로원의 뜻과 반대로 처리하기도 했다. 그래서 원로원에 의해 퀴레네왕국에 할애된 키프로스 섬이 여전히 이집트 소유로 남아 있는 일도 발생했다. 또 쉬리아의 왕자는 로마인들이 그에게 왕위를 약속했다는 거짓말로 조상의 왕위를 차지하는 일도 발생했는데, 사실 원로원은 명시적으로 그에게 왕위를 금했지만 그는 로마의 금령을 위반했다. 또 누구도 예상치 못했던 일인바 원로원의 위임으로 쉬리아 정부에 대해 후견을 맡은 로마의 특사가 공개적으로 처형되는 일도 발생했다. 아시아인들은 그들이 로마 군단에 대적할 수 없음을 명확히 알고 있었지만, 또한 그에 못지않게 원로원이 로마 시민들에게 에우프라테스강 또는 나일강으로 진군을 명하지 못하리라는 것도 그들은 잘 알고 있었다. 교사가 멀리 떨어져 단호한 태도를 보여주지 못할 때 교실 구석에서 벌어질 법한 일들이 세계의 후미진 변방에서 벌어지고 있었다. 로마 정부는 이들 지역의 민족들에게서 자유와 질서의 축복 모두를 한꺼번에 빼앗았다. 하지만 동방 국경과 북방 국경을 어느 정도 포기한 상황에서 로마인들에게 상황은 여전히 회의적이었다. 로마가 직접적이고 즉각적으로 조치를 취하지 못하는 한, 이들 지역에서 로마 패권의 외곽에 놓인 내륙을 기반으로, 로마의 군소 피호 국가들과 달리 로마를 위협할 만한 거대한 제국이 생겨나와 조만간 로마와 경쟁을 벌일 가능성도 있었다. 다만 사방으로 갈라져 단일국가 발전에 불리한 국경지대의 상황이 이를 막고 있었을 뿐이다. 특히 동방의 역사에서 매우 분명한 것은 이 시기에 셀레우코스의 방진이 이제 더는 에우프라테스 강변을 지키지 않았고,

아우구스투스의 군단이 아직 이곳에 배치되지 않았다는 것이다.

그때가 이런 어정쩡한 상황을 끝낼 최적기였다. 실현 가능한 유일한 방안은 이들 피호 국가들을 로마 속주로 변신시키는 것뿐이었다. 그리고 실현 가능성을 더욱 높이는 방안은, 로마의 속주 정책을 크게 나누어 속주 총독은 오로지 군사 영역을 관장하고 주요 행정과 재판은 속주 공동체에 맡기거나 맡겨야 한다고 천명함으로서 과거 정치적 독립을 누리던 것들 가운데 계속해서 존립하는 것은 공동체 자유의 형식으로 유지하는 것이었다. 누구도 이런 행정 개혁의 필연성을 모를 수 없었다. 다만 원로원이 행정 개혁을 주저하고 미루느냐 아니면 필연성을 명확히 직시하고 열정적으로 이를 관철할 힘과 용기를 보여주느냐의 문제였다.

카르타고와 누미디아

이제 눈을 아프리카로 돌려보자. 로마가 뤼비아에서 수립한 질서의 핵심은 마시니사왕의 유목민 제국과 도시 카르타고의 균형 유지였다. 마시니사가 이끄는 강력하고 현명한 정부는 확장되고 강화되고 문명화되었다(제3권 300쪽). 또한 카르타고도 단순히 평화 유지의 결과만으로 적어도 재화와 인구 측면에서 과거 정치적 권력의 전성기 수준으로 회복되었다. 로마는 오랜 숙적의 눈에 띄는 강건함과 번영을 감추어지지 않는 질투와 두려움 속에서 지켜보았다. 지금까지 마시니사의 지속적인 침해에 대해 카르타고의 실질적인 옹호에 나서지 않던 로마는 이제 공개적으로 마시니사왕의 이익을 위해 개입하기 시작했다. 도시 카르타고와 마시니사왕 사이에 30년 이상 지속되던 다툼은 소(小)쉬르티스 지역에 있는 엠포리아의 소유권 때문이었다. 이 지역은 카르타고 영토 내에서 가장 생산성이 높은 비옥한 땅 중에 하나였다. 마침내 로마 특사는 다음과 같이 결정했다(대략 로마 건국 594년, 기원전 160년). 카르타고는 이제까지 차지했던 엠포리아 지역 도시들을 양도하며 지금까지의 불법적 점유 이득에 대해 500탈렌툼(86만 탈러)을 왕에게 보상해야 한다는 것이었다. 결정 직후, 마시니사왕은 곧장 카르타고 영토의 반대쪽인 서부 국경의 도시 투스카와 바그라다강 유역의 넓은 평원을 점령했다. 카르타고에 남은 선택지는 다만 다시 한 번 로마에 가망 없는 소송을 제기하는 것뿐이었다. 분명 의도적인 오랜 지체 후에 다시 한 번 아프리카에 로마 특사가 모습을 나타냈다(로마 건국 597년, 기원전 157년). 하지만 사안에 대한 권리관계의 정확한 사전조사 없이 내려진 판결에 카르타고가 무조건적 수용을 거부하고 좀 더 상세한 법리적 설명을 요구하자 로마 특사는 아무런 설명 없이 로마로 다시 돌아가버렸다.

로마가 결정한 카르타고의 파괴

이렇게 카르타고와 마시니사의 권리관계는 미결로 남았다. 하지만 특사 파견은 좀 더 중요한 결정을 이끌어냈다. 로마 특사단의 단장은 노(老)카토였다. 그는 아마도 당시 원로원에서 가장 영향력 있는 사람이었고 한니발 전쟁에 참전한 노병으로서 아직도 카르타고에 대한 증오와 두려움으로 가득한 인물이었다. 카토는 숙적 카르타고의 당황스럽고 불쾌한 번영을 두 눈으로 목격했다. 북적거리는 거리 풍경은 풍요로웠고, 거리와 군수 창고마다 무기 재고와 선박 재료들이 넘쳐났다. 그는 제2의 한니발이 이 모든 물자를 로마와의 전쟁에 투입하는 것을 머릿속으로 그려보았다. 선량하고 용감하면서도 고루했던 사내는 카르타고가 지구상에서 사라지지 않은 한 로마는 안전할 수 없다는 결론을 내렸고, 귀국 후에 즉시 원로원에서 이런 견해를 피력했다. 이에 원로원에서 좀 더 자유로운 시각을 가진 귀족들, 특히 스키피오 나시카는 매우 심각하게 이런 우려스러운 정책에 반대했다. 그는 카르타고 주민들은 점차 전쟁 기술과 전쟁 생각에서 멀어져가고, 그곳은 이제 상업도시일 뿐이라며 이런 염려의 무지함을 개탄했고, 로마의 정치적 패권과 이런 풍요로운 상업도시의 존립은 완벽한 조화를 이룬다고 주장했다. 카르타고를 로마 속주 도시로 전환하는 것도 가능할 수 있었고, 현재 상황과 비교할 때 카르타고인들에게 아마도 환영받지 못할 일도 아니었다. 하지만 카토가 원한 것은 증오스러운 적국의 복종이 아니라 파괴였다. 부분적으로 그의 정책은 아마도 해외 지역을 로마에 직접적으로 귀속시키려는 경향의 정치인들로부터 호응을 얻었고, 부분적으로—이것이 더 크게 작용했을 것이다—풍요로운 금융 무역 도시의 파괴 이후 그 상속분을 챙길 것이 분명한 로마 은행가들과 거상(巨商)들의 강력한 영향력이 미치는 곳으로부터도 동조자를 얻었다. 원로원의 다수는 이렇게 결정했다. 대중 의견을 고려하여 때를 기다리되, 적절한 기회가 주어지면 즉시 카르타고와 전쟁을 감행하고 혹은 나아가 도시를 파괴한다는 결정이었다.

마시니사와 카르타고의 전쟁

고대하던 기회는 빠르게 찾아왔다. 마시니사와 로마 측이 시작한 도발적 권리침해는 애국당파의 지도자 하스드루발과 카르탈로가 카르타고 정부를 장악하는 계기가 되었다. 이들은 물론 거기까지 생각한 것은 아니겠지만 아카이아인들처럼 로마 패권에 맞서거나, 아니라면 적어도 카르타고인들에게 조약에 따라 정당하게 주어진 권리를, 마시니사에 대항하여 필요하다면 무기를 들어 지킬 것을 결심했다. 애국당파는 민중들로 하여금 40명의 열렬한 마시니사 지지자들을 도시 밖으로 추방하게 했고, 또 이들의 귀향을 어떤 경우에도 허락하지 않겠다는 민중의 맹세를 받아냈다. 동시에 애국당파는 마시니사의 예상되는 공격에 대비하기 위해 자유 누미디아인들로 구성된 강력한 군대를 조직하여 아르코바르자네스가 지휘하게 했다. 그는 쉬팍스의 손자였다(대략 로마 건국 600년, 기원전 154년). 마시니사는 매우 영리하게 대처했다. 그는 무장하지 않았고 바그라다강의 분쟁 지역에 대해 로마의 결정을 무조건 따랐다. 외견상 카르타고가 로마를 공격하기 위해 군대를 준비하는 것이 분명하다고 로마는 주장할 수 있었고, 즉시 군대를 해산하고 예비 함대를 파괴할 것을 카르타고에 종용할 수 있었다. 카르타고 원로회의는 이를 받아들이고자 했다. 하지만 민중은 이런 결정의 집행을 반대했고, 이런 권고를 카르타고에 전하려고 온 로마 사신들은 목숨의 위협을 받았다. 마시니사는 아들 굴루사를 로마로 보내 카르타고의 지속적인 지상전과 해상전 준비 상황을 보고하고 로마의 선전포고를 재촉했다. 다시 한 번 10인의 사절단을 보내 카르타고의 전쟁 준비가 실제로 진행되고 있음을 확인했을 때(로마 건국 602년, 기원전 152년) 원로원은 카토가 바라던 전면적 선전포고를 부결했지만, 대신 비밀회의를 통해 만약 카르타고가 즉시 군대를 해산하고 선박 자재를 소각하는 데 동의하지 않으면 그때 선전포고하기로 결정했다.

　그러는 사이에 아프리카에서 전쟁이 벌써 시작되었다. 마시니사는 카르타고에서 추방된 인사들과 그들의 동반자로 아들 굴루사를 함께 카르타고로 돌려보냈다. 카르타고는 이들을 받아들이지 않았고, 고향으로 돌아가려는 누미디아인들 가운데 일부를 살해했다. 마시니사는 군대를 움직였다. 카르타고 애국당파도 전쟁 채비를 했다. 하지만 카르타고 군대를 책임진 지휘관 하스드루발은 카르타고가 흔히 사령관으로 앉히곤 하던 전형적인 '군대 파괴자'였다. 그는 사령관의 자홍색 군복을 걸치고 마치 무대 위의 왕처럼 거들먹거리며 군영에서도 거대한 복부를 채우는 데 전념했다. 허영심에 가득찬 우둔한 인물은 어쩌면 하밀카르의 투지와 한니발의 군대로도 막아낼 수 없을 위기를 극복하는 데 전혀 적합한 인물이 아니었다. 당시 히스파니아 주둔군의 군사대장이었던 스키피오 아이밀리아누스는 로마 사령관에게로 아프리카 코끼리부대를 데려오기 위해 마시니사에게 파견되었고, 이때 그는 산을 넘어가다 '마치 이다산의 제우스처럼' 전장을 굽어보게 되었다. 그의 눈앞에서 카르타고 군대와 누미디아 군대가 크게 격돌하는 전투 장면이 펼쳐졌다. 이 전투에서 카르타고 군대는 마시니사에게 불만을 품은 족장들이 카르타고로 데려온 약 6,000명의 기병이 보강되어 수적으로 상대보다 우세했음에도 졸전을 면치 못했다. 이 전투의 패배 이후 카르타고인들은 마시니사에게 영토 분할 및 배상금 지불을 제안했고, 스키피오는 그들의 요청에 따라 조약을 성사시키려고 노력했다. 하지만 카르타고 애국당파가 배신자의 인도를 거절하면서 휴전협상은 좌초되었다. 그러나 하스드루발은 적군이 도시를 촘촘히 포위하자 적군이 요구하는 것에 모두 동의하지 않을 수 없었다. 그는 배신자들의 인도, 추방자들의 귀향, 전쟁 물자의 이양, 무장 해제 후의 철수, 향후 50년간 매년 100탈렌툼(15만 5,000탈러)의 배상금 지불 등을 수용했다. 하지만 누미디아 측은 협정을 준수하지 않았고 고향으로 돌아가는 무장 해제 상태의 카르타고 잔병들을 공격했다.

로마의 선전포고

시의적절한 개입으로 전쟁을 막는 것에 소극적이었던 로마는 바라던 대로 쓸 만한 선전포고의 근거를 가지게 되었다. 로마 동맹자들에 대해, 그리고 영토 밖에서 전쟁을 하지 않는다는 휴전 조건들이 이제 카르타고 측에 의해 위반되었던 것이다(제3권 275쪽과 292쪽). 더군다나 로마의 상대방은 이미 한 번 패전한 상태였다. 이탈리아 동맹시들의 할당 병력이 로마로 소집되었고 전함들이 집결했다. 언제든지 선전포고는 가능했다. 카르타고인들은 임박한 공격을 피하기 위해 모든 조치를 취했다. 애국당파의 지도자 하스드루발과 카르탈로에게 사형선고를 내렸고 이들에게 책임을 전가하기 위해 사신단을 로마로 파견했다. 하지만 이와 같은 시점에 페니키아계 리뷔아의 두 번째 도시 우티카에서도 사신단이 도착했고 이들은 전권을 위임받아 공동체를 로마인들에게 완전히 헌납한다고 전했다. 이런 눈치 빠른 굴복과 비교하여, 다만 요구한 적도 없는 몇몇 유력한 인사를 처형하는 것으로 사태를 모면하려는 카르타고인들의 태도는 거의 반발에 가까워 보였다. 원로원은 카르타고의 사죄는 충분하지 않다고 선언했다. 어떻게 하면 충분하겠느냐는 질문에 원로원은 이미 카르타고인들도 알고 있다고 대답했다. 물론 로마인들이 원하는 것이 무엇인지 알 수 있었다. 하지만 이제 사랑하는 고향 도시에 최후의 순간이 현실적으로 다가왔다는 사실을 믿을 수 없었다.

다시 한 번 카르타고 사절단이 로마에 파견되었다. 이번에는 30인으로 구성되었고 무제한적 전권을 부여받았다. 이들이 도착한 것은 이미 선전포고가 이루어진 이후였고(로마 건국 605년, 기원전 149년 초), 두 집정관이 이끄는 군단이 승선을 마친 상태였다. 그럼에도 사절단은 무조건 항복을 통해 공격을 막아보려는 노력을 이어갔다. 원로원은 이들에게 다음과 같은 결정을 통보했다. 방금 시킬리아로 떠난 집정관들에게 한 달 이내에 릴뤼바이움에서 통치계급의 자녀 300명을 인질로 인계하고 또한 집정관들이 훈령으로 내리는 여타 지시들을 이행한다면, 카르타고 공동체의 영토, 자유와 권리, 공동재산과 사유재산을 보장한다는 것이었다. 로마의 결정은 모호했다. 하지만 당시 카르타고인들 가운데 분명한 눈을 가진 사람들이 간파한 것처럼 이는 기만적이었다. 카르타고가 간청할 수 있는 모든 것이 카르타고 자체만을 예외로 하고 보장되었다는 점, 로마 군단의 아프리카 상륙을 중단한다는 언급이 한 마디도 없었다는 점, 이는 로마가 원하는 것이 무엇이었는지를 매우 분명히 말해준다. 로마 원로원은 두려울 정도로 강경한 태도를 보였고 양보할 기미를 조금도 내비치지 않았다. 하지만 카르타고는 눈이 없었다. 강력한 저항이든 철저한 항복이든 흔들리는 대중을 이끌 만한 정치가가 없었다. 갑작스러운 선전포고와 감내할 만한 인질 요구를 접했을 때 카르타고는 후자를 수용했고 희망에 매달렸다. 그들은 잔인한 적의 자의에 미리 굴복한다는 것이 무엇을 의미하는지를 숙고할 용기를 가지지 못했다. 집정관들은 인질들을 릴뤼바이움에서 다시 로마로 보냈고, 카르타고 사절들에게 다음 지시는 아프리카에서 전달하겠다고 통보했다. 로마 군단의 상륙에 저항은 없었고 카르타고는 요구받은 군수물자를 전달했다.

우티카에 자리한 로마 사령부에 카르타고 원로회의 전원이 다음 지시를 받기 위해 나타났을 때, 집정관들은 우선 카르타고의 무장 해제를 요구했다. 이에 무장 해제할 경우 카르타고 이탈자들에게조차—사형선고를 받은 하스드루발이 탈주하자 그를 호위하겠다고 약 2만 명의 병사들이 이탈하여 그에게 합류했다—카르타고를 지킬 방법이 없다고 원로들이 대꾸했다. 그러자 돌아온 대답은 로마가 해결하겠다는 것이었다. 이에 카르타고 민회는 복종했고 공공 제조창에 보관하고 있던 모든 함선 장비와 전쟁 도구를 집정관들 앞에 대령했다. 투석기는 3,000대를, 무구들은 20만 벌을 헤아렸다. 카르타고 민회가 다음 지시는 무엇이냐고 집정관들에게 물었다. 집정관 루키우스 마르키우스 켄소리누스는 자리에서 일어나 카르타고 민회에 알렸다. 로마 원로원이 내린 훈령에 따라 현재의 도시는 파괴되어야 하며, 다만 거주민들은 해안에서 최소 14킬로미터 떨어진 곳에 그들이 원하는 지역에 다시 정착할 수 있다고 통보했다.

카르타고인들의 저항

이런 가공할 만한 명령은 카르타고인들에게 충만한—이를 고결하다거나 혹은 광적이라고 말할 수 있다—투지를 불러일으켰다. 이는 지난날 알렉산드로스대왕에 맞서 튀로스인들이 보여준 혹은 나중에 베스파시아누스황제에 맞서 유대인들이 보여줄 그런 투지였다. 카르타고 민족이 굴욕과 억압을 견뎌냈던 인내도 유례가 없는 일이지만, 이제 국가와 자유가 아닌, 사랑하는 조국 땅과 오래 소중하게 지켜온 바닷가 고향을 잃게 되자 상업민족이자 해양민족인 이들은 유례없는 격앙된 분노를 표출했다. 희망과 피난은 언급될 수조차 없었다. 정치적 냉정함은 문제 제기 없이 이에 따랐다. 소수의 목소리, 돌이킬 수 없는 길로 들어서게 될 것이라는 경고는 폭풍 속의 선원 목소리처럼 대중의 거친 아우성에 묻혀버렸다. 대중은 광기어린 돌진 가운데 인질과 무기를 보내자고 주장한 일부 도시 관리들을 공격했고, 단지 소식을 가지고 고향으로 돌아오기 위해 위험을 무릅쓴 죄 없는 전령들을 상대로 분노를 표출했으며, 고향 도시의 파괴에 대해 최소한의 앙갚음을 위해 우연히 카르타고에 머물고 있던 이탈리아인들을 도륙했다. 저항의 의결 따위는 없었다. 비록 무기는 없었지만 저항은 당연한 일이었다. 성문을 닫아걸었고 투석기가 뜯겨나간 성벽 포대에 돌멩이를 모았다. 최고 명령권을 마시니사의 외손자 하스드루발에게 부여했고 모든 노예를 해방했다. 도망친 하스드루발 휘하의 도주 부대에는—이들은 하드루메툼, 소(小)렙티스, 탑수스, 아쿨라, 우티카 등 로마군이 점령하고 있던 동해안 도시들을 제외한 카르타고 영토 전체를 장악하고 있었고 방어를 위한 이루 헤아릴 수 없는 지원을 제공했다—공동체를 위해 이런 긴급 상황에 힘을 보태길 거부하지 말라고 간청했다. 동시에 지극히 페니키아적 방식인 순종의 가면을 쓰고 간절히 매달려 간청하는 기만책을 시도했다. 집정관들에게 사절을 보내 로마로 사신을 파견하기 위한 30일 휴전을 요청했다. 로마군 사령관들이 이미 한 번 거절된 이런 요청을 받아들이지 않을 것이고 받아들일 수도 없을 것임을 카르타고인들도 잘 알고 있었다. 하지만 집정관들은, 절망이 일단 한 번 퍼지면 무방비의 도시 전체는 순종하게 될 것이라는 자연스러운 전제를 받아들였고, 그래서 공격을 연기했다. 값진 휴전 기간을 이용하여 투석기와 무기들이 만들어졌다. 밤낮으로 남녀노소를 불문하고 장비와 무기를 만들고 두들겼다. 목재와 철재를 조달하기 위해 공공건물이 해체되었다. 투석기에 절대 불가결한 시위를 제작하기 위해 여인들은 머리카락을 잘랐다. 놀라울 정도로 짧은 시간 안에 성벽과 남자들은 다시 무장되었다. 이런 일이 불과 몇 킬로미터 떨어지지 않은 곳에 주둔한 집정관들도 전혀 모르게 진행될 수 있었다는 것 자체가 실로 놀라운, 아니 불가사의한 적개심에서 추동된 놀라운 사건이었다. 마침내 집정관들이 기다림에 지쳐 우티카의 사령부를 떠나 사다리만 가지고 무장 해제된 성벽을 오르려고 생각했을 때 그들은 경악하지 않을 수 없었다. 성첩에 다시 투석기가 거치되어 있었고, 허허벌판처럼 비어있기를 바랐던 도시가 사람들로 가득차 있었다. 마지막 한 사람까지 도시를 방어할 채비와 의지를 다지고 있었던 것이다.

카르타고의 상황

카르타고는 도시의 자연 지형[3] 때문에 견고했을 뿐만 아니라 도시 성벽의 보강 작업에 생계를 걸고 있는 주민들의 기술력 덕분에 더욱 그러했다. 서쪽 파리나*Farina*곶에서 동쪽 본*Bon*곶에 이르는 광대한 투니스만의 안쪽에 동쪽으로 뻗어나온 카르타고갑(岬)이 존재하는데, 갑은 삼면이 바다로 둘러싸여 있고 오로지 서면(西面)만이 대륙에 연결되어 있다. 이 갑의 가장 좁은 지역은 전체적으로 평지였고 너비가 겨우 3,210미터에 지나지 않았는데, 투니스만을 향해 점차 넓어졌고 그 끝에 두 개의 산, 제벨카위산과 시디부사이드산이 자리했고 두 산 사이에 엘메르사평원이 펼쳐져 있었다. 갑의 남쪽, 시디부사이드 산자락에 카르타고가 위치했다. 만에 닿은 시디부사이드산은 상당히 가파른 경사면을 이루고 있었고, 만의 수많은 벼랑과 여울은 자연 방어막이 되어 이곳은 단순 방벽으로 충분했다. 반면 서면 성벽 혹은 내륙 성벽

---

[3] 카르타고 해안 지형의 모습은 수세기가 흐르는 동안 상당히 변모하여 우리는 옛 도시의 지리적 관계를 다만 불완전하게만 확인할 수 있다. 카르타헤나갑(근처에 위치한 성인의 무덤 때문에 라스시디부사이드라고도 불린다)이 옛 도시의 이름을 간직하고 있다. 이것은 투니스만을 향해 동쪽으로 돌출된 반도 말단으로 거기에는 최고봉은 해발고도 121.4미터에 이른다.

은 자연 방어막이 전무했고 따라서 당시 축성 기술로 할 수 있는 모든 것이 적용되어 있었다. 서면 성벽은—얼마 전 발굴되어 폴뤼비오스의 기술과 정확히 일치하는 것으로 밝혀진 유적에 따르면—2미터 두께의 외곽 성벽, 아마도 외곽 성벽과 평행하게 그 안쪽에 건설된 거대한 포곽(砲槨)으로 구성되었다. 외곽 성벽과 포곽 바깥벽 사이의 통로는 너비가 1.9미터였고, 포곽 바깥벽과 안벽의 두께가 각각 1미터가 넘었으며, 바깥벽과 안벽 사이의 중앙 몸체는 두께가 족히 3.5미터에 이르렀다.[4] 엄청난 정육면체 구조물로 이루어진 이런 거대한 포곽은 2층 건물로, 성가퀴들과 4층의 엄청난 첨탑들을 제외하고도 높이가 13.8미터[5]였다. 포곽의 1층은 300마리의 코끼리들을 위한 외양간과

---

[4] C. E. Beulé(Fouilles à Carthage, Paris, 1861)가 보고한 카르타고 성의 규모는 다음과 같다(희랍 피트=0.309미터).

외곽 성벽: 2미터=6.5피트
통로: 1.9미터=6피트
포곽 바깥벽: 1미터=3.25피트
포곽 기둥: 4.2미터=14피트
포곽 안벽: 1미터=3.25피트

따라서 전체 성벽 두께는 10.1미터=33피트에 이른다. 혹은 디오도로스(p. 522)에 따르면 22엘레(1희랍엘레=1.5피트)였다. 반면 리비우스(오로시우스 《역사》 4, 22), 아피아노스(Pun. 95) 등 폴뤼비오스의 정확하지 못한 기록을 보았던 이들은 성벽 두께를 30피트라고 기록했다. 지금까지 플로루스(epit. 1, 31) 때문에 잘못된 표상이 널리 유포된 (아피아노스가 언급한) 3중 성벽은 외곽 성벽, 포곽(砲槨)의 바깥벽과 안벽이다. 이런 증언들이 우연의 일치가 아닌 것과, 우리가 현재 실제로 유명한 카르타고 성벽의 잔해를 가지고 있음은 모두에게 분명해질 것이다. N. Davis의 반론들(Carthage and her remains, 1861, 370쪽 이하)이 말해준 것은 다만, Beulé의 발굴 결과에서 본질적인 부분은 아무리 강한 반박 의지로도 전혀 달라지지 않는다는 점이다. 여기서 분명히 해야 할 것은 옛 보고자들이 전하는 문제의 수치가 도시 중앙 성채의 성벽이 아니라 도시 외곽 성벽과 관련되어 있다는 점이다. 물론 도시 중앙 성채의 남쪽 부분은 도시 외곽 성벽의 한 부분이었다(오로시우스, 《역사》 4, 22). 도시 성채의 동쪽과 북쪽과 서쪽을 발굴했지만 어디서도 성채의 흔적을 발견하지 못했지만, 남쪽 발굴을 통해 거대한 성벽 잔해가 발굴되었다는 것도 이것을 말해준다. 남쪽 발굴의 결과물을 도시 외곽 성벽과 다른 또 하나의 도시 방어 시설로

여물간으로 쓰였고, 2층은 마구간과 무기고와 병영[6]으로 사용되었다. 도시 중앙 성채(Byrsa; 쉬리아어로 birtha)는 59.8미터의 비교적 높은 절벽 위에 세워졌으며 성채의 표면적은 둘레가 넉넉히 4,000보에 이르렀다.[7] 성채는 도시 성벽의 남쪽 끝에 연접해 있어 마치 로마 카피톨리움 성채의 절벽이 도시 성벽의 일부를 구성하는 것과 흡사하다. 성채의 상부에는 6단의 하부 구조물 위에 세워진 신전이 위치하며 여기서 의술의 신을 모신다.

도시 남쪽으로 남서쪽에 수심이 낮은 투니스호(湖)가 연접한다. 카르타고반도가 남쪽으로 가늘고 야트막한 산줄기[8]를 길게 늘어뜨려 거의 완전하게 투니스만을 갈라 서쪽에 투니스호(湖)를 만들고 동쪽에는 투니스만이 펼쳐진다. 여기 도시 남쪽 끝에는 순수 인공 구조물인 카르

볼 근거는 없다. 상응하는 깊이의 계속된 발굴은—도시 중앙 성채에서 발견된 도시 외곽 성벽의 기초는 오늘날의 지표에서 56피트의 깊이에 이른다—아마도 도시 외곽을 따라 동일하거나 비슷한 기초부를 찾아낼 것이다. 물론 카르타고 교외 지역인 마갈리아를 둘러싼 성벽이 도시 외곽 주 성벽과 만나는 부분의 방어 시설은 애초부터 부실했거나 혹은 일찍이 소홀히 관리되었을 수도 있다. 도시 외곽 성벽의 길이가 전체적으로 얼마인지를 정확히 제시할 수는 없다. 하지만 300마리의 코끼리를 돌보던 외양간이 있었고, 덧붙여 여물 창고가 있었을 것이고 그밖에 성벽 등 다른 여러 건축물들이 있었을 것인바, 이들을 계산해 넣으면 상당히 놀라운 길이가 계산된다. 도시 중앙 성채(Byrsa)를 포함한 도시 성벽 안쪽의 중심지는, 독립된 성벽을 가진 마갈리아 지역과 구분하여 때로 그 자체로 도시 중앙 성채라고 불렸던 것도 당연하다(아피아노스, *Pun.* 117; 《아이네이스》 1권 368행에 대한 Servius 주석에 인용된 네포스의 발언).

5 아피아노스는 앞서 언급한 부분에서 이렇게 계산했다. 디오도로스는 아마도 성가퀴까지 합산하여 40엘레 혹은 18.4미터로 계산했다. 현재 남아있는 성벽 유적의 높이가 4~5미터에 이른다.

6 발굴을 통해 드러난 말굽 모양의 방들은 깊이가 14희랍피트, 너비가 11희랍피트였다. 입구의 크기는 특정되지 않는다. 이런 크기와 통로의 비율이 코끼리 외양간을 사용되기에 충분했는지는 추후 조사를 통해 확인되어야 할 것이다. 방들을 구획하는 칸막이벽들은 1.1미터(3.5희랍피트)였다.

7 오로시우스 《역사》 4, 22. 족히 4,000보 혹은 폴뤼비오스처럼 말한다면 16스타이온으로 거의 3,000미터. 현재 성 루드비히 교회가 서 있는 성채는 상부 둘레가 대략 1,400미터, 중간부 둘레가 2,600미터에 이른다.

타고 이중 항구가 위치한다. 상업항인 외항은 좁고 길쭉한 면이 바다에 붙은 직사각형 구조로 22.3미터 남짓의 항 출입구를 통해 항만 내부로 들어오면 양측으로 길게 부두가 마련되어 있었다. 한편 코톤 *Kothon*[9]이란 이름의 군사항인 내항은 원형 구조물로 외항을 거쳐야만 진입할 수 있었고 내항 중심에는 인공섬을 만들어 제독 관저를 두었다. 도시 성채에서 동쪽으로 뻗어내려온 도시 성벽이 내항과 외항 중간을 통과하면서 두 항을 분리했던 것을 볼 때 내항 진입로는 마치 출입문처럼 닫을 수 있는 것으로 고안되었음이 분명하다. 내항 가까이에 시장이 위치했고, 시장은 세 개의 협소한 길을 통해 도심 쪽의 성채와 연결되어 있었다. 도시 북쪽으로 도심의 외곽(당시에 마갈리아로 불렸고 오늘날은 엘메르사평원)은 이미 당시에 상당한 부분 농촌 마을과 관개시설을 잘 갖춘 정원들로 가득 채워져 있었는데, 이곳을 도시 성벽에 연결된 성벽이 나름대로 둘러싸고 있었다. 이 너머 카르타고갑의 종단에 있는 오늘날 카마르트(Qamart)라고 불리는 제벨카위(Dschebel-Khawi)는 공동묘지였다. 이렇게 구도심과 도시 외곽, 공동묘지 등 세 구역이 투니스만으로 뻗어나온 카르타고갑의 끝부분을 채우고 있었다. 여기에 이르는 길은 오로지 두 개의 해안 협로였는데 하나는 우티카로 이어진 길이었고 다른 하나는 투니스로 가는 길이었다. 두 해안 협로는

---

[8] 오늘날은 골레타항을 형성한다.

[9] 이 페니키아 단어는 원형으로 둥글게 파낸 저수지를 가리킨다는 설명을 디오로도스(3, 44)가 전하고 있으며 희랍인들은 똑같은 단어로 잔을 가리킨다. 이 단어는 오로지 카르타고 내항만을 가리킨다. 이런 뜻으로 스트라본(17, 2, 14; 여기서 원래 제독 관저가 있는 섬을 지시하는 말로 사용했다)과 페스투스(*cothones* 항목을 보라; p. 37)가 사용했다. 아피아노스(*Pun.* 127)는 직사각형의 외항을 묘사하면서 코톤의 일부라고 부정확하게 적시했다.

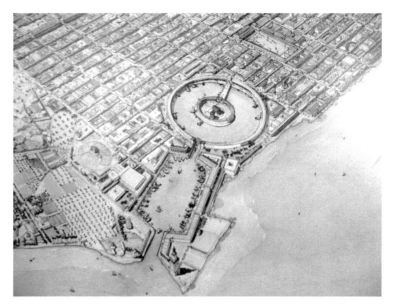

카르타고 외항과 내항

성곽으로 보호되지 않았지만, 그럼에도 수도의 지원을 받으며 수도 보호의 임무를 맡은 부대에 더없이 유리한 지형을 제공했다.

이렇게 매우 견고한 방어 시설을 갖춘 도시를 압박하는 어려운 과제를 더욱 어렵게 하는 것이 있었다. 카르타고 도시 자체가 보유한 비축 물자와, 상당 부분 이탈한 애국당파들이 장악한 인근 800개의 마을을 아우르는 지역에서 조달된 물자가 그것이었다. 또 마시니사와 적대 관계에 있는 수많은 독립 혹은 반(半)독립 리뷔아 부족들은 카르타고가 도심 방어에 묶이지 않고 전장에 상당수의 군대를 세울 수 있도록 도왔다. 이들 군대를 공성군은 이탈 애국당파들의 절망과 누미디아 경기병의 활약이라는 이점에도 불구하고 무시할 수 없었다.

포위 공격

따라서 집정관들이 이제 포위 공격에 본격적으로 착수해야 한다고 생각했을 때 이를 완수하는 것은 결코 간단한 문제가 아니었다. 육군을 지휘하던 마니우스 마닐리우스는 군영을 카르타고 성벽 맞은편에 설치했고, 루키우스 켄소리누스는 함대를 이끌고 투니스호(湖)에 머물며 카르타고갑에 상륙할 준비를 시작했다. 하스드루발이 이끄는 카르타고 군대는 투니스호의 반대편 해안에 위치한 네페리스 요새에 주둔했는데, 이들은 공격기계에 쓸 목재를 구하러 나온 로마 병사들을 괴롭혀 작업을 방해했다. 특히 뛰어난 기병대장 히밀코 파메아스는 로마 병사 상당수를 죽였다. 그사이 켄소리누스는 카르타고갑에 두 개의 거대한 공성기계를 설치했고 카르타고 성벽의 가장 약한 부분에 돌파구를 뚫었다. 하지만 저녁이 되어 성내 진입은 다음날로 연기되어야 했다. 포위된 카르타고는 야간에 돌파구의 상당 부분을 메우는 한편 공격을 통해 로마의 공성기계를 다음날 계속 작업할 수 없을 만큼 크게 손상시키는 데 성공했다. 그럼에도 로마군은 다음날 진입 공격을 감행했다. 돌파구뿐만 아니라 인근 성벽과 건물들이 수많은 적으로 가득하다는 것을 알았지만 신중하지 못하게 계속 돌파를 시도했다. 결국 로마군은 큰 희생을 치르고 후퇴했다. 무모한 진입 공격의 결말을 예상한 군사대장 스키피오 아이밀리아누스가 병사들을 성벽 밖에 배치하여 후퇴하는 병사들을 구해내지 않았다면 로마군은 훨씬 더 큰 피해를 입었을지도 모른다. 마닐리우스도 난공불락의 도시 성채를 상대로 여전히 이렇다 할 성과를 거두지 못하고 있었다. 그리하여 포위 공격은 장기전으로 이어졌다.

여름 더위 때문에 발생한 군영 내부의 전염병, 유능한 야전 사령관 켄소리누스의 부재, 오랫동안 노리던 전리품을 이제 로마가 취하려는 것에 마음 상한 마시니사의 불편한 심기와 비협조, 그리고 얼마 후 이어진 90세 마시니사왕의 죽음(로마 건국 605년, 기원전 149년) 등으로 로마의 공격 작전은 완전히 교착상태에 빠져버렸다. 그러면서도 로마군은 카르타고의 방화에 맞서 전함을 지켜야 했고, 야간 기습에 맞서 군영을 수비해야 했으며, 해안 요새의 건설과 인근 지역의 정찰을 통해 병마(兵馬)가 먹을 군량을 조달해야 했다. 하스드루발을 겨냥한 두 번의 원정은 모두 성공을 거두지 못했다. 첫 번째 원정은 어려운 지형에 무능한 지휘까지 더해져 거의 완벽한 패배로 끝을 맺었다. 사령관들이나 병사들이 명예를 얻지 못한 채 전쟁이 진행되는 가운데 군사대장 스키피오의 활약은 돋보였다. 스키피오는 적의 야간 기습에 맞서 몇 개의 기병대대를 이끌고 배후를 공격하여 적의 퇴각을 이끌어냈다. 네페리스에 대한 첫 공격에서 스키피오는, 그의 반대에도 강행된 도강 작전 이후 거의 궤멸될 지경에 놓인 로마군의 철수를 과감한 측면 공격으로 지원했고 영웅적 용맹과 희생으로 이미 모두가 포기한 병사들을 구해냈다. 교섭을 결심한 도시들과 당파 지도자들이 다른 로마 장교들, 특히 집정관의 불성실 때문에 협상을 포기했지만, 스키피오는 유능한 인재 가운데 한 명인 히밀코 파메아스와 그의 기병

2,200명의 투항을 이끌어내는 데 성공했다. 마침내 마시니사의 유언 집행을 맡은 스키피오는 마시니사의 세 아들 미킵사, 굴루사, 마스타나발에게 왕국을 삼분하여 이들 각각을 왕으로 세웠고, 이후 선친에 버금가는 기병대장 굴루사를 로마군에 발탁함으로써 그간 상당히 크게 느껴지던 경기병의 부족을 보강했다. 스키피오의 섬세하면서도 담백한 태도는 이름을 물려준 아버지보다 낳아준 아버지를 떠오르게 했는바, 세상의 질투를 제압했으며 병영에서나 수도에서나 모두 그의 이름을 언급했다. 심지어 남을 잘 칭찬하지 않던 카토조차—카토는 로마 건국 605년(기원전 149년) 말에 세상을 떠나 평생 소원이던 카르타고의 패망이 실현되는 것을 보지 못했다—젊은 장교 스키피오와 그의 무능한 동료 장교들을 염두에 두고 호메로스의 구절을 인용했다. "오직 그만이 살아있었고, 나머진 그림자처럼 돌아다녔다."[10]

이런 일들과 함께 연말이 찾아왔고 사령관들의 교체가 이루어졌다. 상당히 늦게 도착한 집정관 루키우스 칼푸르니우스 피소(로마 건국 606년, 기원전 148년)는 육군의 지휘권을, 루키우스 만키누스는 해군의 지휘권을 넘겨받았다. 하지만 전임자들이 큰 성과를 보여주지 못했다면 이번 후임자들은 전혀 성과를 보여주지 못했다. 카르타고 봉쇄를 이어가거나 하스드루발의 군대를 제압하는 대신 피소는 페니키아인들의 소도시들을 공격하는 데 전념했다. 물론 성과는 없었다. 예를 들어 그는 클루페아에서 패전했고, 또 히포 디아뤼투스(오늘날 비제르테)에서 여름 내내 시간을 소비하며 공성기계를 두 번씩이나 적의 화공

---

10 《오뒷세이아》 10권 495행.

에 잃은 끝에 어쩔 수 없이 철수하는 치욕을 당했다. 네아폴리스는 함락했지만, 약속을 어기고 도시 약탈을 자행함으로써 향후 로마 군사 작전에 악영향을 끼치게 되었다. 카르타고의 사기는 충천했다. 누미디아 족장 비튀아스는 800마리의 말을 데리고 카르타고에 가세했다. 카르타고는 사신단을 보내 누미디아와 마우레타니아의 왕들, 심지어 마케도니아의 필립포스를 사칭하는 사람과도 동맹 체결을 시도할 수 있었다. 카르타고가 이런 기회를 적절히 활용하지 못한 것은 아마도 로마의 활약보다는 오히려 카르타고의 내적 분열 때문이었을 것이다. 이탈 애국당파 하스드루발은 동명의 카르타고 사령관을 마시니사와 친척이라는 이유로 의심했고, 민회에서 사령관이 구타로 사망하는 사건을 촉발시켰다.

스키피오 아이밀리아누스

그리하여 로마는 걱정스러운 상황의 아프리카 전황을 반전시키기 위해 특단의 조치를 강구했다. 이제까지 리뷔아에서 활약한 장군들 가운데 유일하게 명예를 가지고 귀향했던 남자, 그 이름만으로도 카르타고 전쟁에 추천받은 인물, 이제 갓 안찰관에 출마한 스키피오를, 집정관의 연령 제한을 철폐하고 아프리카 전선의 지휘권을 맡기는 특별 결의로써 집정관에 발탁했다. 그는 매우 위중한 순간에 우티카에 도착했다(로마 건국 607년, 기원전 147년). 당시 로마 해군제독 만키누스는 피소에게서 카르타고 수도의 봉쇄를 명목상 계속 이어가라는 임무를 부여받았을 때 주거 지역에서 멀리 떨어지고 방어시설을 전혀 갖추지 않은 가파른 절벽 아래를 점령했다. 이곳에서 카르타고의 교외지역인 마갈리아로 접근하기 쉽지 않았음에도 마갈리아로 침투할 수 있으리라는 희망을 품고 그는 얼마 안 되는 병력 전부를 거기에 집결시켰다. 실제로 교외 지역의 성문 안쪽까지 공격이 한순간 이어지고 노획물을 찾아 벌써 종군 민간인들이 한꺼번에 몰려들었지만, 결국 그들은 다시 절벽 아래로 내몰렸고 군수 보급도 없이 거의 고립된 채로 매우 심각한 위기에 봉착했다.

바로 이것이 스키피오가 도착할 때의 상황이었다. 그는 도착하자마자 즉시, 위기에 처한 지점으로, 데리고 온 군대와 우티카 민병대를 배에 실어 출동시켰고 고전하던 점령군을 구출하고 절벽 지점을 확보하는 데 성공했다. 위기를 모면한 후에 사령관은 피소의 군영으로 찾아가 군권을 인수하고 다시 카르타고로 돌아갔다. 하지만 하스드루발과 비튀아스는 사령관의 부재를 이용하여 그들의 군영을 도심 바로 옆으로 옮겼고 마갈리아 절벽 지점의 점령군에 대한 공격을 재개했다. 바로 이때 스키피오가 주력부대의 선봉과 함께 도착했고 절벽 지점의 점령군을 다시 한 번 돕기에 충분한 시간적 여유를 가질 수 있었다.

좀 더 강력한 포위 공격이 새롭게 시작되었다. 무엇보다 스키피오는 수많은 종군 민간인과 종군 상인을 군영에서 내보냈고 해이해진 군율을 다시 엄격하게 바로잡았다. 곧 군사작전도 좀 더 활기차게 진행되었다. 교외 지역의 야간 공격에서 로마군은 성벽과 같은 높이로 성벽 앞에 세워진 탑을 통해 성첩(城堞)에 도달하는 데 성공했고 작은 성문을 열고 로마군 전체가 성안으로 들어가기에 이르렀다. 이에 카르타고는 시 외곽과 성문 앞에 구축된 진지들을 버렸고 3,000명에 이르는 도시 수비군의 명령권을 하스드루발에게 넘겼다. 신임 지휘관은 먼저 그의 힘을 과시하기 위해 로마군 포로 전체를 성첩에 모아놓고 포위군이 지켜보는 가운데 잔혹한 고문을 가하고 짐승에게 먹잇감으로 던져버리는 만행을 저질렀다. 또한 이를 비난하는 목소리가 들리자 동료 시민들에게도 공포정치를 자행했다.

그사이 스키피오는 작전지를 도시에 국한하고 도시 안팎의 통행을 완전히 차단하는 데 애쓰고 있었다. 그는 사령부 자체를 카르타고반도와 아프리카대륙의 연결부에 위치한 언덕으로 옮겼고 카르타고 사람들의 다양한 파괴 시도를 무릅쓰고 언덕 전체를 감싸는 크기로 거대한 주둔지를 건설하여 대륙 방향에서 도시를 완전히 봉쇄했다. 하지만 여전히 물자를 실은 화물선들이 항구를 드나들었다. 높은 수익을 노리는 과감한 상선들도 있었고, 일부는 비튀아스의 선박들로 순풍이 불 때마다 투니스호(湖)의 끝에 위치한 네페리스에서 생활 물자를 카르타고로 실어날랐다. 시민들이 겪는 고충과 무관하게 도시 수비군들은 충분한 지원을 누리고 있었다. 그래서 스키피오는 투니스호(湖)와 투니스만을 동서로 나누며 길게 늘어진 땅줄기를 맞은편 육지와 연결하는 30미터 너비의 해안 둑을 쌓아 이를 통해 카르타고 항만을 봉쇄하려고 했다. 카르타고 사람들이 처음에는 실현 불가능하다고 폄하한 계획이 성공의 모습을 드러냈을 때 카르타고는 이제 곧 정복될 것으로 보였다. 하지만 놀라운 일이 발생했고, 이로 인해 양자가 균형을 맞추게 되었다. 로마의 작업자들이 해안 둑을 쌓는 두 달 동안 카르타고 측에서도 밤낮으로 작업이 이루어졌고, 탈주병들조차 포위된 카르타고가 무엇을 하는지 말해줄 수 없는 작업이 이어졌다. 로마 군이 해안 둑을 연결하여 드디어 항만의 출구를 봉쇄하는 순간 갑자기 카르타고가 보유한 50척의 삼단노선과 상당수의 배들이 카르타고 항구에서 투니스만으로 빠져나왔다. 로마군이 항구의 남쪽 출구를 봉쇄하는 동안, 카르타고 사람들은 동쪽으로 운하를 건설하여 새로운 항만 출구를 확보했던 것이다. 새로운 출구는 수심 때문에 봉쇄가 불가능했다. 이때 만약 카르타고 함대가 시위를 벌이는 데 만족하지 않고 반쯤 무장 해제되어 전혀 응전할 수 없었던 로마 함대를 즉각적으로 단호하게 공격했다면, 로마 함대는 괴멸되었을지 모른다. 카르타고 함대가 이틀 뒤에 공격을 결행하려고 돌아왔을 때 로마 함대는 무장을 완비하고 있었다. 전투는 승패를 정하지 못했다. 카르타고 함대는 전투 이후의 귀항 과정에서 항만 입구로 갑자기 몰리는 바람에 충돌하여 패전에 가까운 손실을 입었다.

그때 스키피오는 도시 성벽 밖 외곽 방파제의 공격을 지휘했다. 이곳은 얼마 전 급조된 토담으로 카르타고 수비대가 근근히 방어하던 곳이었다. 공성기계들이 그곳에 배치되었고 손쉽게 돌파구가 만들어졌다. 하지만 카르타고 사람들은 전례 없이 대담하게 여울목을 도보로 횡단하여 공성기계들을 공격하며 적군을 추격했다. 스키피오가 기병대를 투입하여 카르타고 사람들을 막아야 할 정도로 로마군은 위기에 봉착했고, 카르타고 병사들은 공성기계를 파괴했다. 이런 방식으로 카르타고 사람들은 뚫린 돌파구를 다시 메울 시간을 벌었다. 하지만 스키피오는 다시 공성기계를 설치해 적의 목조 망루에 화공을 퍼부었으며 이로써 해안 둑과 이에 연결된 외항을 장악했다. 도시 성벽 높이까지 토담을 쌓아올렸고 도시는 마침내 육지뿐만 아니라 해상에 서도 완전히 봉쇄되었다. 내항 출입은 외항을 통과하지 않을 수 없었 기 때문이었다. 도시 봉쇄망을 완벽하게 다지기 위해 스키피오는 현 재 디오게네스가 지휘하고 있는 네페리스 요새를 가이우스 라일리우 스로 하여금 공격하게 했다. 성공적인 전술 덕분에 네페리스 요새는 정복되었고 그곳에 집결했던 수많은 인명들은 살육되거나 포로가 되 었다. 이어 곧 겨울이 다가오자 스키피오는 작전을 중단하고 기근과 질병이 나머지 일을 끝내도록 기다렸다.

카르타고 함락

그런 파괴 작업이 얼마나 끔찍한 사태를 초래했는지는 이듬해 봄(로마 건국 608년, 기원전 146년) 로마군이 카르타고 시내 공격을 재개했을 때 드러났다. 물론 그사이에도 하스드루발은 계속해서 허풍떨며 호사를 누렸다. 그는 외항을 불태우고 코톤에 대한 공격을 차단할 준비를 마 쳤다. 하지만 라일리우스는 굶주린 수비군들이 방어를 포기한 도시 성벽을 넘어가서 내항까지 돌파하는 데 성공했다. 도시는 정복되었지 만 아직 전투가 끝난 것은 아니었다. 공격자들은 작은 항구에 붙은 장 터 지역을 점령했고 이곳에서부터 도시 산성에 이르는 세 갈래 길을 따라 천천히 전진했다. 6층 높이에 이르는 고층 건물들을 하나씩 빼 앗으며 전진해야 했기 때문이다. 지붕을 따라 혹은 길로 돌출된 노대 (露臺)를 따라 병사들은 흡사 요새 같은 건물들을 맞은편으로 혹은 건너편으로 건너뛰고 하나씩 살피면서 거기서 튀어나오는 것들을 무찔렀다. 이렇게 6일이 흘러갔다. 도시의 주민들에게는 끔찍한 나날이었지만 공격자들에게도 위험천만한 날들이었다. 마침내 로마군은 가파른 도시 산성 앞에까지 진출했고, 그곳에는 하스드루발과 몇몇 병력들이 피신해 있었다. 산성 공격로를 넓게 확보하기 위해 스키피오는 정복된 시내 건물의 방화와 철거를 명했다. 이 때문에 아직 건물 안에 숨어 있던 전투 가능한 인명들이 끔찍한 운명을 겪어야 했다. 그때 살아남은 카르타고 사람들이 도시 산성으로 몰려들어 자비를 구했다. 이들은 간신히 목숨만을 구했는데, 정복자 앞에 모습을 드러낸 인구는 남자 3만 명과 여자 2만 5,000명에 불과했던바, 이는 최근 인구의 1할에 해당하는 숫자였다. 900명에 이르는 로마군 탈영병 그리고 카르타고 사령관 하스드루발과 부인과 두 자식은 의술의 신전으로 피신했다. 탈영한 병사들 그리고 로마군 포로의 살해자들과는 일체의 협상이 없었다. 이들 가운데 결연한 의지를 가진 자들이 굶주림에 고통받다가 마침내 신전에 불을 질러 죽음을 맞이했다. 하지만 하스드루발은 죽음과 마주한 순간을 견디지 못하고 신전을 홀로 빠져나와 정복자에게 무릎을 꿇고 목숨을 구걸했다. 탄원은 받아들여졌다. 두 자식과 함께 다른 이들과 신전에 머무르던 그의 부인은 스키피오의 발에 엎드린 남편을 지켜보았다. 몰락하고 있지만 그래도 소중한 조국을 능욕하는 이런 창피스러운 행동에 그녀의 당당한 가슴은 끓어올랐고 남편에게 목숨이나 잘 돌보라는 쓰라린 말을 남긴 채 그녀는 먼저 두 자식을 불길 속에 밀어넣고 이어 본인도 화염 속으로 몸을 던졌다. 전투는 끝났다. 군영에서도 로마에서도 환호는 끝이 없었다. 로마의 최고 인물들만은 말없이 로마의 이런 성공에 부끄러움을 느꼈다. 포로들은 대부분 노예로 팔려나갔다. 소수는 감옥에 수감되었는데, 비튀아스와 하스드루발 등 최고 귀족들은 로마의 국가 포로로서 이탈리아에 억류되었고 그럭저럭 대접을 받았다. 금은과 봉헌물을 제외한 일체의 동산(動産)은 병사들에게 전리품으로 넘겨주었다. 신전 성물들 가운데 좋은 시절의 카르타고가 시킬리아 도시들에서 약탈한 것들은 반환되었다. 예를 들어 '팔라리스의 황소'는 아크라가스 사람들에게 돌아갔다. 나머지는 로마의 국유 재산이 되었다.

카르타고의 파괴

하지만 아직도 시가지의 더 많은 부분은 그대로 보존되었다. 스키피오가 도시의 보존을 희망했다고 생각할 수 있다. 그는 특별히 서한을 보내 이를 따로 원로원에 요청하기도 했다. 스키피오 나시카도 이런 이성과 명예에 따른 요청을 성사시키려고 노력했다. 하지만 헛수고로 끝나고 말았다. 원로원은 사령관에게 카르타고 도시와 도시 외곽의 마갈리아를 철저히 파괴할 것과, 마지막까지 카르타고에 협력한 모든 지역도 남김없이 파괴할 것을 명했다. 또한 카르타고 땅을 갈아엎을 것을 명했다. 이는 이후로 법적 형태의 도시가 존립할 여지를 없애기 위한 것이었는바, 카르타고 땅을 영원히 황무지로 만들어 주거와 경작이 일체 불가능하게 만들고자 하는 것이었다. 원로원의 명령은 그대로 시행되었다. 17일 동안 카르타고는 불탔고 폐허를 남겼다. 최근 카르타고 도시 성벽의 잔해를 발굴한 것에 따르면, 도시 성벽은 1.2~1.5미터 두께로 쌓인 잔해 아래에서 발견되었는데, 여기에는 반쯤 타다 남은 목재, 철제 파편과 투석 포환들이 뒤섞여 있었다. 500년 동안 부지런한 페니키아인들의 생산과 거래가 이루어지던 곳에서 로마의 노예들은 멀리 떨어져 있는 주인들의 가축에게 풀을 먹였다. 하지만 본성상 이런 형 집행자의 역할을 맡기에는 너무 고결한 스키피오는 두려움에 떨며 자신이 한 일을 바라보았다. 승리한 장군을 사로잡은 것은 승리의 기쁨이 아니라, 보복과 이에 필연적으로 이어질 참혹한 범행의 예감이었다.

아프리카 속주

아직 해야 할 일이 남아 있었다. 아프리카 지역의 향후 통치를 위해 행정조직을 정비하는 일이었다. 획득한 해외 영토를 동맹국들에게 선물하던 전통적 방식은 이제 선호되지 않았다. 미킵사와 그의 형제들은, 최근 카르타고에게서 빼앗은 바그라다강 유역과 엠포리아 지역을 포함하여 실질적으로 그들의 기존 영토를 그대로 유지했다. 다만 카르타고를 그들의 수도로 삼겠다는 오랜 희망은 이제 영원히 수포로 돌아갔다. 원로원은 그들에게 대신 카르타고 도서관의 책들을 선물로 주었다. 수도 카르타고가 최근까지 통치하던 카르타고 교외 지역, 다시 말해 시킬리아와 마주보고 있는 아프리카 해안 지역인 (타브라카 지역의) 투스카강에서 (케르케나섬과 마주하는) 타이나이(오늘날의 스팍스)

까지 길게 펼쳐진 해안지역은 로마 속주가 되었다. 마시니사의 진격으로 카르타고 지배가 지속적으로 줄어들고 있던 내륙과 불라, 자마, 아콰이 등 이미 마시니사가 정복한 지역들은 누미디아에 양도되었다. 다만 로마 속주와 속주 삼면을 둘러싸고 있는 누미디아왕국 사이의 국경을 이렇게 엄격하게 구획했음은, 로마가 과거 카르타고에 허가했던 일을 이제 로마 속주에 대해서는 결코 허락하지 않겠다는 것을 의미했다. 다른 한편 새로운 속주명인 아프리카는 로마가 현재 구획된 국경을 확정적인 것으로 보지 않음을 의미하는 것처럼 보였다. 새로운 속주의 최고 행정권은 로마 총독이 가졌고 총독부 소재지는 우티카였다. 새로운 속주는 정규 국경 수비대를 필요로 하지 않았는바, 동맹국인 누미디아왕국이 삼면에서 사막 종족들을 막아주었기 때문이다.

　세금 문제와 관련하여 로마는 전반적으로 관대한 처분을 내렸다. 개전 초부터 로마를 지지하던 공동체들은—오직 해안 도시들뿐이었는데 우티카, 하드루메툼, 렙티스 미노르, 탑수스, 아쿨라, 우살리스 등이었고 여기에 내륙 도시 테우달리스가 포함된다—원래의 시장을 그대로 유지한 자유도시가 되었다. 동일한 권리가 새로 건설된 투항자 공동체들에도 주어졌다. 우티카에 선물한 구역을 제외한 카르타고 도시 지역과 파괴된 카르타고 근교는 로마 총독 직할지가 되었고, 이 지역을 로마는 임대를 통해 관리했다. 여타 지역들도 마찬가지로 토지 소유권은 물론 공동체의 자유 등 모든 권리를 상실했다. 하지만 로마 총독부의 여타 명령이 있기까지 임시로 그들의 행정조직에 농지의 잠정적 점유를 허락했다. 다만 공동체는 로마 소유의 토지를 이용하는 대가로 매년 로마에 정액의 세금(stipendium)을 지불했고, 이어 공동체는 다시 개별 세금 납부 의무자들로부터 재산세 명목으로 세금을 거두어 들였다. 하지만 지중해 서부의 최고 무역 도시가 파괴됨으로써 제일 큰 이득을 얻은 자들은 로마 상인들이었다. 이들은 카르타고가 잿더미로 변하자마자 우티카로 떼로 몰려들었고 우티카를 근거지로 하여 로마 속주뿐만 아니라 이제까지는 그들에게 접근이 불가능했던 누미디아 지역과 가이툴리아 지역까지 약탈하기 시작했다.

마케도니아와 위(僞)필립포스

이 시점에 카르타고와 마찬가지로 마케도니아도 국가 목록에서 사라졌다. 로마 원로원의 지혜로 옛 왕국을 쪼개어 만든 4개의 연맹체들은 상호 간에 평화를 누릴 수 없었다. 이 지역의 상황을 보여주는 것은, 잡히는 대로 사건 하나를 언급하자면, 파코스에서 있었던 일로 다마시포스라는 사람의 선동으로 4개 중 하나의 연맹체 각료 전체가 살해되는 사건이었다. 원로원이 지정한(로마 건국 590년, 기원전 164년) 대리인들도, 희랍의 관례에 따라 마케도니아가 초청한 외부 중재인들도—예를 들어 스키피오 아이밀리아누스(로마 건국 603년, 기원전 151년)—이런 유감스러운 상황을 바로잡을 수 없었다. 그때 갑자기 트라키아에서 젊은 사내 하나가 등장하는데, 그는 자신을 필립포스라고 불렀고 페르세우스왕과 쉬리아의 라오디케 사이의 아들이라고 주장했다. 아버지와 눈에 띄게 닮아 있었다. 그는 유년을 뮈시아의 도시 아드라뮈티온에서 보냈다. 이때 그는 그의 높은 혈통을 증명할 좀 더 확실한 증거들을 내보였다. 그는 이런 증거들로 그의 조국에서 그를 인정하도록 만들기 위해 갖은 노력을 다했으나 성공하지 못하고 결국 모친의 남자 형제, 쉬리아의 데메트리오스 소테르에게로 방향을 틀었다. 그때 실제로 몇몇 사람들은 아드라뮈티온 청년을 믿었거나 혹은 믿는 듯한 모습을 보였고 왕을 귀찮을 정도로 졸랐다. 그에게 유증된 마케도니아왕국을 되찾아주거나 혹은 쉬리아 왕좌를 그에게 양위하라는 주장이었다. 이에 대해 데메트리오스는 이런 어처구니없는 주장을 종결시키기 위해 그 권리 주장자를 체포하여 로마인들에게 보내버렸다. 하지만 원로원은 이 사내에 대해 아무런 신경도 쓰지 않았고 그를 이탈리아 어느 도시에 유폐했지만 삼엄하게 감시하지는 않았다. 그리하여 그는 밀레토스로 달아났다. 거기서 도시 관리들이 다시 한 번 그를 체포해 로마 대사들에게 체포된 자를 어떻게 처리할지를 물었다. 이들은 그를 풀어주라고 조언했고, 그는 풀려났다.

이제 그는 계속해서 트라키아에서 그의 행운을 시험해보기로 했다. 그리고 놀랍게도 여기서 그에게 인정과 지원이 동시에 제공되었는바, 단순히 트라키아 부족들의 추장, 테레스(왕비가 그의 고모였다)와 바르사바스뿐만 아니라 영리한 뷔잔티온 사람들도 그러했다. 트라키아인들의 지원에 힘입어 자칭 필립포스는 마케도니아로 쳐들어갔다. 처음에는 패했지만, 그는 곧 마케도니아 군대에 맞서 스트뤼몬강의 동안(東岸) 오도만티케 지역에서 승전을 맛보았고 곧이어 강의 서안에서 다시 한 번 승전함으로써 마케도니아 전체를 차지하기에 이르렀다. 하지만 이 사람의 이야기는 거짓이며 사실 페르세우스의 아들, 진짜 필립포스는 18세의 나이로 알바*Alba*에서 사망했고, 이 사람은 마케도니아의 왕자가 아니라 아드라뮈티온의 유피공(鞣皮工) 안드리스코스였다. 이런 사실이 분명히 확인되었지만, 마케도니아인들은 왕정에 너무 익숙하여 정통성 문제를 빨리 받아들이지 않았고 기꺼이 옛 방식으로 돌아가버렸다.

테살리아의 사신들이 권력을 탐하는 그 자가 테살리아까지 진군했다는 소식을 전했을 때, 로마 원로원은 진지한 첫 한 마디 말이 어리석은 계획을 중지시킬 것이라는 기대 속에 로마 정부 대표로 나시카를 군대도 없이 파견했다. 때문에 그는 아카이아와 페르가몬에서 병력을 모아야 했으며 아카이아 병력을 데리고 공격에 맞서, 법무관 유벤티우스가 로마 군단을 이끌고 올 때까지(로마 건국 605년, 기원전 149년까지) 테살리아를 방어해야 했다. 유벤티우스는 소수의 병력으로 마케도니아를 공격했다. 하지만 그는 전사했고 그의 병력 전체가 거의 완전히 괴멸되었다. 이로써 상당 부분의 테살리아는 가짜 필립포스의 수중에 들어갔고, 필립포스는 테살리아와 마케도니아에서 잔혹하고 무모한 방식으로 권력을 휘둘렀다.

메텔루스의 승리

마침내 좀 더 강력한 로마 군단이 퀸투스 카이킬리우스 메텔루스의 지휘 아래 전장에 발을 내디뎠다. 페르가몬 해군의 지원을 받으며 마케도니아를 침공했다. 첫 번째 기병 전투에서 마케도니아 군대는 우위를 점했지만, 이내 마케도니아 군대에 분열과 탈영이 발생했다. 권력을 탐하던 사내는 군대를 분산하여 병력의 절반을 테살리아로 파견하는 실수를 저질렀던 것이다. 이 실수 덕분에 로마 군단은 쉽게 결정적인 승리를 거머쥘 수 있었다(로마 건국 606년, 기원전 148년). 필립포스는 트라키아의 족장 뷔제스에게로 도주했고, 메텔루스는 거기까지 추격하여 두 번째 승리를 거두고 필립포스를 압송하는 데 성공했다.

마케도니아 속주

4개의 마케도니아 연방이 왕권 주장자 필립포스에게 복종한 것은 자발적인 것이 아니라 다만 무력에 굴복했던 것이다. 따라서 지금까지 지켜온 정책에 따라, 퓌드나 전투가 마케도니아인들에게 허락한 독립의 허울을 그들에게서 치워버릴 이유는 없었다. 그럼에도 이제 원로원의 명령에 따라 메텔루스는 알렉산드로스의 왕국을 로마 속주로 바꾸었다. 로마 정부가 체제를 바꾸어 피호 관계를 복속 관계로 변경할 것을 결정했음은 여기서 매우 분명히 드러난다. 4개의 마케도니아 동맹이 복속국의 일부로 편입되는 사건은 모두에게 충격으로 받아들여졌다. 일찍이 마케도니아를 물리친 로마의 첫 승리 이후 분리되었던바, 에페이로스, 이오니아제도(諸島), 아폴로니아 항구와 에피담노스 항구 등의 소유권은(제2권 72쪽과 273쪽)―그동안 관할권이 이탈리아 관리에게 있었다―이제 다시 마케도니아 속주로 귀속되었고, 그리하여 마케도니아는 아마도 이 시기를 전후하여 북서쪽으로 진출하여 일뤼리아와의 접경인 스코드라Skodra 너머에 이르렀다. 마찬가지로 로마가 희랍 본토에 대하여 행사하던 두호권은 이제 자연스럽게 마케도니아의 신임 총독이 가지게 되었다. 이렇게 마케도니아는 하나로 통합되었고, 전성기에 소유하고 있던 것과 거의 비슷한 크기의 영토를 다시 확보했다.

다만 이제 마케도니아는 제국이 아니라 속주였다. 독립적 지방 자치 조직을 유지했지만, 이탈리아에서 파견된 총독과 재무관의 감독을 받았는바, 파견 관리들의 이름이 속주명과 함께 속주 화폐에 등장했다. 세금은 파울루스가 마케도니아에 부과했던 과거의 낮은 세율이 적용되었다(제2권 298쪽). 세금 총액은 100탈란톤(15만 5,000탈러)이었고, 이는 다시 지역 공동체들에 일정한 비율로 분배되었다. 하지만 속주 마케도니아는 지난날의 유명한 왕조를 아직 잊을 수 없었다. 가짜 필립포스의 제압 이후 몇 년이 지났을 때 다시 페르세우스의 아들을 자처하는 알렉산드로스가 네스토스강(오늘날 카라수강) 유역에서 반란의 깃발을 올렸고 짧은 시간 동안 1,600명의 사람을 규합했다. 하지만 재무관 루키우스 트레멜리우스는 힘들이지 않고 반란을 제압했고 도주하는 왕권 주장자를 다르다니아까지 추격했다(로마 건국 612년, 기원전 142년). 이것은 2백 년 전 희랍과 아시아를 휩쓸었던 위대한 마케도니아 민족 정신의 마지막 약동이었다. 이후 마케도니아에 대하여 언급할 만한 것이라고는 고작, 이들이 마케도니아의 속주 체제가 확정된 이래로 줄곧 아무런 명성 없는 세월을 보냈다는 것이다.

이후 계속해서, 마케도니아 북쪽 국경과 동쪽 국경, 다시 말해 야만인들에 맞서는 희랍 문명 경계의 방어는 로마인들에게 맡겨진다. 하지만 로마인들은 방어에 불충분한 군사력을 투입하는 등 전반적으로 합당한 열정을 쏟지 않았다. 그 가운데 우선 군사적 목적으로 엄청난 에그나티우스대로가 건설되었다. 이 도로는 폴뤼비오스 시대에 이미 서부 해안의 두 항구 도시, 아폴로니아와 뒤라키온에서 시작하여 내륙을 관통하여 테살로니케에 이르렀고, 이후 계속 연장되어 헤브로스 강(오늘날의 마리차강)에 이르렀다.[11] 새로운 속주는 불안한 달마티아에 대한 군사 행동의 자연스러운 기지가 되었으며, 또 발칸반도 북부에 거주하는 일뤼리아인들, 켈트족들, 트라키아 부족들에 대한 수많은 군사 원정의 자연스러운 기지가 되었다. 이들 북부 부족들의 역사적 관련성은 나중에 다루어질 것이다.

희랍 본토

희랍 본토는 패권 세력의 호의를 누릴 기회가 마케도니아보다 많았다. 로마의 친(親)희랍 인사들은 아마도, 페르세우스 전쟁의 후유증은 말끔히 사라졌고 전반적으로 긍정적인 개선의 길로 들어섰다고 생각했을지 모른다. 당시 집권 정파의 완강한 선동가들, 아이톨리아의 뤼시스코스, 보이오티아의 므나시포스, 아카르나니아의 크레마타스, (점잖은 로마인들은 그들의 집안에 발을 들여놓지 못하게 금지할 정도로) 비열한 에페이로스 사람 카롭스 등이 하나둘씩 세상을 등졌다.

---

11 위(僞)아리스토텔레스의 저술 《신기한 사건들 de mirabilibus》을 보면, 이 길은 아드리아해와 흑해를 연결하는 무역로로 기록되어 있는바, 이 길의 중간에서 코르퀴라산 포도주 단지가 타소스산 포도주 단지나 레스보스산 포도주 단지와 합류했다. 오늘날도 이 길은 기본적으로 동일한 방향으로 두라쪼에서 출발하여, 오흐리드 호수(뤼키니두스)를 끼고 바고라산(칸다비아산맥)을 관통하여, 모나스티리 Monastiri를 거쳐 살로니키 Saloniki에 이른다.

과거의 기억과 대립을 마음에 담지 않은 새로운 세대가 차츰 성장했다. 로마 원로원은 이제 모든 것을 용서하고 잊을 시간이 도래했다고 생각했고, 로마 건국 604년(기원전 150년) 지난 17년 동안 이탈리아에 감금되어 있던 아카이아 애국당파의 생존자들을—이들의 방면을 아카이아 의회는 지난 세월 계속해서 요청했다—방면했다.

하지만 이것이 실수였다. 로마의 친(親)희랍 정책에도 불구하고 희랍 애국당파를 포섭하는 데 성공을 거두지 못했다. 이 사실을 더없이 극명하게 보여주는 사건은 아탈루스왕조에 대한 희랍의 태도였다. 친(親)로마주의자인 에우메네스 2세는 희랍에서 매우 큰 미움을 받았다(제4권 121쪽). 그런데 그와 로마의 관계가 어긋나면서 그는 갑자기 희랍에서 인기를 누렸다. 희랍 애국자들은 지난날 마케도니아에서 온 것처럼 이번에는 페르가몬에서 외세를 물리칠 해방자가 올 것이라고 믿었다. 무엇보다 사회적 혼란이, 방치된 소규모 희랍 도시국가들에서 눈에 띄게 증가했다. 도시국가들을 황폐하게 만든 것은 전쟁이나 역병이 아니라, 지배계층을 중심으로 점차 확대되는 가족 부양의 거부였다. 대신 이제까지 그러했던 것처럼 불량배 혹은 몰지각한 건달패가 고용주를 찾아 주로 희랍 땅으로 몰려들었다. 공동체들은 더욱 깊은 부채의 수렁으로 빠져들었고, 경제적인 불명예와 신용불량에 이르렀다. 몇몇 도시들, 다시 말해 아테네와 테베는 경제적 위기를 극복하기 위해 강도 행각을 벌이며 이웃 공동체들을 약탈했다. 또한 동맹 내부의 갈등, 예를 들어 아카이아 동맹에 가입한 자발적 동맹체와 비자발적 동맹체 사이의 갈등이 도무지 잦아들지 않았다. 로마인들이 전에도 그랬던 것처럼 보이는 것을 원하는 대로 믿어버렸을 때, 로마인들은 곧 희랍의 신세대가 옛세대보다 조금도 훌륭하지 않고 현명하지 않다는 것을 체험하지 않을 수 없었다. 그들은 로마인들과 한판 붙을 꼬투리를 곧 마련했다.

아카이아 전쟁

더러운 약탈을 가리기 위해 로마 건국 605년(기원전 149년) 무렵 아카이아 동맹의 임시 수장을 맡은 디아이오스는 동맹회의를 향해, 아카이아 동맹의 회원인 라케다이몬(라코니아)인들에게 아카이아인들이 허락한 특권들, 즉 아카이아 재판 관할에서 벗어나는 면책특권과 로마에 사신을 따로 파견하는 특권 등을 로마인들이 전혀 승인하지 않았다는 주장을 제기했다. 이것은 파렴치한 거짓말이었다. 하지만 동맹회의는 그렇게 믿기를 원했던 터라 이 주장을 그대로 믿어버렸다. 아카이아인들이 주장을 무력으로 관철시키려 했기 때문에, 힘이 없는 스파르타인들은 잠정적으로 한발 물러섰다. 좀 더 정확하게 말하자면, 아카이아인들이 범죄자라며 인도를 요구했던 인사들은 스파르타를 떠나 탄원자로서 로마 원로원을 찾아갔다. 원로원은, 늘 그러했듯, 사안을 조사할 위원회를 파견하겠노라 답했다. 하지만 이런 원로원의 결정을 스파르타 사절들은 아카이아와 스파르타에 공히 전달하면서, 로마 원로원이 스파르타를 편들어주었다고 거짓 보고를 했다. 아카이아인들은—앞서 거짓 필립포스에 대항하여 테살리아에서 그들이 로마에 제공한 기여 때문에 자신들이 이제 동맹자로 로마와 대등하고 정치적으로 어느 때보다 중요한 존재라고 스스로 판단했기 때문에—다모크리토스를 사령관으로 하여 로마 건국 606년(기원전 148년) 라코니아를 침공했다.

아시아로 향하던 로마 사절단이 메텔루스의 권고를 받아 평화를 유지하며 원로원이 보낼 조사위원회를 기다리라고 경고했으나 허사였다. 한 번의 전투가 있었고, 1,000명의 스파르타인들이 전사했다. 다모크리토스가 정치가로서만큼이나 군인으로서 무능하지 않았다면, 스파르타는 함락되었을지 모른다. 그는 해임되었으며 모든 사달의 원인 제공자인 디아이오스는 후임을 맡아 열정적으로 전쟁을 이어갔으며, 이와 동시에 염려하는 마케도니아 사령관에게 아카이아 동맹의 완전한 충성을 호언했다. 이때 오래 기다리던 로마 조사위원회가 아우렐리우스 오레스테스의 지휘 아래 도착했다. 휴전이 이루어졌고 아카이아 동맹회의는 코린토스에 모여 조사위원회의 전언을 듣기로 했다.

전언은 뜻밖의 내용으로 유쾌하지 않았다. 로마는 스파르타를 부자연스럽고 강압적으로 아카이아 동맹에 복속시킨 것(제2권 274쪽)을 해소하기로 결정했고, 아카이아 동맹에 대해 이를 관철시킬 것이라고 했다. 벌써 몇 년 전(로마 건국 591년, 기원전 163년)에도 아카이아 동맹은 아이톨리아의 도시 플레우론(제4권 99쪽)의 탈퇴를 허락했어야 했다. 이제 아카이아 동맹은 제2차 마케도니아 전쟁 이래 획득한 도시들, 다시 말해 펠로폰네소스반도의 코린토스, 오르코메네스, 아르고스, 스파르타와 오이타산 근처의 헤라클레이아를 포기하고 한니발 전쟁 말의 상태로 돌아가라는 명령을 받았다. 아카이아 동맹 회원국들은 이것을 듣자마자 로마인들의 말을 끝까지 듣지도 않고 광장으로 몰려나가, 로마의 권고를 군중들에게 전했고, 이에 지배자 무리와 피지배자 무리는 하나된 목소리로, 스파르타가 그들에게 이런 불행을 가져왔단 이유로, 우선 회의에 참석한 라케다이몬 사람들부터 구금하기로 결정했다. 구금은 매우 소란스럽게 진행되었다. 라코니아식 이름 혹은 라코니아식 신발도 충분한 체포 사유가 되는 것으로 보일 정도였다. 사람들은 심지어 로마 사절단의 숙소에까지 쳐들어가서, 그곳으로 피신한 라케다이몬 사람들을 잡아냈고 로마 사절들에게 직접 손을 대지 않았지만 심한 말을 삼가지도 않았다.

　로마 사절들은 분을 삭이며 로마로 돌아와 원로원에서 강한 불만을 과장을 섞어 쏟아냈다. 하지만 원로원은 모든 희랍 사안을 다루는 원칙이라 할 온화함을 보이며 우선 입장 표명만을 했다. 섹스투스 율리우스 카이사르는 아주 온건하게, 그들이 가한 모욕에 대한 사죄의 언급 없이, 아이기온에서 개최된 아카이아 동맹회의(로마 건국 607년, 기원전 147년 봄)에서 로마의 명령을 똑같이 반복했다. 새로 사령관을 맡은 크리톨라오스(사령관직 임기는 로마 건국 607년, 기원전 147년 5월~로마 건국 608년, 기원전 146년 5월까지)를 필두로 하는 아카이아 동맹 대표자들은 노회하고 능란한 정치가들이었다. 그들은 로마가 카르타고와 비리아투스의 문제로 고전하고 있다고 결론 내리고, 로마인들을 기만하고 동시에 모욕하기에 이르렀다. 카이사르는 사태를 진정시키기 위해 적대적인 양측의 대표자들을 테게아에서 한자리에 모으려고 노력했다. 카이사르와 라케다이몬 사절단이 약속 장소에서 아카이아 사람들을 하는 일 없이 오랜 시간 기다린 후에, 드디어 크리톨라오스가 홀로 모습을 나타내면서 회담은 성사되었다. 크리톨라오스는 사안이 아카이아 전체 민회에서만 결정될 수 있으며, 또 전체 민회는 다음 동맹회의에서, 다시 말해 6개월 뒤에나 개회될 수 있다고 했다.

카이사르는 회담 직후 로마로 돌아왔다. 하지만 아카이아 전체 민회는 크리톨라오스의 제안을 받아들여 공식적으로 스파르타에게 선전포고를 했다. 물론 메텔루스는 다시 한 번 갈등을 조정하려고 시도했고, 이에 코린토스로 사절단을 파견했다. 하지만 풍요로운 무역 수공업 도시의 빈민들이 대부분의 자리를 메우고 있던 의사당의 소음은 로마 사절단의 목소리를 압도했고 사절단은 연단을 내려오지 않을 수 없었다. 크리톨라오스가 로마는 주인이 아니라 친구이길 바란다고 선언했을 때, 의사당에는 이루 말할 수 없는 기쁨의 환호성이 울렸다. 동맹회의의 참석자들이 그를 저지하려고 했다. 하지만 빈민들은 자발적으로 크리톨라오스를 보호했고, 부자들의 국가 반역을 비방하면서 군사독재가 필연적이라고 외쳤다. 또한 만백성들과 제왕들이 로마에 항거하여 머지않아 무기를 들 것이라는 불가해한 경고의 목소리를 높였다. 무슨 생각에서 이런 행동들을 했는지를 보여주는 두 가지 결정이 있었는바, 평화가 회복될 때까지 모든 단체는 그대로 유지되며 모든 채무 소송은 중단된다는 것이었다.

이에 아카이아인들은 전쟁을 시작했고, 심지어 실제 동맹국들도 있었다. 테베인들과 보이오티아인들 그리고 칼키디케인들이었다. 로마 건국 608년(기원전 146년)의 시작과 함께 아키아이인들은 테살리아로 진군했다. 로마 원로원 결의에 따라 아카이아 연맹에서 분리된 (오이타산 근처의) 헤라클레이아를 다시 굴복시키기 위해서였다. 원로원 결의로 희랍에 파견된 집정관 루키우스 뭄미우스는 아직 당도하지 않았다. 그리하여 메텔루스가 뭄미우스를 대신하여 마케도니아 주둔군을 이끌고 헤라클레이아를 지원하게 되었다. 아카이아—테베 연합군에게 로마 군단의 접근이 알려졌을 때 전쟁을 언급하는 사람은 더 이상 없었고, 오로지 어떻게 좀 더 안전한 펠로폰네소스로 퇴각할 것인가에만 몰두했다. 연합군은 서둘러 퇴각했으며 테르모필라이를 방어하려는 시도는 한 차례도 하지 않았다. 그러나 메텔루스는 서둘러 추격을 펼쳐 로크리스의 스카르페이아에서 연합군을 격퇴했다. 포로와 전사자의 수는 실로 엄청났다. 패전 이후 크리톨라오스에 관해 어떤 소식도 전해지지 않았다. 패잔병들은 부대별로 흩어져 희랍 전역을 돌아다니며 망명을 요청했으나 허사였다. 파트라이*Patrae* 출신 부대는 포키스에서, 아르카디아 정예부대는 카이로네이아에서 패배했다. 북부 희랍 전체가 텅 비게 되었다. 아카이아 군대의 일부, 그리고 집단 탈주한 테베 시민들 가운데 극소수만이 펠로폰네소스에 닿았다. 메텔루스는 이들 희랍인들이 무의미한 저항을 포기할 수 있도록 최대한 온정적인 처분을 내렸다. 예를 들어 테베 시민 모두에게 자유를 허락하는 단 한 번의 예외적 조치를 단행했다. 메텔루스의 선의는 민중의 지지를 받았지만, 제 목숨을 염려한 지휘관들의 자포자기 때문에 결실을 거두지 못했다. 크리톨라오스의 실종 이후 최고 명령권을 물려받은 디아이오스는 모든 전투 가능 병력을 이스트모스에 집결시켰고, 이후 1만 2,000명의 희랍 태생 노예들을 징집하도록 명령했다. 또 부자들에게 군자금을 내놓도록 요구했다. 평화주의자들 가운데 몇몇은 폭압적 지휘관들에게 뇌물로 목숨을 구걸했고, 그렇지 않은 경우 처형을 면하지 못했다.

전쟁은 이어졌고 결과는 언제나처럼 같았다. 알카메네스가 지휘하는 4,000명의 아카이아 전위부대는 메가라에 주둔하고 있었는데, 로마 군단의 표식을 보자마자 흩어져버렸다. 메텔루스가 이스트모스의 아카이아 본진을 공격하도록 명령을 내리려고 했을 때, 마침 집정관 루키우스 뭄미우스가 소수의 수행원들을 데리고 로마군 사령부에 도착하여 명령권을 인수했다. 그사이에 아카이아인들은 지나치게 경계를 게을리하던 로마 전초를 성공적으로 공격했고, 이에 용기를 얻어, 이스트모스의 레우코페트라에 주둔한, 수적으로 두 배에 이르는 로마군 본대를 향해 공격을 감행했다. 로마군은 적의 공격에 망설임 없이 맞섰다. 전투 개시와 함께 아카이아 기병대는 여섯 배나 강력한 로마 기병대에 의해 몰살당했다. 아카이아 중장보병들은 계속 버티며 저항했지만, 로마 정예부대의 측면 공격으로 인해 전열이 무너져내렸고, 이로써 저항도 끝났다. 디아이오스는 고향으로 도주하여 아내를 살해하고 음독자살을 택했다. 도시국가들은 전체적으로 저항 없이 항복했다. 심지어 정복 불가능한 코린토스도 칼 한 번 쓰지 않고 로마군에게 투항했다. 집정관 뭄미우스는 이런 코린토스의 입성을 3일이나 망설였는바, 매복을 의심했던 것이다.

아카이아 속주

희랍 관계의 새로운 규율은 10인의 원로원 의원으로 구성된 사절단과 집정관 뭄미우스에게 위임되었고, 뭄미우스는 점령 지역 전체에 축복 가득한 기억을 남겼다. 물론 부드럽게 말해 어리석은 행동도 있었는바, 전쟁과 승리의 업적을 기리는 별칭 '아카이쿠스'를 취한 것과 승전을 기념하는 승리의 헤라클레스 신전을 건립한 것이다. 하지만 귀족적 사치와 타락 속에 성장하지 않았고 오히려 상대적으로 가난한 '신인(homo novus)'이었던 뭄미우스는 관리자로서 정의롭고 온화한 모습을 보여주었다. 디아이오스 말고 어떤 아카이아인도, 퓌테아스 말고 어떤 보이오티아인도 목숨을 잃지 않았다는 소리는 연설에서 흔히 들을 수 있는 과장이었다. 특히 칼키스에서는 지독한 잔혹 행위가 벌어졌지만, 전반적으로 법정은 정도를 지켰다. 뭄미우스는 아카이아 애국당파의 발기인이던 필로포이멘의 동상을 철거하자는 청원을 거부했다. 공동체들에 부과된 전쟁 배상금은 로마 국고 수익이 아니라 파괴된 희랍 도시국가들을 위해 용처가 결정되었고, 상당 부분 나중에는 면제되었다. 부모 혹은 자식들을 둔 반역자들의 재산은 공매하지 않고 부모 혹은 자식들에게 남겨주었다. 다만 예술품들은 코린토스, 테스피아이 등 여러 도시에서 빼앗아 일부는 수도 로마로, 일부는 이탈리아의 각 도시들로 옮겨놓았고,[12] 일부는 이스트모스 신전, 델포이 신전, 올림피아 신전 등에도 바쳤다. 지역의 말단 행정 조직에서도 온건함이 전반적으로 지배했다. 물론 로마의 속주 행정이 흔히 그러했던바(제3권 95쪽), 독립 연맹은, 특히 아카이아 연맹은 해체되어 각 공동체들은 고립되었다. 누구도 두 개의 공동체에서 동시에 토지를 소유할 수 없다는 원칙에 따라 공동체 간의 교류도 저지되었다. 더 나

---

12 사비눔의 각 지방 도시에, 파르마에, 그리고 히스파니아의 이탈리카에도(제3권 12쪽) 아직 여러 개의 받침대가 뭄미우스의 이름으로 전해지는데 일찍이 전리품들을 받치고 있던 구조물이다.

아가, 앞서 플라미니누스가 시도했던(제4권 55쪽) 민주주의적 도시 정체는 철저하게 철폐되었고 모든 공동체는 자산가들 중에서 뽑은 의회에 통치권을 넘겨주었다. 또한 각 공동체에 로마에 내야 할 일정한 세금이 부과되었고, 각 공동체는 모두 마케도니아 총독의 통제를 받았으며 마케도니아 총독은 최고 군사령관 자격으로 행정과 사법에서도 최고 권한을 가졌다. 예를 들어 마케도니아 총독은 중요한 형사재판을 직접 판결할 수도 있었다. 그럼에도 희랍 공동체들에게, 로마의 패권 아래서 이름뿐인 형식적 주권의 '자유'가 주어졌고, 여기에는 공유지 소유권과 자치행정과 재판권이 포함되었다.[13] 몇 년 후에 옛 동맹

[13] 로마 건국 608년(기원전 146년) 희랍이 로마 속주가 되었는지 아닌지의 문제는 핵심에 있어 개념 논쟁으로 전개되고 있다. 희랍 공동체들이 내내 '자유'를 누렸다는 점(CIG 1543, 15; Caes. *civ.* 3, 5; App. *Mithr.* 58; Zonar. 9, 31)은 확정적이다. 하지만 못지않게 확정적인 사실은 당시 희랍이 로마에 의해 '점령되었다'는 것이다(Tac. *ann.* 14, 21; Makk. 8, 9, 10). 또 이때부터 각 공동체는 일정한 세금을 로마에 바쳤다는 것이다(Pausan. 7, 16, 6; Cic. *prov.* 3, 5와 비교). 예를 들어 작은 섬 귀아로스는 매년 150드라크마의 세금을 냈다(Strab. 10, 485). 또 로마 총독의 권표가 이때부터 희랍도 다스렸으며(Poly. 38, 1c; Cic. *Verr.* I, 1, 21, 55), 총독이 도시국가 정체의 최고 관리였으며(CIG 1543), 특별한 경우에는 그때까지 원로원이 했던 것처럼 형사재판(CIG 1543; Plut. *Cim.* 2)을 이때부터 주재했다는 것이다. 또 마지막으로 마케도니아의 속주 연호가 희랍에서도 사용되었다는 것이다. 이런 사실들 간에는 모순되는 바가 전혀 없다. 혹은 자유도시들의 지위를 때로는 속주가 아닌 것처럼(예를 들어 Suet. *Caes.* 25; Colum. 11, 3, 26), 때로는 속주인 것처럼(예를 들어 Ios. *ant. Iud.* 14, 4, 4) 묘사되었다는 사실 말고는 모순이 없다. 희랍에 있는 로마 국유지는 물론 코린토스 농경지와 에우보이아의 일부에 국한되었고, 그곳에 글자 그대로 예속민이라고 부를 만한 사람은 존재하지 않았다. 하지만 그럼에도 희랍 공동체들과 마케도니아 총독의 사실적 관계를 보면, 나르보 속주에 마살리아가 귀속되고 뒤라키온이 마케도니아 속주에 귀속되는 것처럼, 희랍도 마케도니아 속주에 속하는 것으로 간주되었을 수 있다. 이보다 더한 사례가 많이 발견된다. 알프스 이쪽 갈리아는 로마 건국 665년(기원전 89년) 이래로 순수 로마 시민권 공동체 혹은 라티움 시민권 공동체로 구성되었지만, 술라는 이를 속주라고 불렀다. 카이사르 시대에 오로지 로마 시민권자들로만 구성된 지역이면서도 속주가 아닌 경우는 없었다. 여기서 분명하게 드러나는 문제는 로마에서 '속주provincia'라는 것의 근본 개념이 무엇이었냐는 것이다. 우선 속주는 '군사령부'이며 명령권자의 모든 행정 조치와 재판 기능은 근본적으로 군사령관의 부차적 부가적 역할이다.

하지만 이에 반해, 자유 공동체의 형식적 주권에 주목할 때, 로마 건국 608년(기원전 146년)의

의 외형적 존재가 다시 허용되었을 뿐만 아니라 공유지 매각에 가해진 강력한 제한 조치도 해제되었다.

코린토스의 파괴

하지만 테베, 칼키스, 코린토스 등의 공동체들에게는 좀 더 엄정한 처결이 내려졌다. 앞의 두 도시가 무장 해제되고 도시 성벽의 철거로 도읍에서 촌으로 전락한 것은 당연하다고 할 수 있다. 하지만 희랍의 첫째가는 무역도시인 번영의 코린토스를 아무 동기 없이 파괴한 것은 로마 연보의 커다란 오점으로 남았다. 원로원의 확고한 명령에 따라 코린토스 시민들은 구금되었고 목숨은 부지했지만 노예로 팔려갔다. 도시 성벽과 성채는 파괴되었다. 장기간 도시에 주둔할 의사가 없었을 때 불가피한 일이지만, 도시는 초토화되었고, 황폐한 폐허 위에 모든 재건 행위를 일체 금지하는 일반적 저주가 내려졌다. 도시의 일부는 시퀴온이 코린토스를 대신하여 이스트미아 축제의 비용을 떠맡는다는 조건으로 시퀴온의 영토가 되었고, 도시의 대부분은 로마 공동체의 소유로 선포되었다. 이리하여 한때 수많은 도시국가들로 가득했

사건이 희랍의 지위를 법률적으로 변경하지 않았음이 분명하다. 법률적으로보다는 사실적으로 다양한 편차가 존재한다. 아카이아 연맹을 대신하여 이제 아카이아의 개별 공동체들은 로마에 세금을 내는 피호 도시가 되었고, 마케도니아에 로마의 특별 통치 기구가 설립된 이래로 이 기구가 수도 로마의 정무관을 대신하여 희랍 피호 도시들의 관할권을 인계받았다. 따라서 주목하는 것이 사실적인 관계냐 혹은 형식적인 관계냐에 따라 희랍을 마케도니아 총독의 관할지로 볼 수도 있다. 물론 사실적인 관계가 정당하게 상대적 중요성을 가졌다.

던 희랍 땅의 마지막 남은 소중한 보물, '희랍의 눈동자'가 빛을 잃었다. 하지만 희랍의 파국 전체에 주목한다면, 객관적인 역사적 시각에서 이 시기의 희랍이 솔직하게 고백할 바는 전쟁 책임이 로마에 있지 않으며 오히려 희랍의 어리석은 배신과 쓸데없는 오만이 로마의 개입을 불러왔다는 것이다. 연맹의 주권 환상 및 그와 관련된 모든 불분명하고 병적인 환영이 사라진 것은 오히려 희랍의 행운이었다. 마케도니아 속주 총독의 통치는, 아무리 부족한 것이 많았을지라도, 지금까지 희랍 연맹의 통치나 로마 특사의 통치가 보여준 혼란과 불합리보다는 어찌되었든 훨씬 훌륭했다.

펠로폰네소스는 이제 더 이상 거대한 용병 숙소가 아니었다. 로마 정부의 직접 통치와 함께 널리 안전과 번영이 상당히 회복된 것은 확인된 분명한 사실이다. 폐허가 폐허를 막아냈다는 테미스토클레스의 경구를 가지고 당시 희랍인들이 자유 희랍의 몰락을 이야기한 것은 완전히 부당한 것은 아니었다. 로마가 여전히 희랍인들에게 보여준 각별한 인내심은, 로마 통치가 동시대의 히스파니아와 페니키아에서 보여준 행태와 비교할 때, 비로소 선명히 드러난다. 야만인들을 가혹하게 다루는 것을 불법적으로 생각하지 않았지만, 나중의 트라야누스황제처럼 당시의 로마인들도 '아테네와 스파르타로부터 자유의 그림자마저 빼앗아버리는 일은 가혹하고 야만적'이라고 평가했다. 일반적인 관대함과 코린토스에 대한 끔찍한 처결은—카르타고와 누만티아의 파괴를 옹호하는 연설가들에 의해서조차 비난받은 코린토스 파괴는 로마의 만민법에 비추어서도 코린토스의 골목길에서 로마 사절단을 향해 던져진 비난과 욕설 때문이라고 결코 정당화되지 않는다—아주 극명하게 대조된다.

그리고 이것은 결코 어느 한 사람의 야만성 때문에 일어난 일은 아니었다. 적어도 뭄미우스 때문은 아니었다. 이것은 로마 원로원이 심사숙고하여 결정한 조치였다. 여기서 본래의 귀족당파에 이어 이 시기에 정치에 개입하기 시작한 상인당파의 소행이라고 생각한다면 틀리지 않을 것인바, 이들은 코린토스의 무역 경쟁자들을 제거했던 것이다. 왜 코린토스에 처벌이 내려졌고 도시가 파괴되었으며, 여기에 그치지 않고 무역에 더없이 좋은 위치를 가진 도시의 재건이 왜 영원히 금지되었는지가 이해되는 경우는, 로마의 거대 상인들이 희랍 통치에 개입했을 때다. 희랍 지역에도 매우 많았던 로마 상인들에게 향후 무역 거점은 펠로폰네소스의 아르고스였다. 하지만 로마의 거상들에게는 델로스가 훨씬 중요했다. 이미 로마 건국 586년(기원전 168년) 이래 자유무역항이던 델로스는 로도스의 사업 중 상당 부분을 흡수했고(제4권 143쪽), 비슷한 방식으로 코린토스의 사업을 대신했다. 그리하여 이 섬은 상당한 기간 동안 동서 무역 상품들의 집산지로 기능하게 된다.[14]

아시아

좁은 해협을 사이에 두고 이탈리아와 나뉜 두 지역, 아프리카와 마케

---

[14] 이에 대한 주목할 만한 근거는 희랍의 섬세한 청동 제품들을 부르는 이름이다. 이것들은 키케로 시대에 아무런 차이 없이 '코린토스산 청동' 혹은 '델로스산 청동'이라고 불렸다. 분명 명칭은 이탈리아에서는 생산지의 이름이 아니라 판매지의 이름에 따른다(Plin. *nat*. 34, 2, 9). 또한 여기서 당연히 배제되지 않는 사실은 이런 그릇들이 코린토스와 델로스에서도 생산되었다는 것이다.

도니아-희랍과 달리, 멀리 떨어진 제3지역인 아시아의 로마 패권은 불완전했다.

소아시아에서 셀레우코스왕조의 위축과 더불어 페르가몬왕국이 제1의 강자로 부상했다. 알렉산드로스의 후계 왕국들이 가진 전통에 흔들리지 않고, 불가능한 것을 포기할 줄 아는 현명함과 냉철함을 가지고, 아탈로스왕조는 차분하게 처신하여, 국경 확장에 애쓰지도 로마 패권에서 벗어나려고 노력하지도 않았으며, 로마가 허용하는 범위에서 왕국의 번영에 매진하고 평화를 위한 기술들을 발전시켰다. 그럼에도 로마의 질시와 의심을 벗어나지 못했다. 프로폰티스해의 유럽 대륙 연안, 소아시아의 서안, 카파도키아와 킬리키아에 이르는 소아시아 내륙 등을 차지하고, 아탈로스왕조의 도움으로 왕위를 차지한 안티오코스 에피파네스(로마 건국 590년, 기원전 164년 사망)를 포함하여 쉬리아 왕들과 긴밀한 관계를 유지하며, 마케도니아와 쉬리아의 점점 깊어지는 몰락에도 여전히 상당한 위세를 자랑하는 에우메네스 2세의 권력은 이런 판도의 설립자들에게 의심을 불러일으켰다. 앞서 언급한 바와 같이(제4권 136쪽) 원로원은 제3차 마케도니아 전쟁 이후 동맹자인 아탈로스왕조를 무례한 외교술로 모욕하고 능멸했다. 맹주 페르가몬과 페르가몬왕국 내의 완전 자유 혹은 반(半)자유무역 도시들의 관계, 페르가몬과 국경을 마주하고 있는 이웃 야만족들과의 관계는 이미 그 자체로도 어려운 상황이었는데, 패권국 로마와의 불편한 관계 때문에 더욱 복잡하게 꼬여버렸다. 로마 건국 565년(기원전 189년)의 평화조약 이후 팜퓔리아와 피시디아 지역의 타우로스산맥이 쉬리아왕국에 귀속되는지, 페르가몬왕국에 귀속되는지 분명하지 않았기 때문에(제4권 95쪽), 용감한 셀게인들은 쉬리아 통치의 명목상 용인에 힘입어 에우메네스 2세와 아탈로스 2세에 대항하여, 피시디아의 접근하기 어려운 산악에서 장구하고 열정적인 저항을 수행했다.

또 아시아의 켈트족은 상당 기간 로마의 승낙하에 페르가몬의 통치를 받았으나, 에우메네스에게서 떨어져나와, 아탈로스왕가와 대대로 적대관계에 있던 비튀니아의 프루시아스왕과 결탁하여, 로마 건국 587년(기원전 167년) 에우메네스를 공격하기 시작했다. 에우메네스왕은 용병을 고용할 시간조차 없었다. 그의 모든 지략과 용기에도 불구하고 켈트족은 아시아의 시민군을 격파했고 그의 지역을 휩쓸었다. 우리는 이미 로마가 에우메네스의 요청을 승낙한 특별한 중재를 알고 있다(제2권 300쪽). 하지만 에우메네스가 풍부한 국고에 힘입어 전투에 능한 군대를 고용할 여유를 얻었을 때, 그는 야만족을 재빨리 왕국의 국경 밖으로 몰아냈다. 갈라티아를 아직 회복하지 못했고, 고집스럽게 갈라티아에 영향력을 미치려는 그의 시도가 로마의 간섭으로 무산되었지만,[15]

---

[15] 최근 에우메네스 2세와 아탈로스 2세가 페시누스의 사제에게 보낸 서신 몇 편이 알려졌다. 사제는 내내 아티스라고 불린다(Poly. 22, 20). 이 서신들은 갈라티아 문제를 매우 상세히 설명해준다. 서신들 가운데 가장 오래되고 유일하게 날짜가 확인된 서신은 에우메네스 재위 34년 되던 해, 고르피아이오스 달이 끝나기 7일 전에 쓰인 것으로(로마 건국 590/591년, 기원전 164/163년), 사제에게 군사 지원을 제공하여, (달리 알려진 바 없는) 페손기*Pesongi* 사람들을 그들이 점거한 신전에서 쫓아낼 수 있도록 돕는다는 내용이다. 이어 에우메네스는 페시누스의 사제와 그 동생 아이오릭스의 갈등에서 자신을 동지라고 표현한다. 의심의 여지없이 에우메네스의 이런 두 가지 행동은 로마 건국 590년(기원전 164년) 이후 로마에 알려진 행동들에 속하는 것으로 보이는바, 켈트족 사안에도 개입하여 그곳에 있는 동지를 지원하려는 에우메네스의 시도와 연관된다(Poly. 31, 6, 9; 32, 3, 5). 에우메네스의 계승자 아탈로스가 쓴 편지들 가운데 하나로부터 분명한 것은, 시대가 달라졌고 에우메네스의 소망이 좌절되었다는 것이다. 사제 아티스는 아파메이아의 회합에서 다시 한 번 아탈로스에게 군사 지원의 승낙을 얻어낸 것으로 보인다. 하지만 나중에 아탈로스왕은 그에게 편지를 보내, 그와 관련된 자문회의를 개최했고, 아테나이오스(분명 왕의 유명한 동생), 소스안드로스, 메노게네스, 클로로스와 친척

그럼에도 그는 이웃들과 로마가 그를 노리고 기획한 모든 공개적 공격과 은밀한 음모 속에서도 왕국을 온전한 상태로 남기고 죽었다. 그의 동생 아탈로스 2세 필라델포스(로마 건국 616년, 기원전 138년 사망)는 폰토스의 왕 파르나케스가 에우메네스의 어린 아들에 대한 후견권을 장악하려고 시도했을 때, 로마의 도움으로 이를 물리치고, 조카를 대신하여 안티고노스 도손처럼 종신 후견자로서 왕국을 통치했다.

기민하며 유능하고 유순한 사람으로 아탈로스왕가의 진면목을 보여준 인물 아탈로스 2세는 의심을 거두지 않던 로마 원로원으로 하여금 지난날의 걱정이 기우였음을 확신하게 했다. 반(反)로마당파는 아탈로스 2세를 비난하여, 그가 로마인들을 위해 영토를 지키고 이 때문에 로마인들로부터 자신들이 온갖 수모와 강요를 당한다고 말했다. 하지만 로마의 보호를 확신한 아탈로스 2세는 쉬리아, 카파도키아, 비튀니아 왕위 계승 갈등에 결정적으로 개입할 수 있었다. 모든 야만적 악행과 문명적 패륜을 하나로 합한 통치자, 사냥꾼이라는 별칭의 왕 프루시아스 2세(로마 건국 572?~605년, 기원전 182?~149년)가 아탈로스 2세를 공격한 비튀니아 전쟁의 위기에서도 로마의 개입은 아탈로스 2세를 구했다. 물론 그가 그의 도시에 봉쇄되고 프루시아스 2세가 로마의 첫 번째 경고를 따르지 않음으로써 크게 봉변을 당한 후에야 비로소 구원을 받게 되었지만 말이다(로마 건국 598~600년, 기원전 156~154년).

들(ἀναγκαῖοι)이 자문회의에 참석했고, 오랜 숙의 끝에 결국 다수가 클로로스의 의견을 따르게 되었는데, 로마에 먼저 문의하지 않으면 그럴 수 없다는 것을 알렸다. 왜냐하면 성공하더라도 다시 잃게 될 것이고, "로마인들이 형[에우메네스 2세]에게도 품었던" 의심을 사게 될 것이기 때문이다.

하지만 그의 피후견인이던 아탈로스 3세 필로메토르가 왕위에 오르면서(로마 건국 616~621년, 기원전 138~133년) 평화롭고 절제된 시민 왕국은 아시아적 술탄 왕국으로 바뀌었다. 술탄 왕국의 등장과 함께 예를 들어, 왕이 부왕의 친구들로 구성된 성가신 자문단에서 벗어나기 위해 자문단을 왕궁에 불러 모은 후에 처음에는 자문단을, 이후에는 그 식솔들을 용병들로 하여금 죽이도록 시키는 일이 벌어졌다. 그밖에 죽음이 그를 갑작스럽게 불러갈 때까지 그는 과수원에 관한 책들을 저술했고, 독초들을 재배했으며 밀납 모형을 제작했다.

아시아 속주

그의 죽음과 함께 아탈로스왕가는 소멸했다. 그런 경우, 적어도 로마의 피호 국가에 적용되는 국법에 따라 마지막 통치자의 계승 문제는 유언장에 따라 처리될 수 있었다. 왕국을 로마에 유증한다는 의사를 아탈로스왕가의 마지막 왕이 통치 기간 내내 그를 괴롭히던 백성들에 대한 광적인 증오심 때문에 가지게 된 것인지, 아니면 로마의 사실적 보호권이 단순히 법률적으로도 인정된 것인지는 알 수 없다. 유언에 따라 일이 처리되었고[16] 로마는 왕국을 상속했다. 아탈로스왕가의 영

---

16 동일한 유언장에서 왕은 그의 도시 페르가몬에 '자유', 그러니까 다시 말해 '도시 자치(δημοκρατία)'를 허락한다. 유언장 공개 이후, 하지만 로마가 유언장을 공식적으로 인정하기 전에, 그렇게 구성된 민주정은 이제까지 시민권에서 배제되었던 계급들, 특히 인구 조사에 거류외인으로 등재된 자들, 마케도니아 출신으로 도시와 농촌에 거주하는 병사들에게 시민권을 부여하기로 결정했고, 이는 인구 전체의 좋은 합의를 이뤄내기 위해서였다. 민회는 로마인들

토와 재산 처리 문제는, 로마의 정파들 가운데 던져진 불화 여신의 황금사과가 되었다.

아리스토니코스에 대한 전쟁

하지만 왕의 유언장은 아시아에서도 내전에 불을 붙였다. 외래 정부의 통치를 아시아 사람들이 거부할 것이라는 것을 믿고 에우메네스 2세가 생부라고 주장하는 사람이 등장했다. 스뮈르나와 포카이아의 중간에 위치한 작은 항구 도시 레우카이에 사는 아리스토니코스는 왕위 계승자임을 자처했다. 포카이아 등 몇몇 도시들은 그를 지지했다. 하지만 그는, 특권을 유지하는 유일한 길은 로마에 밀착하는 것이라고 굳건히 믿는 에페소스인들에게 퀴메 앞바다의 해전에서 패한 이후 내륙으로 도주해야만 했다. 그렇게 그는 사라지는 듯했다. 하지만 갑자기 '태양시의 시민들'[17]—이들은 그가 집단 해방시킨 노예들이었다—을 이끌고 그가 다시 등장했다. 그는 뤼디아의 도시 튀아테이라와 아폴로니스, 그리고 아탈로스왕가에 속한 일부 지역민들을 이끌었고, 일군의 트라키아 용병도 그의 깃발 아래 서 있었다. 전쟁은 진지

에게 이런 포괄적 평등화 조치가 기정사실로 완결되었음을 보임으로써, 로마 통치의 본격적인 실시 이전에 로마 통치에 반대하는 의도를 드러내고자 했으며, 다른 영역에서 도시 인구 내의 권리 편차 해소를 공동체 자유 쟁취의 기폭제로 사용하고자 했음이 분명하다.

[17] 이런 이상한 이름의 '태양시의 시민들'에 대한 내 친구 가운데 한 명이 내게 피력한 그럴듯한 의견에 따르면, 이 도시는 개명한 도시 혹은 다만 현재로는 상상 속의 도시로, 헬리오폴리스를 구성하는 시민들은 해방 노예들인데, 쉬리아에서 크게 숭배되는 태양신의 이름을 따라 그렇게 불리운 것으로 보인다.

했다. 하지만 로마 군단은 아시아에 배치되어 있지 않았다. 아시아의 자유도시들과, 비튀니아, 파플라고니아, 카파도키아, 폰토스, 아르메니아의 피호 제후국 병력은 왕위 계승 요구자를 막아낼 수 없었다. 그는 무장한 채로 콜로폰, 사모스, 뮌도스로 쳐들어갔다. 로마 건국 624년(기원전 131년) 말 로마 군단이 아시아에 상륙했을 때, 그는 그의 부왕이 다스렸던 왕국의 거의 대부분을 장악했다.

상륙한 로마 군단의 사령관은 집정관이자 최고 목교관인 푸블리우스 리키니우스 크라수스 무키아누스로, 로마 최고의 부자였고 동시에 로마 최고의 교양인 가운데 하나였으며 연설가이자 법률 전문가로 명성을 떨치고 있었다. 크라수스는 왕위 계승 요구자가 머무는 레우카이를 포위하려고 했지만, 포위 공격을 준비하는 과정에서 너무 과소평가한 적의 기습 공격을 받고 패퇴했고, 심지어 트라키아의 한 항구에서 적의 포로가 되었다. 하지만 크라수스는 적에게 로마 최고 사령관을 포로로 전시하는 개선식을 허락하지 않았다. 그는 그가 누구인지 모르는 야만인들을 도발했고 이들은 그를 공격하고 죽여버렸다(로마 건국 623년, 기원전 130년 초). 시신이 집정관이라는 것은 나중에 드러났다. 크라수스와 함께 아마도 카파도키아의 왕 아리아라테스도 전사한 것으로 보인다. 하지만 아리스토니코스는 이 승리 이후 머지않아 크라수스의 후임 마르쿠스 페르펜나에게 패했고, 그의 군대는 흩어졌다. 본인은 스트라토니케이아에서 포위 공격을 받고 사로잡혀 로마에서 처형되었다. 아직도 저항을 멈추지 않은 나머지 도시들의 정복과 최종적 지역 평정은 페르펜나의 급작스러운 죽음 이후 마니우스 아퀼리우스(로마 건국 625년, 기원전 129년)가 넘겨받았다. 카르타고에서와 비슷한 조치가 취해졌다. 아탈로스왕국의 동부는 피호 제후들에게 인계되었는데, 이는 로마가 국경 수비와 이를 위한 항구적 주둔을 피하기 위한 것이었다. 도시 텔미소스가 뤼키아 연맹에 가입했다. 트라키아에 있던 아탈로스의 유럽 재산은 마케도니아 속주에 편입되었다. 나머지는 새로운 로마 속주가 되었고, 이 속주의 이름으로 의도가 없지 않은바 카르타고의 경우와 마찬가지로 속주가 위치한 대륙의 이름이 채택되었다. 새 속주는 페르가몬에 내던 세금을 면제받았고, 희랍 속주와 마케도니아 속주처럼 관대한 대접을 누렸다. 이렇게 소아시아의 가장 훌륭했던 국가는 로마의 직할지가 되었다.

아시아 서부

아시아 연안의 수많은 여타 소국들과 도시들, 그러니까 비튀니아 왕국, 파플라고니아 제후국들과 켈트족 제후국들, 뤼키아 연맹과 팜필리아 연맹, 자유도시 퀴지코스, 자유도시 로도스 등은 이제까지의 정해진 관계를 그대로 유지했다.

카파도키아

할뤼스강 건너편의 카파도키아는, 아리아라테스 5세 필로파토르(로마 건국 591~624년, 기원전 163~130년)가 아탈로스왕가의 큰 도움으로,

쉬리아의 도움을 받는 형이자 왕위 경쟁자 홀로페르네스를 몰아내고 왕권을 장악한 이래, 전반적으로 페르가몬의 정책 노선을 따랐고, 적극적으로 로마에 동조하는 동시에 희랍 교양을 수용했다. 아리아라테스를 통해 희랍 교양은 이제껏 거의 야만 상태이던 카파도키아에 전파되었고, 물론 이와 함께 희랍 교양의 부작용도, 그러니까 박코스 숭배와 떠돌이 놀이패들(자칭 예술가들)의 난폭 행위도 수입되었다. 아리아라테스가 목숨을 바치면서까지 페르가몬 왕위 요구자와의 전쟁에서 로마에 보여준 충성의 대가로, 그의 미성년 상속자 아리아라테스 6세는 로마의 보호를 받으며 폰토스의 왕이 시도한 왕권 찬탈을 막아냈다. 또 그에게는 아탈로스왕국의 남동부인 뤼카오니아가 주어졌는바, 이 땅은 바로 옆에 동쪽으로 국경을 접한 킬리키아의 일부라고 오랫동안 간주되는 지역이었다.

폰토스

소아시아 북동부의 끝자락에 위치하는 '바닷가의 카파도키아' 혹은 짧게 '바다 왕국'이라고 불리는 폰토스는 지속적인 확장에 성공하면서 중요한 국가가 되었다. 마그네시아 전투 이후 오래지 않아 폰토스의 왕 파르나케스 1세는 영토를 할뤼스강 너머 비튀니아 국경의 티오스까지 확대했고, 특히 풍요로운 시노페를 장악했다. 시노페는 희랍계의 자유도시에서 왕국 수도가 되었다. 이런 점령으로 위협을 느낀 이웃 도시들은 에우메네스 2세를 앞세워 폰토스에 대한 전쟁을 수행했고(로마 건국 571~575년, 기원전 183~179년), 로마의 중재로 폰토스가 갈라티아와 파플라고니아에서 철수하도록 압박했다. 하지만 사태의 경과가 보여주는 바는, 파르나케스와 그의 후계자 미트라다테스 5세 에우에르게테스(로마 건국 598?~634년, 기원전 156?~120년)가 제3차 카르타고 전쟁 및 아리스토니코스 전쟁에서 로마와의 동맹을 충실히 유지하면서, 할뤼스강 너머의 지역을 계속 차지했고 심지어 사실상 파플라고니아와 갈라티아의 제후들에 대해 보호권을 확보했다는 것이다. 이를 전제해야만, 미트라다테스가 명목상으로는 아리스토니코스 전쟁에서 보여준 용감한 행동 때문에, 실질적으로는 로마 사령관에게 바친 엄청난 돈 때문에, 로마 사령관으로부터 아탈로스왕국 해체 이후 대(大)프뤼기아를 얻게 된 사실이 설명된다. 다른 한편 카우카소스와 에우프라테스 발원지 방향으로 폰토스왕국이 이 시기에 얼마나 크게 확장되었는지는 정확히 알 수 없다. 하지만 엔데레스와 디위리기를 포함한 아르메니아의 서부 혹은 소위 소(小)아르메니아를 차지하고 이를 태수령으로 만든 것으로 보인다. 물론 대(大)아르메니아와 소페네*Sophene*는 여전히 독립 왕국을 유지하고 있었다.

쉬리아와 이집트

따라서 로마는 소아시아반도에서 실질적 통치권을 행사했고—물론 로마의 의지와 상관없이 혹은 로마의 의사에 반하여 많은 일이 일어났지만—소유 상황을 전반적으로 규정했지만, 타우로스산맥 너머 에우프라테스강 상류 지역부터 나일강 계곡에 이르는 넓은 지역에 대해서는 주요 문제를 스스로 결정하게 내버려두었다. 하지만 동방정책의 근간이 되는바 "할뤼스강을 로마 피호국의 동쪽 경계로 삼는다"(제2권 269쪽)는 로마 건국 565년(기원전 189년)의 원칙을 원로원은 지키지 않았고, 그 원칙 자체도 지켜질 수 없는 한계를 가지고 있었다. 정치적 지평은 물리적 지평만큼이나 자기기만적인 것이다.

쉬리아에 허락된 전함과 코끼리의 수가 평화협정에서 명시되었을 때(제4권 92쪽), 쉬리아 군대가 로마 원로원의 명령에 따라 반쯤 점령한 이집트를 비워주었을 때(제4권 145쪽), 이것은 이미 패권 및 피호 관계의 완전한 인정을 의미했다. 때문에 이집트와 쉬리아는 왕위 계승 갈등에서도 로마 정부의 조정에 의존했다. 쉬리아에서는 안티오코스 에피파네스의 사망(로마 건국 590년, 기원전 164년) 이후 인질로 로마에 머물던 셀레우코스 4세의 아들 데메트리오스(나중에 소테르라고 불린다)와 선왕 안티오코스 에피파네스의 미성년 아들 안티오코스 에우파토르가 왕위를 놓고 싸웠다. 이집트에서는 로마 건국 584년(기원전 170년) 이래 공동 통치를 하던 형제 중 형 프톨레마이오스 필로메토르(로마 건국 573~608년, 기원전 181~146년)가 동생 프톨레마이오스 에우에르게테스 2세 혹은 뚱보(로마 건국 637년, 기원전 117년 사망)에게서 쫓겨나는 일이 벌어졌고(로마 건국 590년, 기원전 164년), 형은 자신의 통치권을 확보하기 위해 로마를 직접 찾아갔다. 두 사안을 원로원은 다만 외교적 방법으로 해결했는데, 본질적으로 로마의 이익이 그 척도였다.

쉬리아에서는 안티오코스 에우파토르가 그보다 우선권을 가진 데메트리오스를 제치고 왕으로 인정되었고, 어린 왕의 후견을 맡기 위해 원로원 의원 그나이우스 옥타비우스가 파견되었다. 그는 당연한 일이겠지만, 철저히 로마의 이익을 대변했다. 전함과 코끼리의 수를 로마 건국 565년(기원전 189년)의 평화협정에 준하여 감축했고, 쉬리아의 군사적 몰락을 완성하는 최선의 길을 따랐다.

이집트에서는 필로메토르의 복위가 이루어졌고, 나아가 부분적으로는 형제의 갈등을 끝내기 위해, 부분적으로는 아직도 막강한 이집트의 힘을 분쇄하기 위해 퀴레네를 이집트에서 분리하여 에우에르게테스에게 보상으로 주었다. 얼마 지나지 않아 어느 유대인은 이렇게 기록했다. "로마인들이 원하는 자는 왕이 되었고, 원치 않는 자는 나라와 백성에게서 멀리 떼어놓았다."

하지만 이것은 긴 시간을 두고 로마 원로원이 필립포스, 안티오코스, 페르세우스와 얽힌 문제에서 내내 견지했던 현명함과 결단력을 동방 문제에서도 보여준 유일한 사례였다. 로마 정부의 내적 붕괴는 아주 나중이긴 하지만 그래도 분명히 외교적 문제의 처결에까지 영향을 미쳤다. 로마 정부의 조치는 일관되거나 확고하지 않았다. 그리하여 로마는 방금 바짝 쥔 고삐를 다시 늦추어 거의 풀어주다시피 했다.

쉬리아의 후견 섭정을 맡은 그나이우스 옥타비우스는 라오디케이아에서 살해되었다. 퇴출된 왕위 계승 요구자 데메트리오스는 로마를 탈출했고, 로마 원로원이 그에게 그런 권한을 주었다는 뻔뻔한 거짓말을 내세워, 어린 왕을 제거한 후 그의 아버지가 다스리던 왕국을 장악했다(로마 건국 592년, 기원전 162년). 곧이어 이집트 왕과 퀴레네 왕 사이에 퀴프로스의 소유권을 두고 전쟁이 발발했고, 원로원은 처음에는 형의 편을 들었으나, 나중에는 동생의 편을 들었다. 그리고 로마가 가장 최근에 내린 결정에 배치되는 최종적 결정에 따라 퀴프로스는 이집트의 수중에 들어갔다.

이렇게 로마의 통치 명령은, 그 힘의 충만함과 가장 안정적인 대내외적 평화에도 불구하고, 동방의 무기력한 왕들에게는 무시당했고, 로마의 이름은 남용되었고, 로마가 파견한 섭정과 파견 관리는 살해당했다. 70년 전 일뤼리아인들이 비슷하게 로마 관리를 해쳤을 때, 당시의 원로원은 망자를 위해 로마광장에 기념비를 건설하고 군대와 전함을 동원하여 살인자들에게 책임을 물었다. 지금의 원로원도 마찬가지로 조상들의 관습에 따라 그나이우스 옥타비우스를 위해 기념비는 건립했지만, 군대를 쉬리아로 파견하는 대신, 데메트리오스를 쉬리아의 왕으로 인정해버렸다. 로마는 이제 너무나 강력해져서 명예를 지키는 것조차 불필요해 보일 정도였던 것이다. 마찬가지로 퀴프로스도 원로원의 결정에 반하여 계속 이집트가 소유했고, 필로메토르의 사망 이후(로마 건국 608년, 기원전 146년) 에우에르게테스가 그의 뒤를 이으면서 분리되었던 왕국은 자연스럽게 다시 통일되었는데, 이를 로마 원로원은 그대로 내버려두었다. 이런 일련의 사건들로 로마의 영향력은 이 지역들에서 사실상 약화되었고, 이런 사태는 로마의 별다른 조치가 없었기 때문에 그렇게 굳어버렸다. 하지만 가까운 동방과 먼 동방을 계속 주시하는 것은 앞으로의 사태 변화를 이해하는 데 필수적이다.

모든 측면에서 완결된 이집트 사태는 현상을 바꾸기가 쉽지 않았다고 할 때, 에우프라테스강 이쪽과 저쪽의 아시아에서는, 로마의 관리 감독이 순간적으로 멈추거나 부분적으로 멈추었기 때문에, 민족들과 국가들이 완전히 다르게 이합집산했다. 광활한 이란 사막 너머에, 알렉산드로스대왕 이후 얼마 지나지 않아, 인두스강 유역의 찬드라굽타(산드라코토스)가 다스리는 팔림보트라(Palimbothra; Pataliputra), 옥수스강 상류 지역의 강력한 박트리아가 일어섰는데, 이들 두 나라는 민족적 요소와 희랍 문명의 동쪽 분파가 융합된 문화를 형성했다. 이들 두 나라의 서쪽에서 시작되는 아시아 왕국은, 안티오코스대왕 치세에서 줄어들긴 했지만, 헬레스폰토스에서 메디아와 페르시아 영역까지, 에우프라테스강과 티그리스강이 흐르는 지역 전체를 가지고 있었다. 안티오코스대왕은 사막 너머 파르티아와 박트리아까지 세력을 확장하려고 무기를 들었다. 안티오코스대왕의 치세에 이르러 드디어 강력한 아시아 왕국은 쪼개지기 시작했다. 아시아 서부는 마그네시아 전투 이후 상실했다. 또한 두 카파도키아의 완전 분리, 두 아르메니아(북동부의 본래 아르메니아와 남서부의 소페네 지역)의 완전 분리, 쉬리아에 종속되었던 지역 제후들의 독립도 이 시기에 일어났다(제4권 93쪽). 이 나라들 가운데 특히 아르탁시아스 치하의 대(大)아르메니아는 곧 유력한 위치에 올랐다. 안티오코스대왕의 후계자 안티오코스 에피파네스(로마 건국 579~590년, 기원전 175~164년)의 어리석은 통일화 정책은 왕국에 치명적인 손상을 입힌 것으로 보인다. 사실 정확하게 보면, 왕국은 단일국가라기보다 국가 연합에 가까웠고, 민족성과 종교의 차이는 통치를 가로막는 가장 중요한 방해물이었다. 그런데도 로마-희랍의 관습과 문화를 왕국 전체에 도입하고 백성들을 정치적 종교적 관점에서 통일하려는 것은 절대적으로 어리석은 일이었다. 더군다나 우리의 우스꽝스러운 요세프 2세는 이런 엄청난 사업을 감당할 만한 인물이 아니었고, 대규모의 신전 약탈과 아주 폭력적인 이교도 박해는 개혁을 시작하는 최악의 방식이었다.

유대인들

이런 정책의 결과 중 하나는, 이집트 접경 근처에 거주하던, 굴욕적일 정도로 순종적이며 극단적으로 활동적이고 근면한 유대인들이 체계적인 종교적 강요 때문에 공공연한 저항을 하게 된 일이었다(로마 건국 587년, 기원전 167년경). 안건이 로마 원로원에 올라왔다. 원로원은 당시 한편으로는 정당한 이유로 데메트리오스 소테르에게 반감을 가지고 있었기 때문에, 다른 한편으로는 아탈로스왕가와 셀레우코스왕가의 화합을 염려했기 때문에, 쉬리아와 이집트 사이의 완충 세력을 수립하는 것이 로마의 이익에 직결되었기 때문에, 로마 원로원은 별다른 어려움 없이 즉시 반란을 일으킨 민족의 자유와 독립을 인정했다(로마 건국 593년, 기원전 161년경). 하지만 로마가 유대인들을 위해 한 일은 겨우 본인들은 아무런 수고를 들이지 않고 할 수 있는 일이 전부였다. 유대인들이 공격을 받는 경우 로마의 도움을 약속하는 유대와 로마가 맺은 조약에도 불구하고, 쉬리아와 이집트의 왕들에게 그들의 군대를 유대 땅으로 데리고 들어가지 못하도록 로마가 금지했음에도 불구하고, 쉬리아의 왕들을 막아내는 일은 당연한 일이겠지만 유대인들의 일이었다. 유대인들에게 큰 도움이 된 것은 강력한 동맹국의 외교 서한이 아니라, 반란을 이끄는 영웅적인 마카베오 집안의 용기와 지혜였고, 쉬리아의 내부 분열이었다. 쉬리아 왕들, 그러니까 트뤼폰과 데메트리오스 니카토르가 갈등을 벌이는 동안, 유대인들에게 독립과 세금 면제가 법률적으로 승인되었고(로마 건국 612년, 기원전 142년), 이후 얼마 지나지 않아 마카베오 집안의 수장, 마타티아스의 아들 시몬은, 유대인들은 물론 쉬리아 대왕에게서 최고 사제이자 통치자로 공식적으로 인정되었다(로마 건국 615년, 139년).[18]

파르티아제국

이런 이스라엘 반란보다 중대한 결과를 초래한 것은 같은 시점에 동일한 이유에서 발생한 동부 지역 사태인데, 이곳에서 안티오코스 에피파네스는 페르시아 사원들을 예루살렘 사원 못지않게 파괴했고, 아후라 마즈다와 미트라를 믿는 사람들도 여호와를 믿는 사람들 못지않은 대접을 받았다. 이에 유대 땅에서와 똑같이, 다만 좀 더 큰 규모로 좀 더 대담한 방식으로, 희랍 신들과 희랍문화에 대한 지역 종교와 지역 사회의 반감이 일어났다. 이 반란의 주동자는 파르티아인들이었고, 이 반란에서 거대한 파르티아제국이 생겨났다. '파르트바'인들 혹은 파르티아인들은 일찍이 페르시아 대제국에 편입된 수많은 민족들 가운데 하나로 등장하여, 처음에는 카스피해의 남동쪽, 오늘날의 호

---

18 "Shekel Israel"과 "신성한 예루살렘" 혹은 "시온의 해방"의 날짜가 새겨진 동전들은 이 사람과 연관된다. 이스라엘의 군주(Nessi) 시몬의 이름이 새겨진 유사한 동전은 마타티아스의 아들이 아니라 하드리아누스황제 때 반란을 주동한 시몬 바르 코크바다.

라산Khorasan 지역에 거주하던 민족이었다. 로마 건국 500년(기원전 254년) 이래로 스퀴티아 출신, 다시 말해 투란Turan 출신의 아르사케스Arsaces왕조의 통치하에 독립국이 되었지만, 그 이후 100년 동안은 암흑기를 벗어나지 못했다. 아르사케스 왕조의 여섯 번째 왕인 미트라다테스 1세(로마 건국 579?~618?년, 기원전 175?~135?년)가 파르티아 대제국의 실질적 건설자였다. 좀 더 강력했던 박트리아왕국은 밖으로는 투란의 스퀴티아 기마민족, 인두스강 유역의 국가들과 불화를 겪고, 안으로는 내홍 때문에 전반적으로 약화되어 미트라다테스 1세에게 굴복했다. 그는 대(大)사막의 서부 국가들에서 거의 비슷한 성공을 거두었다. 당시 쉬리아 왕국은 안티오코스 에피파네스의 잘못된 희랍화 시도와 그의 사후 승계 갈등 때문에 극심하게 혼란을 겪었고, 내륙 속주들은 완전하게 안티오케이아와 해안지역에서 분리되었다. 예를 들어 쉬리아의 북쪽 끝, 카파도키아와의 국경에 위치한 콤마게네Commagene 지역에서 태수 프톨레마이오스가 독립했고, 메소포타미아 북부의 에우프라테스강 맞은편 오스로에네Osrhoene 지역에서 에데사Edessa의 군주도 독립했으며, 중요 속주인 메디아에서도 태수 티마르코스가 독립했다. 티마르코스는 로마 원로원으로부터 독립을 확인받았고, 동맹국 아르메니아의 지원 아래 티그리스강의 셀레우케이아까지 지배했다.

아시아 제국의 이런 무질서는 지속적으로 이어졌는데, 부분적으로 혹은 전적으로 독립적인 태수들이 다스리던 속주들은 계속해서 반란을 일으켰다. 수도에서 로마와 알렉산드레이아의 문란하고 반항적인 폭민을 닮은 주민들도 무질서에 기여했다. 이집트, 아르메니아, 카파도키아, 페르가몬 등 이웃한 왕들의 폭민도 모두 끊임없이 쉬리아 문제에 개입했고 승계 갈등을 키웠다. 그리하여 둘 이상의 왕위 계승 요구자들의 사실적 권력 분할과 내전은 거의 영구적인 역병으로 자리잡았다. 후견국 로마는 쉬리아의 이웃들을 선동하지도 않았고 개입하지도 않았다. 이 모든 것에 더하여 새로운 파르티아제국은 물리력뿐만 아니라 민족적 언어와 종교, 민족적 군사체제와 국가체제의 절대적 우위를 토대로 동방에서 이민족에게로 진출했다. 여기서 부활한 퀴로스왕국을 서술할 순서는 아직 아니며, 일반적 수준에서 다음 사항을 상기시키는 것으로 충분하다. 파르티아제국에서도 희랍 문명이 강력하게 두각을 나타냈지만, 그럼에도 파르티아 국가에서는 셀레우코스제국과 달리 민족적·종교적 반발이 있었고, 옛 이란어, 페르시아 전통의 사제직, 미트라 신앙, 동방적 봉건체제, 활과 화살의 사막 기마병 등이 이때 비로소 희랍 문명에 반하여 매우 강력하게 일어섰다.

이런 상황에서 쉬리아 왕들의 처지는 사실상 매우 통탄스러웠다. 셀레우코스왕가는 예를 들어 이집트의 라고스왕가처럼 그렇게 유약하지 않았고, 셀레우코스왕가의 개개인은 용기와 능력을 결하지 않았다. 그들은 수많은 반란들, 왕위 계승 요구자들, 간섭자들 가운데 이런저런 것들을 제압했다. 하지만 그들의 통치는 확고한 일관성이 매우 부족하여 무정부 상태를 일시적으로라도 제지하지 못할 정도였다. 결과는 그럴 수밖에 없는 것이었다. 쉬리아의 동부 속주들은 쉬리아에서 벗어난 혹은 반란을 일으키는 태수들 아래에서 파르티아 지배로 넘어갔다. 페르시아인들, 바빌론인들, 메디아인들은 영구적으로 쉬리아제국에서 분리되었다. 파르티아인들의 새로운 국가는 대(大)사막의 양편으로 옥수스*Oxus*강과 힌두쿠시산맥에서 티그리스강과 아라비아 사막까지 세력을 펼쳤다. 그리하여 다시금 페르시아제국 등 모든 과거의 아시아 거대 국가들과 똑같은 순수 대륙 왕국이 만들어졌고, 다시금 페르시아제국과 똑같이 한편으로 투란의 민족들과, 다른 한편 서방 민족들과 지속적인 분쟁을 겪었다. 쉬리아 국가는 해안지역을 제외하면 기껏해야 메소포타미아 지역을 유지했고, 영토 축소보다는 내적 혼란으로 인해 거대 국가의 목록에서 지워졌다. 파르티아에 의한 쉬리아의 완전 복속은—여러 차례 그럴 위기도 있었다—진행되지 않는데, 이는 마지막 셀레우코스왕가의 저항 덕분도 아니며, 로마의 영향력은 더더욱 아니며, 다만 파르티아제국의 다층적 내분 때문이며, 특히 무엇보다 투란 초원의 민족들이 파르티아제국의 동부를 침략했기 때문이다.

동방의 서방 침략

아시아 내륙 민족들의 관계 변화는 고대사의 전환점이 되었다. 이제껏 서에서 동으로 쏟아져 들어왔고 알렉산드로스대왕 때 최후이면서 최고이기도 했던 민족 이동의 밀물은 이제 썰물로 바뀌었다. 파르티아 국가가 생겨나면서, 아직 박트리아와 인두스강 유역에 남아 있던 희랍적 요소가 사라졌을 뿐만 아니라, 서부 이란은 수백 년 전에 버렸으나 아직 완전히 소멸되지 않은 과거의 궤도로 돌아가버렸다. 로마 원로원은 알렉산드로스 정책이 낳은 첫 번째 중요 성과를 포기하고 후퇴 움직임을 이끌었고, 이런 후퇴 움직임의 마지막 결과물이 바로 그라나다의 알함브라와 콘스탄티노플의 대(大)사원이다. 라가이*Rhagae* 와 페르세폴리스에서 지중해에 이르는 지역이 아직 안티오케이아의 왕에게 복종했고, 로마의 힘도 거기 대(大)사막의 경계까지만 다다랐다. 파르티아제국은 강력했기 때문이 아니라 중심이 해안에서 멀리 있고 늘 내륙에 머물렀기 때문에, 지중해 제국의 피호 관계에 편입되지 않을 수 있었다. 알렉산드로스대왕 이래로 세계는 오직 서방에만 복종했고, 서방에게 동방은 겨우, 유럽인들이 생각하는 미주나 호주와 같은 존재였다. 하지만 미트라다테스 1세와 더불어 동방은 다시 정치적 움직임의 구심으로 등장했다. 그리하여 세계는 두 주인을 가지게 되었다.

해양 상황

이 시기의 해양 상황을 확인하는 일이 남았다. 물론 여기서 말할 수 있는 것은 다만, 해양 세력은 더 이상 없었다는 점이다. 카르타고는 파괴되었고, 쉬리아의 전함은 협정에 따라 쇠퇴했고, 이집트의 지난날 강력했던 해군도 현재의 안이한 통치자들 아래 깊은 수렁에 빠져 버렸다. 소규모 국가들과 특히 상업도시들은 무장 함선을 얼마간 보유하고 있었지만, 이는 지중해에서 해적단을 제압하기에 역부족이었다. 제압의 과제는 당연히 지중해의 최강 패권인 로마가 맡을 수밖에 없었다. 한 세기 전에 로마인들은 선의에 가득찬 강력한 단호함으로,

특히 동방에서는 우선 모두에게 이익이 되도록 열정적으로 해양경찰의 역할을 하면서 로마 통치권을 행사했지만(제3권 101쪽), 이런 정책의 완전 폐기는 이 시기의 초입에 무서울 정도로 급격하게 일어난 귀족정의 몰락을 의미한다. 로마는 자체 함대를 더 이상 보유하지 않았다. 함대가 필요할 경우 이탈리아, 소아시아 및 그 밖의 해양 도시국가들에게 선박을 요구하는 것으로 충분했기 때문이다. 그 결과 당연히 해적단이 생겨나고 견고해진 것이었다. 해적단을 소탕하기 위해, 로마의 직접적 무력이 미치는 아드리아해와 튀레니움해에서 충분하지 않지만 무언가가 행해졌다. 달마티아 해안과 리구리아 해안에서 이 시기에 행해진 원정들은 주로 이탈리아 연안에서 해적을 몰아내는 것을 목표로 했다. 같은 이유에서 로마 건국 631년(기원전 123년) 발레아레스군도를 점령했다(제5권 27쪽). 반면 마우레타니아 항로와 희랍 항로에서는 지역민들과 선장들이 해적들과 이런저런 방식으로 타협하도록 방치했는데, 로마의 정책이 이처럼 멀리 떨어진 지역은 가능한 한 개입하지 않는 것이었기 때문이다. 자력으로 해결하도록 버려진 해안 국가들 가운데 궁지에 몰려 파산한 공동체들은 자연스럽게 해적들의 은신처가 되었다. 이런 은신처들이 특히 아시아에는 드물지 않았다.

크레타

이런 관점에서 크레타의 상황은 가장 열악했다. 크레타는 훌륭한 위치 덕분에, 동방 대국과 서방 대국의 유약과 태만 때문에 모든 희랍계 거주지들 가운데 유일하게 독립을 지켜냈다. 로마 사절단이 크레타섬을 찾았지만, 이집트나 쉬리아에 비해 크레타에서는 소득을 거두지 못했다. 하지만 운명이 크레타인들에게 자유를 허락한 것은 다만 희랍의 독립이 어떻게 귀결될지를 알려주기 위해서였던 것처럼 보인다. 그것은 끔찍한 그림이었다. 공동체의 엄격한 옛 도리아적 기강은 타렌툼에서처럼 광폭한 민주정으로 바뀌었고, 주민들의 귀족적 품성도 야만스러운 약탈욕으로 변해버렸다. 한 존경받는 희랍인이 증언하는 바, 크레타에서는 돈벌이가 되는 것은 무엇이든 창피스러울 것이 없었다. 또 사도 바울도 크레타 시인의 시구를 적절하게 인용했다. "크레타인들은 모두 거짓말쟁이, 게으름뱅이, 불결한 짐승이다." 영원한 내전은 로마의 평화 회복 시도에도 불구하고 '일백 도시의 섬' 크레타를 다른 도시의 폐허 위에 번영하는 고장으로 바꾸어놓았다. 주민들은 도적떼가 되어 고향이든 타향이든, 뭍이든 바다든 가리지 않고 휩쓸었다. 크레타섬은, 펠로폰네소스에서 이런 비행들이 허락되지 않은 이래, 주변 왕국들의 모병지가 되었고, 특히 해적들의 최적지가 되었다. 예를 들어 이 무렵 시프노스섬은 크레타 사략선단에 완전히 약탈되었다. 로도스섬은 그렇지 않아도 대륙 쪽에 있던 재산의 상실과 무역에서 입은 타격에서 아직 회복하지 못한 형편이었지만(제2권 302쪽), 마지막 남은 국력을 어쩔 수 없이 크레타 해적단 소탕에 쏟아부었다(로마 건국 600년, 기원전 154년경). 이에 로마는 도움을 제공하려고 했지만, 진지하지 않았던 만큼 큰 성과도 없었다.

킬리키아

크레타에 이어 킬리키아도 곧 이런 해적 산업의 두 번째 근거지가 되기 시작했다. 해적 산업이 여기에 진출한 것은 쉬리아 통치자들의 무능 때문만은 아니었다. 노예에서 쉬리아의 왕으로 도약한 찬탈자 디오도토스 트뤼폰(로마 건국 608~615년, 기원전 146~139년)은 그의 왕위를 확립하기 위해 해적단의 도움이 필요했다. 때문에 그의 근거지, 다시 말해 바위투성이 킬리키아(서부 킬리키아)에 모든 수단을 동원하여 주도적으로 해적단을 유치했다. 흔히 노예 사냥꾼이자 노예 상인으로 활동하던 해적과의 거래는 상당한 이문을 남기는 장사였기 때문에, 상업 도시들은—심지어 알렉산드레이아와 로도스와 델로스도—일정 정도 이들을 눈감아주었고, 따라서 이 정부들도 적어도 소극적으로는 해적 경제에 참여한 셈이다. 폐해가 심각해지자 로마 원로원은 로마 건국 611년(기원전 143년) 그들 중 가장 탁월한 스키피오 아이밀리아누스를 알렉산드레이아와 쉬리아로 파견하여, 그들이 해야 할 바를 현장에서 직접 전달하게 했다. 하지만 로마의 외교적 입장 표명이 유약한 정부들을 강하게 만들지는 못했다. 이 수역에 함대를 주둔시키는 것 말고 다른 방법은 없었으나, 로마 정부는 이에 대해서도 열의와 끈기가 부족했고, 아무것도 변한 것이 없었다. 해적 함대만이 유일하고 강력한 지중해 해양 세력이었고, 인간 사냥만이 유일하게 번창하는 사업이었다. 로마 정부는 수수방관했고, 로마 상인들은 노예 시장의 최고 고객이었으며, 해적 선장들은 델로스 등에서 이 상품을 거래하는 가장 큰 도매상인이었고, 거래는 활기차고 우호적으로 이루어졌다.

일반적 결론

우리는 퓌드나 전투에서 그락쿠스 시대까지, 타구스강과 바그라다강에서 나일강과 에우프라테스강까지 따라가며, 로마와 로마-희랍적 세계의 외적 관계가 어떻게 변화되었는지를 개괄했다. 로마가 넘겨받은 로마-희랍적 세계의 통치는 매우 어렵고 큰 과제였다. 전혀 모를 수 없는바, 결코 풀리지 않는 문제도 아니었다. 국가를 이탈리아반도에 국한하며 이탈리아 밖은 다만 피호 관계를 통해 지배한다는 카토 시대의 원칙이 지켜질 수 없음을 다음 세대의 지도자들은 정확하게 이해했고, 또 이들은 이런 피호 관계가 아니라, 독립 공동체를 보장하면서도 로마 직접 통치의 관철이 필연적임을 깨달았다. 하지만 이 신질서를 확고하게, 신속하게, 일관되게 도입하지 않았다. 대신 그들은 편리, 자의, 부수적 이득과 우연이 이끄는 대로 몇몇 지역은 편입시켰다. 대부분의 피호 영역은 지금까지의 상태대로 매우 어중간하게 방치하거나, 혹은 특히 쉬리아처럼 로마의 영향력에서 완전히 벗어나게 내버려두었다. 로마 정부도 유약한 근시안적 이기주의에 더욱 깊이 빠져들고 있었다. 하루하루 통치하는 것에 만족했고 진행되는 사안들도 임시변통으로 처리했으며 약자들에게 주인 노릇을 했다. 카리아 지방의 도시 뮐라사가 로마 건국 623년(기원전 131년) 집정관 푸블리우스 크라수스에게 그가 요구한 것과 다른 엉뚱한 파성퇴(破城槌) 재목을 보내왔을 때, 이 일로 뮐라사의 수뇌부는 태형에 처해졌다. 이때 크라수스는 악인이 아니라 엄정하게 법을 집행하는 관리였다. 하지만 정작 엄정함이 있어야 할 곳에서는 찾을 수 없었는바, 인접한 야만인들이나 해적들에게는 그렇지 않았다. 로마 중앙정부는 속주 사안들의 감독과 검열을 완전히 포기했고, 예속민들의 이익은 물론 국가의 이익마저 온전히 당해년의 속주 관리에게 맡겨버렸다.

이와 관련하여, 히스파니아의 선례들은 그 자체로 작지만 가르쳐주는 바가 크다. 여타 속주들과 달리 로마 중앙정부의 역할이 단순 관찰자에 머물지 않던 히스파니아에서, 백성의 권리는 속주 총독에 의해 짓밟혔고, 로마의 명예는 계속해서 식언과 배신, 항복과 조약의 극악한 농락, 양민 학살, 적장에 대한 암살 시도로 더럽혀졌다. 또한 로마 최고 관리의 명시적 의사 표명에 반하여 전쟁이 수행되고 휴전이 맺어졌다. 그리하여 예를 들어 누만티아인들의 불복종이라는 사소한 일들은, 불합리와 몰염치의 기이한 결합 때문에, 위태로운 국가적 파국으로 비화했다. 이런 온갖 일들이 벌어졌지만 로마에서는 단 한 건의 단호한 처벌도 행해지지 않았다. 가장 중요한 지위의 임명에 관해, 가장 중요한 정치적 문제의 처리에 관해 동정심과 당파적 경쟁심이 결정적으로 작용했고, 또 진작부터 외국 왕조들의 돈이 로마 원로원 의원들에게로 들어가고 있었다. 최초이며 성공적으로 로마 원로원 의원을 매수한 사람은 티마르코스라고 불리는 자였는바, 그는 쉬리아의 왕 안티오코스 에피파네스(로마 건국 590년, 기원전 164년 사망)가 보낸 사신이었다. 곧 외국 왕들이 영향력 있는 원로원 의원들에게 선물하는 일은 관례가 되었고, 누만티아 목전의 군영에 머물던 스키피오 아이밀리아누스는 그에게 쉬리아 왕이 보내온 선물을 군자금에 편입시켰다. 통치는 의무이고 부담이지만 동시에 특권이고 혜택이며 통치의 대가는 통치 그 자체라는 옛 원칙은 이제 완전히 무너졌다. 그리하여 새롭게 등장한 국가경제는 시민에게 세금을 부과하지 않고, 예속 공동체를 시민 공동체의 유용한 재산으로 간주하여 부분적으로 시민 공동체를 위해 착취했고, 부분적으로 시민들에게 착취하도록 넘겨주었다. 속주 관리의 불법적 관용은 무분별한 금전욕의 로마 상인에게 활동 무대를 허용했을 뿐만 아니라, 심지어 로마 상인에게 밉보인 경쟁자들을 처리하는 데 국가 공권력이 동원되었으며, 이웃 국가들의 더없이 아름다운 도시들은 지배욕이라는 야만성이 아니라, 투기라는 훨씬 더 끔찍한 야만성에 희생되었다.

시민들에게 무엇보다 커다란 희생을 요구하던 과거의 군대 질서가 무너지게 방치함으로써, 궁극적으로 군사적 우위에 기초한 국가는 스스로 토대를 무너뜨렸다. 해군도 완전히 망가지게 방치되었고, 육군도 전혀 믿기지 않을 정도로 파괴되었다. 아시아와 아프리카 국경 수비는 예속민들에게 전가되었으며, 전가되지 못한 경우라면, 예를 들어 이탈리아, 마케도니아, 히스파니아 국경 방어는 아주 형편없이 관리되었다. 사회 상층부들은 군대에서 사라지기 시작했고, 심지어 히스파니아 주둔군을 이끄는 데 요구되는 장교의 숫자를 채우지도 못할 정도였다. 점점 증가하는 기피 현상, 특히 히스파니아 복무에 대한 기피 현상은, 정무관이 징병에서 보여준 당파성과 연관하여, 로마 건국 602년(기원전 152년) 복무 의무자들 가운데 장교들의 자유재량에 따라 적정수의 병사를 선발하도록 맡겨두는 옛 관행을 철폐하고, 이를 대신하여 복무 의무자 전체를 놓고 제비뽑기를 하게 만들었다. 이는 군대 연대 의식이나 개별 부대의 전투 수행 능력에 분명코 좋을 것이 없었다. 당국자들은, 엄정함을 견지하는 대신, 이런 일에서까지 인민에게 가련한 아첨을 떨어야했다. 한번은 집정관이 히스파니아 복무를 위해 엄정하게 의무 복무자들을 징집했을 때, 호민관들은 국헌에 따라 주어진 권리를 행사하여 집정관을 체포하는 일이 있었다(로마 건국 603년과 616년, 기원전 151년과 138년). 누만티아 전쟁을 위한 징병을 허락해달라는 스키피오의 청원이 원로원에서 곧장 거절된 것도 주목할 일이다. 이제 카르타고 전선이나 누만티아 전선의 로마 군대도, 제빵사와 요리사와 배우 등 그 밖의 비전투원이 소위 병사라고 불린 사람들의 숫자보다 4배나 많았던 쉬리아 군대를 연상시켰다. 이미 로마 장군들은 군대 타락술에 있어 카르타고 장군들에 버금갔고, 아프리카는 물론 히스파니아, 마케도니아, 아시아 등 전쟁은 패배로 개전하기가 일쑤였다. 이제 모두가 그나이우스 옥타비우스의 살해 사건에 대해 침묵했으며, 비리아투스의 암살은 로마 외교의 최고 작품이 되었고, 누만티아의 정복은 영웅적 행동이 되었다. 이렇게 완벽하게 민족적 명예와 전사적 영광이라는 개념이 로마인들에게서 사라져버렸음을, 벌거벗은 채 구속된 만키누스 본인이 자신의 희생과 애국심을 자랑하며 로마 시내에 세운 동상이 격언시적 신랄함으로 대변한다. 시선을 돌리는 곳마다 우리는 로마의 내적 실력과 외적 무력이 급속도로 몰락하는 것을 발견한다. 거인들의 전쟁을 통해 획득된 영토는 이 평화기에 더는 확장되지 않았다. 아니 유지조차 되지 않았다. 세계 통치는 이룩하기도 어렵지만 유지하기는 더욱 어려운 일이다. 세계 통치를 이룩한 로마 원로원은 유지하는 데는 실패하고 말았다.

제2장
개혁 움직임과 티베리우스 그락쿠스

그락쿠스 형제 이전의 로마 정부

퓌드나 전투 이후 한 세대 동안 로마는 더없이 고요한 평온을, 수면의
이런저런 움직임에도 결코 흔들리지 않는 평온을 누렸다. 로마의 강
역(疆域)은 세 대륙에 걸쳐 확장되었다. 로마 국력의 영광과 로마라는
명성은 계속해서 상승하고 있었다. 모든 눈이 이탈리아를 바라보고
있었고, 모든 재능, 모든 부가 로마로 몰려들었다. 평화로운 안녕과
정신적인 향락의 황금 시대가 시작되어야 할 것처럼 보였다. 이 시대
의 동방은 서방의 강력한 공화국에 관해 놀라움으로 이야기했다. "이
나라는 원근의 왕국들을 정복했고, 이 이름을 듣는 사람들은 두려움
에 떤다. 하지만 이 나라는 우방들과 피호국들과 함께 평화를 유지한
다. 로마인들의 훌륭함은, 누구도 왕관을 쓰지 못하며 누구도 용포를

입지 못한다는 것이다. 이들은 매년 주인을 선출하여 주인에게 복종한다. 이들에게는 질투와 불화가 없다."

부패의 확산

멀리서는 이렇게 보였다. 하지만 가까이에서 보면 사태는 전혀 달랐다. 귀족정 정부는 스스로의 업적을 망가뜨린 모든 일을 행하고 있었다. 칸나이 패자와 자마 승자의 아들과 손자가 아버지와 할아버지와는 전혀 다른 종류의 사람이었다는 것은 아니다. 현재 원로원에 앉아 있는 사람들도 다른 때와 크게 다르지 않았다. 확고한 부와 물려받은 정치적 지위를 가진 소수의 폐쇄적 가문들이 정부를 이끄는 곳에서, 이들은 위기의 시대에는 무엇과도 비교될 수 없는 끈질긴 일관성과 영웅적 희생정신을 발휘했고, 평화의 시기에는 근시안적이고 이기적이고 느슨하게 국가를 운영했다. 그런데 문제의 핵심은 다른 것들과 마찬가지로 세습과 동료제에 있었다. 병원 물질은 이미 오래전부터 존재했지만, 이것을 키우는 데는 우연이라는 태양이 필요했다. 더 이상 두려워할 나라가 없어지면 로마는 어떻게 될까라는 카토의 질문에 심오한 뜻이 담겨있다. 이 지점에 로마가 이르렀다. 로마가 두려워할 만한 이웃나라는 모두 정치적으로 파괴되었고, 한니발 전쟁이라는 엄숙한 학교에서 옛 질서 아래 교육받은 사람들은—이들이 고령에 이르기까지 저 강력했던 시대의 울림이 이들에게서 느껴졌다—죽음이 하나둘씩 데려갔고, 그렇게 그 마지막 인물인 노(老)카토의 목소리가 원로원과 광장에서 사라지기에 이르렀다. 젊은 세대가 정부에 들어왔고, 그 정책은 노(老)애국지사의 물음에 유감스러운 대답을 제출했다. 예속민 통치와 외교 정책이 이들의 손에서 어떻게 이루어졌는지는 앞서 설명했다. 내치 사안들에서 이들은 기회가 있을 때마다 더더욱 역행하는 조치를 취했다. 만약 통치를 현안의 처리를 넘어서는 무엇이라고 한다면, 이 시대의 로마에 통치는 전무했다. 통치집단의 유일한 주요 이념은 오로지 그들 특권의 유지, 가능하다면 확대에 있었다. 국가는 최고 관직에 최선의 올바른 인물을 천거할 권리를 가지지 못했지만, 통치집단의 구성원 모두는 최고 국가관직의 출마 권리를 태생적으로 가졌다. 이 권리가 내부자들의 부당한 경쟁이나 국외자들의 합류로 결코 위축되지 않아야 했기에, 이들 당파는 집정관의 재선을 제한하거나 '신인'의 배제를 가장 중요한 정치적 목표로 삼았다. 이들은 실제로도 전자를 로마 건국 603년(기원전 151년)경에 법률적으로 금지하는 데 성공했으며[1], 그리하여 무가치한 귀족들의 정부를 만드는 데 이르렀다. 외부 사안에 대한 정부의 태만도 분명, 시민들을 배

---

[1] 로마 건국 537년(기원전 217년)에 제출된 집정관 재선 제한에 관한 법률은, 이탈리아에서 전쟁이 벌어지는 동안(로마 건국 551년, 기원전 203년) 보류되어 있었다(제4권 164쪽. Liv. 27,6). 마르켈루스의 사망 이후(로마 건국 546년, 기원전 208년) 집정관 재선은, 로마 건국 592년(기원전 162년) 집정관들의 사임을 고려하지 않는다면, 로마 건국 547, 554, 560, 579, 585, 586, 591, 596, 599, 602년(기원전 207, 200, 194, 175, 169, 168, 163, 158, 155, 152년)에만 있었다. 이 56년 동안의 재선이 예를 들어 로마 건국 401~410(기원전 353~344년)까지 10년 동안의 재선보다 빈도가 낮다. 이것들 가운데 오직 한 번, 마지막 경우만 10년 재선 금지 연한을 어긴 사례이다(제2권 102쪽). 당연히 마르쿠스 마르켈루스의 집정관 선출은 로마 건국 588년(기원전 166년), 로마 건국 599년(기원전 155년)이며, 세 번째 집정관 선출은 로마 건국 602년(기원전 152년)에 있었는바, 그의 재선과 관련하여 우리가 자세히 알지 못하는 특별한 상황은 집정관 재선의 법적 금지가 일반화되는 계기가 되었다(Liv. *ep.* 56). 특히 재선 금지법의 제안은, 이를 카토가 지지한 것을 볼 때(p. 55 Jordan), 로마 건국 605년(기원전 149년) 이전에 있었던 것이 분명하다.

제하고 개별 동료 귀족들을 불신하던 이런 귀족 정책과 연관되어 있다. 업적이 그들의 귀족 증명서가 될 일반 시민들을 순수 귀족 사회로부터 배제시키는 방법으로, 일반 시민 누구에게도 업적을 쌓을 기회를 일체 제공하지 않는 것보다 좋은 방법은 없을 것이다. 또한 전반적으로 평범함이 지배하는 현 정부는 쉬리아 혹은 이집트를 정복한 귀족조차 불편하게 여겼을 수도 있다.

개혁의 시도

하지만 이때도 반대파가 없지 않았고, 어느 정도까지는 성공을 거두기도 했다. 사법 제도가 개선되었다. 원로원이 직접 맡거나 때로 특별 위원회를 통해 지휘했던 속주 행정 심판은 솔직히 말해 적절하지 못했다. 로마 공동체가 거둔 공공생활 전체를 위한 성공적 개혁의 하나인바, 로마 건국 605년(기원전 149년) 루키우스 칼푸르니우스 피소의 제안에 따라 원로원 상설 사문회(quaestio ordinaria)가 설치되었다. 로마에서 파견된 관리들의 금전 강요에 대해 속주민들이 제기한 탄원을 법률적 형식으로 다룰 목적이었다. 또 민회를 귀족들의 과도한 간섭으로부터 독립시키려는 노력이 있었다. 로마의 민주주의를 위한 치료제는 시민 집회의 비밀투표 제도였다. 이는 최초로 가비니우스 법(로마 건국 615년, 기원전 139년)에 의해 정무관 선출에 도입되었고, 이어 카시우스 법(로마 건국 617년, 기원전 137년)에 의해 시민법정에, 마지막으로 파피리우스 법(로마 건국 623년, 기원전 131년)에 의해 제안된 법률의 표결에 도입되었다. 유사한 방식으로 곧이어(대략 로마 건국 625년, 기원전 129년) 상민회는 원로원 의원들에게 원로원 의원이 되는 순간 공공 군마(軍馬)를 포기하라고 결정했고, 이로써 원로원 의원들은 18개의 기사 백인대(제4권 157쪽) 표결 의석을 잃게 되었다. 지배계급으로부터 투표권 독립을 노리는 이런 규율들을 보면, 이를 추진한 당파는 아마도 국가 개혁의 첫걸음을 염두에 둔 것이다. 하지만 사실 이런 조치로도 로마 공동체의 법적 최고 기관이 가진 무기력과 예속은 조금도 달라지지 않았다. 오히려 무기력과 예속만이 사안과 관련된 자들과 무관한 자들 모두에게 좀 더 분명하게 드러났을 뿐이다. 옛 민회 장소로부터 로마광장의 원로원 의사당 아래로 집회 장소를 옮김으로써 시민에게 부여했던(로마 건국 609년, 기원전 145년 무렵) 독립권과 주권도 마찬가지로 형식적 승인에 지나지 않은 공허한 허풍이었다.

공직 선거

하지만 형식적 인민 주권과 사실적 현존 권력과의 이런 갈등은 상당 부분 외형적인 것이었다. 당파 구호들이 시끄럽게 부딪쳤다. 하지만 당파들에 의해 직접적으로 실천적-실질적 사안들에서 아무것도 들을 수 없었다. 로마 건국 7세기 내내 매년 실시된 공직 선거는, 특히 집정관 선거와 호구감찰관 선거는 실제로 닥친 당면 문제들과 정치적 이해가 격돌할 지점이었다. 하지만 상이한 당파의 후보들에서도 매우 드문 경우에만 정치 원칙의 대립이 실현되었을 뿐이다. 대부분 이런 문제들은 순전히 개인적 문제였으며, 문제 해결에 있어 유권자 다수가 카이킬리우스를 지지하느냐 코르넬리우스를 지지하느냐는 별다른 차이가 없었다. 사람들은 당파 정치의 폐해를 보상하고 극복할 방법, 다시 말해 합목적적이라고 인정되는 목표를 향해 전진하는 자유롭고 집단적인 대중 운동을 알지 못했고, 그래서 다만 지배당파들의 하찮은 정치 놀이가 가져다주는 혜택을 얻기 위해 이런 모든 폐해를 견뎌냈다.

　로마 귀족에게 재무관과 호민관의 경력을 쌓는 것은 상대적으로 쉬운 일이었지만, 집정관과 호구감찰관에 이르는 것은 귀족에게도 수년간의 큰 노력을 통해서만 가능했다. 보상은 컸다. 하지만 보상을 받는 자는 소수였다. 로마 시인이 말했듯이, 경쟁자들은 출발점에서는 넓은, 하지만 점차 좁아지는 경주로를 달렸다. 관직이 이름처럼 '명예'로운 일인 한 이런 경쟁은 옳은 일이었고, 군사적·정치적·사법적 능력자들이 경쟁하여 소수만이 영예의 왕관을 차지하는 방식이었다. 그런데 이제 사실상 닫힌 귀족 사회에서 경쟁의 장점은 없어졌고, 오로지 단점들이 남게 되었다. 몇몇 예외가 있을 뿐, 통치 가문들에 속한 청년들이 정치적 출세 경주로를 가득 메웠고, 성급하고 미숙한 명예욕은 공동체를 위한 유익한 활동보다는 좀 더 효과적인 수단을 추구했다. 강력한 인적 관계가 공직 활동의 첫 번째 조건이 되었다. 이런 관계는 과거처럼 군영이 아니라 유력 인사의 집무실에서 맺어졌다. 과거 피호민들과 해방 노예들만이 하던 일, 그러니까 새벽에 아침 문안을 하고 공적 활동을 수행하는 등의 일을 이제 새로운 귀족 출신 피호민들도 수행했다. 천민도 큰 주인이었다. 그들 스스로도 대접받기를 원했다. 미래의 집정관이 골목길의 넝마 속에서 주권 양민을 알아보고 인사할 것과, 모든 출마자가 '유세(ambitus)'하며 모든 유권자를 호명하여 인사를 건네고 손을 잡아줄 것을 마치 권리인 양 요구하기 시작했다. 귀족 세계는 이런 창피스러운 공직 구걸에 기꺼이 뛰어들었다. 제대로 된 입후보자는 저택은 물론 골목길에서 굽실거리며, 눈웃음과 후의와 공손함으로 세련되게 혹은 투박하게 대중의 호감을 얻으려 했다. 개혁의 외침과 선동이 자기선전과 대중 호의를 얻기 위해 남용되었다. 사안이 아닌 사람을 공격할수록 더 큰 효과가 있었다. 공적 영역에 찬란하게 자신을 소개하기 위해 유년의 달변과 미숙한 열정으로 카토의 역할을 흉내내어 있는 힘을 다해 할 수 있을 때까지, 참으로 높은 곳에 서 있는, 참으로 인기 없는 사람을 향해 국가검찰과 같은 일을 하는 것이 수염도 없는 젊은 귀족들에게 관례가 되었다. 형사사법과 국가경찰이라는 엄중한 제도가 관직 획득의 수단으로 전락하는 것을 로마인들은 방치했다. 행사 개최 혹은, 좀 더 심각한 일인바, 화려한 민중 축제의 약속이 집정관 당선을 위한 마치 법적 자격 조건처럼 받아들여진 것은 이미 오래된 일이었다(제4권 193쪽). 로마 건국 595년(기원전 159년)에 이를 금지한 법률이 보여주듯이, 이제 유권자들의 표가 돈으로 매매되는 일도 시작되었다. 통치 귀족이 민중의 호의를 얻기 위해 이렇게 지속적으로 구애하는 일이 가져온 최악의 결과는, 피통치자들에 대해 통치자들이 법률적으로 가지는 지위가 구걸 구애 행위와 불일치했다는 것이다. 이로써 정부는 백성에게 축복에서 저주로 변질되었다. 정부는 이제 더 이상 감히, 조국의 이익을 위해 필요에 따라 시민들의 재산과 희생을 요구할 수 없었다. 정부는 시민들이 위험한 생각에 물들게 방치했는바, 시민들은 선납 방식 직접적 조세의 납부가 자신들에게 법적으로 면제되었다고 생각하기에 이르렀다. 페르세우스 전쟁 이후 시민들에게 더 이상 어떤 조세도 부과되지 않았다. 정부는 시민들이 기피하는 해외 복무를 강제하지 못했고 차라리 군 체계가 무너지게 방치했다. 법률의 엄정함에 따라 징병 업무를 집행하려고 시도한 개별 관리들에게 어떤 일이 있었는지는 앞서 이미 언급되었다(제5권 99쪽).

귀족당파와 민중당파

당시 로마에는 두 폐단, 타락한 귀족정과 아직 미숙하나마 이미 감염된 씨앗에서 성장한 민주정이 치명적으로 서로 엉켜 있었다. 이 시기에 처음 생겨난 이들의 명칭처럼, 귀족당파는 '최선자들'의 이익을, 민중당파는 '시민'의 이익을 실현하려고 했다. 하지만 실제로는 당시의 로마에 진정한 귀족도, 스스로 판단할 진정한 시민도 존재하지 않았다. 양 당파는 공히 허상을 위해 다투었고, 그들 가운데는 열광자 혹은 위선자들만 넘쳐났다. 양 당파는 공히 정치적 부패로 곪아 있었고, 실제 양 당파는 공히 공허한 집단이었다. 양 당파는 필연적으로 현재 상태에 매여 있을 수밖에 없었다. 이렇다 할 정치적 이념이—현재 상태를 타개할 정치적 계획은 물론—없었기 때문이다. 그렇게 양 당파는 서로에게 완벽하게 의지하며 매 순간마다 수단이나 목표를 두고 대립했고, 정권 교체는 정치 신념의 변화보다는 정치 전략의 변경을 의미했다. 귀족당파가 시민 투표가 아니라 세습적 교대를 도입했거나, 민중당파가 내부적으로 실질적 민의 정부를 구성했다면, 공동체는 분명 번영을 누렸을 것이다. 로마 건국 7세기 초의 귀족당파와 민중당파는 없으면 안 될 만큼 서로를 필요로 했으며, 서로의 생사를 정할 정면 승부는 피했다. 양 당파는 서로를 극단적으로 몰아붙이지 않았을 뿐만 아니라, 그렇게 할 수 있을 때도 그렇게 하길 원하지 않았다. 이런 이유로 공동체에는 도덕적으로나 정치적으로나 더욱더 심각한 균열이 생겨났고 마침내 완전한 해체에 직면하게 되었다.

사회적 위기

이때 로마 혁명으로 이어질 위기도 시작되었다. 처참한 정치적 갈등에서가 아니라, 사회적·경제적 상황에서 비롯되었다. 다른 모든 것처럼 로마 정부가 이를 방치했기 때문이기도 하지만, 오랫동안 부글거리던 병인(病因)이 놀라울 정도로 급속하고 강력하게 폭발할 기회가 찾아왔기 때문이다. 아주 먼 옛날부터 로마 경제는 서로를 요구하며 서로 대립하던 두 요소, 농업경제와 자본경제에 의해 결정되었다. 이미 한 번 자본경제는 대토지 소유와 아주 긴밀히 연합하여, 농민계급과 전쟁을 벌였고, 분명 이 전쟁은 먼저 농촌을 몰락시키고, 이어 공동체를 몰락시키면서 끝날 것처럼 보였다. 하지만 이 전쟁은 승부를 결정하지 못한 채, 로마의 승전과 이에 따라 가능해진 상당하고 대담한 토지 분배를 통해 중단되었다. 하지만 앞서 언급했던 바(제4권

231~236쪽), 귀족과 평민의 대립이 그 명칭을 바꾸어 다시 시작된 시점에, 과도하게 팽창한 자본은 농업경제에 두 번째 공격을 준비했다. 물론 방법은 달랐다. 앞서 소농들은 그들을 사실상 채권자의 소작인으로 만들어버린 대부금 때문에 몰락했다. 하지만 지금 소농들을 압박한 것은 해외 곡물, 특히 노예노동 기반의 곡물과 벌이는 경쟁이었다. 시간이 흐르면서 자본은 전진하여 노동, 다시 말해 개인의 자유를 공격했다. 당연히 언제나처럼 매우 합법적 방식이었는데, 자유민이 부채 때문에 노예가 되는 불법적인 방식이 아니라, 본래부터 합법적으로 구매하고 취득한 노예를 동원했다. 과거처럼 수도 로마에 거주하던 고리대금업자들은 이제 시대에 맞추어 대농장 경영주로 변신했다. 하지만 두 경우의 최종적 결과는 동일했다. 이탈리아 농민 지위의 추락, 대토지 경제에 의해 먼저 속주에서, 이어 이탈리아에서 소농 경제가 붕괴된 것이 그것이었다. 대토지 경제의 지배적 경향은 목축, 올리브와 포도주 생산이었다. 자유민 노동자들이 속주와 이탈리아에서 노예로 대체되었다. 혈통 귀족보다 관직 귀족이 더 위험한 것은 후자는 전자와 달리 국헌 변경을 통해 제거될 수 없기 때문인데. 이처럼 로마 건국 4세기와 5세기의 자본보다 신흥 자본이 더 위험했는바, 농지법 변경으로도 후자에게 대항할 수 없었기 때문이다.

노예제와 그 결과

노동과 자본이 충돌한 두 번째 갈등 과정을 묘사하기에 앞서, 당시 노예경제의 본질과 규모에 대해 여기서 약간의 언급을 삽입하는 것이 필연적이다. 여기서 다루려는 것은 어느 정도 소박했던 옛 노예제와 무관하다. 옛 노예제에서 농부는 노예와 함께 밭을 갈거나, 혹은 농부가 혼자 감당할 수 있는 것보다 큰 토지를 소유한 경우에 토지 일부에 대해 노예를 관리인으로 혹은 수확물의 일부를 지급할 의무를 진 흡사 소작농으로도 부렸다(제1권 270쪽). 이런 관계는 모든 시대에 존재했지만—예를 들어 코뭄(Comum, 오늘날의 코모) 지역에서는 황제기에도 흔한 일이었다—특별한 지역과 인간적으로 경영되던 농지에서만 나타나는 예외적 경우라고 하겠다. 여기서는 노예노동을 통한 대규모 경제를 가리키며, 이는 과거 카르타고에서처럼 로마에서도 자본의 압도적 우세 속에서 발전했다. 과거의 노예 형성은 전쟁 포로와 상속 노예를 통해 이루어졌다면, 대규모 노예경제는, 미합중국의 노예제도와 완벽히 일치하는바, 조직적으로 자행된 노예사냥에 기초했는데, 이때 노예들의 생명과 출산을 전혀 고려하지 않는 노예 활용 방식 때문에 노예 인구는 지속적으로 소멸되었으며, 시장에 새로운 노예를 늘 공급하던 전쟁도 그 부족분을 채워 넣을 수 없었다. 사냥 가능한 사냥감이 있는 지역치고 노예사냥을 면한 곳은 없었다. 이탈리아에서 조차 가난한 자유민이 고용자에 의해 노예 명단에 기입되기도 했다. 당시 노예의 땅은 소아시아였고,[2] 이곳에서 크레타 해적들과 킬리키아 해적들은 체계를 갖춘 노예사냥꾼이자 노예무역상으로서 쉬리아

---

[2] 당시 널리 받아들여진 생각인바, 이 지역의 인간 종은 특별한 지구력을 가지고 있기에 노예로 쓰기에 매우 적합하다는 것이다. 플라우투스(Trin. 542)는 쉬리아 인종이 다른 인종보다 훨씬 강인하다고 칭송한다.

해안 도시들과 희랍 섬들을 약탈했다. 이들과 경쟁하며 로마의 세리(稅吏)들도 피호 도시국가들에서 인간 사냥을 벌여 사냥물들을 노예 무리에 밀어넣었다. 이런 상황에서 로마 건국 650년(기원전 104년)경 뷔티니아의 왕이 증원군 파병이 불가능하다고 선포하는 일이 발생한 바, 그는 그의 왕국에서 모든 노동 가능 인구가 세리들에 의해 납치되었기 때문이라고 했다. 델로스의 거대한 노예시장은 소아시아의 노예상들이 그들의 상품을 이탈리아 투기자본들에 넘기는 장소였는데, 여기서는 하루에 1만 명의 노예가 아침에 하적되어 저녁 전에 모두 팔려나갔다고 한다. 이는 엄청난 수의 노예가 실려왔고 공급이 늘 수요에 못 미쳤다는 증거다.

이는 놀랄 일도 아니었다. 이미 로마 건국 6세기의 로마 경제를 설명하면서 말했던 것처럼, 로마를 비롯하여 모든 고대 세계의 대규모 토지 경제는 노예노동에 기초했다(제4권 221쪽 이하; 240쪽). 투기가 벌어지는 곳에서는 언제나 예외 없이, 법적으로 동물로 격하된 인간이 도구로 투입되었다. 노예를 통해 대부분 수공업 공장도 운영되었고 이익은 주인의 몫이었다. 세금 징수 회사의 노예들은 일반적으로 낮은 단계에서 공공세금의 징수를 담당했다. 노예 일손이 광산업, 수지(樹脂) 생산 및 이와 비슷한 일들을 맡았다. 일찍부터 흔히 히스파니아 광산에는 노예 무리가 보내졌고, 광산 책임자들은 이들을 기꺼이 쓰고 높은 사용료를 지불했다. 이탈리아에서 포도 수확과 올리브 수확은 과수원에 사는 사람들이 맡은 것이 아니라, 노예 소유주에게 도급을 맡겼다. 목축일도 일반적으로 노예들이 맡았다. 무장을 갖춘, 때로 말을 탄 목축 노예들은 이탈리아의 드넓은 초지에서 이미 충분히 상상 가능했고(제2권 363쪽), 이런 유의 목축산업은 곧 로마 속주에서도 로마 투기자본이 사랑하는 투자 대상이 되었다. 예를 들어 달마티아 지역에서 로마 자본가들이 이탈리아 방식으로 목장을 대규모로 경영하기 시작한 것은 달마티아가 정복되기도 훨씬 전이었다(로마 건국 599년, 기원전 155년).

하지만 이런 모든 것보다 모든 점에서 훨씬 열악한 것은 거대 농장 경영이었다. 흔히 인두로 낙인을 찍은 노예 무리를 풀어 경작하는 방식으로, 노예들은 낮에는 발목에 쇠사슬을 차고 감독관들의 감시 아래 일하고, 밤에는 집단으로 지하 감옥에 감금되었다. 이런 거대 농장 경영은 오리엔트 지역에서 카르타고로 이전되었고(제3권 11쪽), 아마도 카르타고를 통해 시킬리아에 전해진 것으로 보인다. 그리고 시킬리아에서, 아마도 이런 이유로, 로마 패권에 속한 다른 지역들보다 일찍 그리고 완숙한 모습으로 등장했다.[3] 우리가 알게 된 것에 따르면, 약 3만 유게라의 농지를 보유한 레온티니 지역은 로마의 점령지로서 (제3권 214쪽) 호구감찰관들에 의해 임대되었으며, 그락쿠스 시대 이후 몇십 년 동안 84명 이하의 임차인들에게 분할 임대되었다. 각 임차인에게 평균적으로 360유게라의 농지가 배분되었는데, 임차인들 가운데 레온티니 사람은 단 한 명이었던 것에 반해 나머지는 외지인들로, 대부분 로마 투기자본가들이었다. 여기서 우리는, 로마 투기자본들이 얼마나 열심히 선구자들의 발자취를 쫓았는지, 시킬리아 역축과

---

[3] 희랍어와 라티움어를 혼합한 '농장 막사ergastulum'(희랍어 ἐργάζομαι를 라티움어 stabulum, operculum과 비슷하게 변형)라는 단어는 이런 농장 경영 방식이 희랍어 지역에서, 아직 희랍문화에 익숙하지 않던 시절에 로마인들에게 전파되었음을 말해준다.

시킬리아 노예를 동원하여 얼마나 거대하게 로마 투기자본들과 비로마 투기자본이 사업을 벌였는지를 알 수 있다. 이들은 아름다운 섬을 목장과 농장으로 뒤덮었다.

하지만 아직 이탈리아는 극악한 형태의 노예경제로부터 상당히 멀리 있었다. 거대 농장 경영이 이탈리아에서 최초로 시작된 것은 에트루리아로 보이며, 도입되고 최소 40년 이후 극성기를 맞이했다. 이때 벌써 지하 감옥도 없지 않았겠지만, 적어도 이 시기의 이탈리아 농업경제는 아직 대부분 자유민 혹은 쇠사슬에 묶이지 않은 노예들이 운영했고, 부차적으로 대규모 노동은 도급에 의해 사업자에게 맡겨졌다. 이탈리아 노예제도와 시킬리아 노예제도의 차이가 분명히 드러나는 지점은, 로마 건국 619~622년(기원전 135~132년)의 시킬리아 노예 반란에, 이탈리아 방식이 지배하는 마메르 용병 공동체의 노예들이 유일하게 가담하지 않았다는 것이다.

무산계급을 통틀어 가장 비참한 모습으로 우리 눈앞에 나타난 이런 비탄과 고난의 바다는 감히 그 심연을 응시할 수 있는 사람만이 이해할 수 있을 것이다. 로마의 노예들이 겪은 고통에 비하면, 흑인 노예들이 겪은 고통은 새 발의 피일 뿐임이 아주 분명하다. 하지만 여기서 우리는 노예들의 처참한 상황 자체가 아니라, 이런 상황이 로마 국가에 초래한 위험들과 이에 대처했던 로마 정부에 집중하고자 한다. 분명한 것은, 이런 무산계급을 로마 정부가 만들어내지 않았고 로마 정부가 철폐할 수도 없었다는 사실이다. 철폐하자면 병보다 훨씬 독한 약을 써야 될 수도 있었다. 로마 정부가 한 일은 오직, 노예 무산계급이 국가 구성원에 대해 위해를 가할 경우 생명과 재산의 위협을 강력한 경찰력으로 막아내거나, 혹은 자유노동의 진작을 통해 무산계급의 증가를 최대한 억제하는 것이었다. 이런 두 가지 과제를 로마 귀족계급이 어떻게 수행했는지를 살펴보자.

노예 반란

사방에서 발생한 노예 반란과 노예 전쟁은 경찰력이 어떻게 행사되었는지를 말해준다. 한니발 전쟁 직후 발생한 노예 반란과 노예 전쟁의 야만적 상황(제4권 258쪽)이 다시 재현될 조짐이 나타났다. 로마에서 150명의 노예가, 민투르나이에서 450명의 노예가, 시누에사에서 심지어 4,000명의 노예가 한꺼번에 체포되고 처형되었다(로마 건국 621년, 기원전 133년). 속주의 상황이 훨씬 더 끔찍했음은 충분히 이해할 수 있다. 델로스의 거대 노예시장과 아티카의 은광에서 이 무렵 들고 일어난 노예들은 결국 군대를 동원해서 제압해야 했다. 아리스토니코스와 그의 소아시아 '태양시 시인들'에 대한 전쟁은 본질적으로 소유주들이 반란을 일으킨 노예들에 맞서 치른 전쟁이었다(제5권 80쪽).

시킬리아 노예 반란

가장 열악한 곳은 당연히 거대 농장으로 칭송받던 땅 시킬리아였다. 산적들의 약탈은 시킬리아, 특히 내륙 지역에서 오랫동안 지속된 악이었다. 산적들의 약탈이 반란으로 번지기 시작했다. 엔나(*Enna*, 오늘날의 카스트로지오반니)의 부자 농장주로서, 이탈리아 자본가들과 경쟁하며 생명을 가진 자본을 산업적으로 착취하던 다모필로스가 그의 분노한 노예들에게 공격받고 사망하는 사건이 발생했다. 이어 흥분한 노예 무리들은 엔나 시내로 쳐들어갔고 같은 일이 그곳에서도 훨씬 더 큰 규모로 벌어졌다. 노예들은 집단으로 주인들을 공격하여 살해하거나 노예로 삼았다. 이들은 이미 상당한 규모로 커진 반란 집단의 우두머리로 쉬리아의 아파메이아 출신 마술사를 선출했다. 이 자는 불을 입으로 뿜어내거나 신탁을 해석할 수 있었는바, 당시까지 노예 에우누스라 불리던 반란 수괴는 쉬리아의 왕처럼 안티오코스라고 불리게 되었다. 왜 안 되겠는가? 불과 몇 년 전 다른 쉬리아 노예(제5권 95쪽)는 심지어 예언자도 아니면서 안티오케이아에서 셀레우코스의 왕관을 머리에 쓰지 않았던가? 새로 선출된 왕의 용감한 사령관, 희랍 출신 노예 아카이오스는 시킬리아를 휩쓸고 다녔다. 이들의 깃발 아래 원근의 목동들이 합류했고, 농장주들에게 앙심을 품고 있던 자유 노동자들도 봉기한 노예들과 함께 공동 이익을 추구했다.

시킬리아의 다른 지역에서는 킬리키아 출신 노예 클레온이―그는 지난날 그의 고향에서 대담한 산적이었다―앞선 사례를 따라 아크라가스를 점령했다. 주동자들의 화합으로 그들은 소소한 성과를 거두었고, 마침내 속주 총독 루키우스 힙사이우스와 대부분 시킬리아 시민군으로 구성된 그의 군대를 완전히 제압하고 그의 군영까지 빼앗는 성과를 거두었다. 이로써 시킬리아 전체는 거의 반란 노예들의 수중에 들어갔다. 이들 가운데 무장 병력은 아무리 보수적으로 잡아도 7

만 명에 이른다고 알려져 있다. 로마는 승부를 가리지 못한 몇 번의 전투와 부분적 패배에도 불구하고 마침내 타우로메니온과 엔나를 장악하고 노예 반란을 진압할 때까지 연이어 3년 동안(로마 건국 620~622년, 기원전 134~132년) 집정관과 함께 군대를 시킬리아로 파견해야 한다고 생각했다. 최후의 결전을 준비하는 반란군들이 엔나에 모여, 구원과 사면을 기대할 수 없는 상황에서 사람들이 흔히 그러하듯, 난공불락의 요새를 기반으로 방어전을 펼칠 때, 이 도시 앞에 집정관 루키우스 칼푸르니우스 피소와 푸블리우스 루필리우스는 2년 동안 내내 주둔했고 마침내 무기보다는 굶주림을 무기 삼아 이들을 진압했다.[4]

이는 로마 원로원과 정무관들에 의해 이탈리아와 로마 속주들에서 시행된 치안 정책의 결과였다. 무산자계급을 없애는 과제에 정부의 모든 역량과 지혜가 요구되었음에도 매우 빈번히 기대에 미치지 못한 반면, 치안력을 이용한 무산자계급의 억압은 모든 대규모 공동체에게 상대적으로 쉬운 과제였다. 무산자 집단이 국가에 겨우 곰이나 늑대만큼의 위협이라면, 국가는 건재할 것이다. 오로지 겁쟁이만이, 혹은 군중을 터무니없이 염려하는 사람들만이 노예 반란 혹은 무산자 폭동에 의한 사회 질서의 붕괴를 떠벌린다. 하지만 로마 정부는 군중의 억압과 통제라는 쉬운 과제에만—매우 깊이 뿌리내린 평화와 고갈되지 않는 국가 재정에도 불구하고—매달렸다. 이는 로마 정부가 가진 유약함의 표시였다. 물론 유약함만의 표시는 아니었다. 법률적으로 로

---

[4] 지금도 아직 카스트로지오반니에는—오르막길이 크게 가파르지 않다—간혹 로마의 투석기 포탄이 남아있다. 거기에 로마 건국 621년(기원전 133년)의 집정관 이름이 새겨져 있다. *L. Piso. f. cos.*

마 총독은 국도를 깨끗하게 유지하고 체포된 도적들을, 만일 이들이 노예라면, 십자가에 매달 의무를 가지고 있었다. 이는 노예경제가 공포정치 없이 불가능한 일이었기에 자연스러운 일이었다. 다만 이 시기에 시킬리아에서 국가 도로의 치안이 극도로 불안할 때 총독에 의해 일제 단속이 시행되었고, 이탈리아 출신 농장주들에게 폐를 끼치지 않기 위해, 관리들은 붙잡힌 도적들을 일반적으로 원주인에게 양도했고 주인의 판단에 따른 형벌에 맡겼다. 그리고 이 주인들은 인색한 사람들로서 목동 노예들이 입을 옷을 요구하면 채찍질로 대답하고, 여행자들이 옷을 입고 다니지 않느냐고 반문했다. 이런 방조의 결과로, 노예 반란 진압 이후 집정관 푸블리우스 루필리우스는 살아서 그에게 붙잡힌 모든 것을, 다시 말해 2만 명의 사람을 십자가에 처형했다. 물론 자본가들을 배려하는 것도 더 이상 불가능했다.

이탈리아 농부들

정부가 자유노동의 확대를 염려하고 결과적으로 무산자계급의 철폐를 애썼다면, 이는 극히 얻기 어려운 일이었겠지만 극히 풍요로운 결실을 가져왔을 것이다. 유감스럽게도 이런 측면의 조치가 전혀 취해지지 않았다. 첫 번째 사회적 갈등 이후 지주들은, 노예노동의 수에 비례하여 자유노동자를 고용하도록 법적으로 강제되었다(제2권 78쪽). 하지만 이제 정부의 독려에 의해 카르타고의 농업서가 라티움어로 번역되었는바, 카르타고 방식으로 대농장을 경영하는 지침서의 번역은 분명 이탈리아 투기자본의 이익을 위한 일이었다. 로마 원로원이 실시한 문헌적 조치의 유일한 사례라 하겠다. 동일한 경향은 로마에 훨씬 더 중요한 사안, 다시 말해 운명이 달린 문제인 식민지 통치에서도 나타났다. 농업 무산자계급의 철폐를 위한 유일한 실질적 방안은 포괄적이고 조직적인 이민 정책이었다는 사실(제2권 90쪽)을 이해하는 데는 철학이 아니라, 로마의 첫 번째 사회적 위기가 어떻게 진행되었는지를 상기하는 것으로 족하다. 당시 로마의 대외 관계는 그럴 수 있는 최고의 환경을 제공해주었다. 로마 건국 6세기 말까지 실로 이탈리아 소농들의 지속적 감소에 대응하여 새로운 소농의 지속적 정착 정책이 시행되었다(제4권 201쪽). 물론 이것은 할 수 있고 해야 할 만큼 시행되지는 않았다. 오래전부터 사적 소유가 된 점령지(제2권 36쪽)는 수용되지 않았을 뿐만 아니라, 새로 획득된 토지의 소유도 허락되었다. 다른 중요한 획득 토지의 경우, 예를 들어 카푸아 지역은 점유하도록 놓아두지는 않았지만 그렇다고 분배되지도 않았고, 용익권 행사를 위한 국유지로 활용되었다. 그럼에도 토지 할당은 축복이었고 궁핍한 자들 가운데 다수에게 도움이, 궁핍한 자들 모두에게 희망이 되었다. 하지만 식민도시 루나의 건설 이후(로마 건국 577년, 기원전 177년) 토지 할당은 오랜 시간 동안 전혀 이루어지지 않았으며, 피케눔의 식민지 아욱시뭄(오늘날의 오시모)에 속한 일부 제한된 토지가 고작이었다(로마 건국 597년, 기원전 157년).

이유는 단순했다. 보이이족과 아푸아니족을 복속시킨 이래 별 매력이 없는 리구리아 계곡들을 제외하면 이탈리아에는 새로 획득된 땅이 없었기에, 임차되거나 소유된 토지를 빼면 분배할 것이 없었던 것이고, 임차되거나 점유된 토지에 손대는 일은 분명히 300년 전 만큼이나 지금도 귀족들 입장에서 용납될 수 없는 일이었다. 이탈리아 밖의 점령 토지를 분배하는 것은 정치적 이유에서 허용되지 않았다. 이탈리아는 지배국가로 군림해야 했고, 주인 이탈리아와 복속된 속주들을 나누는 장벽이 무너지지 말아야 했다. 국가 정책을 무시하지 않으려 하거나 계급 이익을 고려하고자 한다면, 정부에 남은 일은 오직 이탈리아 농민계급의 몰락을 수수방관하는 것뿐이었고, 실제로 그런 일이 벌어졌다. 자본가들은 소농들의 자산을 계속해서 사들였고, 소농들이 팔려고 하지 않을 때는 심지어 그들의 농지를 매매 계약서 없이 수용해버렸다. 이때 늘 합법적으로 일이 진행되지 않은 것은 분명하다. 특히 애용되던 방법은 농부가 들판에 있을 때 아내와 자식들을 농장에서 내쫓고, 기정사실의 법리를 들어 농부의 동의를 강요하는 것이었다. 토지 자본가들은 계속해서 자유민 노동자가 아니라 노예를 고용했는데, 후자는 전자와 달리 군복무를 하지 않기 때문이었다. 그리하여 자유민 무산계급은 노예와 비슷한 수준의 가난으로 내몰렸다. 자본가들은 계속해서 품삯에도 못 미칠 정도로 저렴한 시킬리아 노예 곡물을 들여와 수도 로마의 시장에서 이탈리아 자유민 곡물을 밀어냈고, 결국 이탈리아 자유민 곡물은 이탈리아반도 전체에서 가격 하락을 겪었다. 에트루리아의 오랜 토호들은 로마 자본가들과 결탁하여 이런 일을 벌였고 로마 건국 620년(기원전 134년)에 이미 이 지역에는 단 한 명의 자유농민도 남지 않았다. 수도 로마의 시장에서 이렇게 외칠 수 있었겠는바, 가축들은 우리라도 있지만 시민들에게 공기와 햇빛 말고 아무것도 남지 않았고 이제 세계의 주인이라고 불리는 시민들은 한 뼘의 땅도 제 것이라 부를 수 없게 되었다. 로마 시민계급의 인구 조사표는 이런 외침을 입증할 증명서다. 한니발 전쟁의 종료로부터 로마 건국 595년(기원전 159년)까지 시민의 수는 지속적으로 상승하는데, 그 원인은 계속적이며 광범위한 토지 분배에서 찾을 수 있다(제4권 256쪽 이하). 로마 건국 595년(기원전 159년)에 무장 가능 시민의 수는 32만 8,000명이었고, 이후 그 수는 일정한 크기로 감소한다. 무장 가능 시민의 수는 로마 건국 600년(기원전 154년)에 32만 4,000명, 로마 건국 607년(기원전 147년)에 32만 2,000명, 로마 건국 623년(기원전 131년)에 31만 9,000명을 기록했다. 대내외적으로 평화가 지속되던 기간에 벌어진 충격적인 결과였다. 이런 식으로 지속된다면, 시민체는 토지 소유자와 노예로 해체될 판이었다. 국가가 결국—이미 파르티아에서 그러했던 것처럼—노예시장에서 병사를 조달해야 할 상황이었다.

개혁의 이념

로마가 건국의 일곱 번째 세기로 접어들었을 때, 로마의 대내외적 상황은 이러했다. 눈을 돌리는 곳마다 남용과 타락이 넘쳐났다. 사려 깊고 선의를 가진 사람은 반드시, 이를 고치고 바로잡을 수 있을지 고민하지 않을 수 없었다. 로마에도 이런 사람이 없지 않았다. 정치적·사회적 개혁의 커다란 과제를 맡을 최적의 인물은 아이밀리우스 파울루스의 아들, 노(老)스키피오의 입양 손자, 노(老)스키피오의 명예로운 별칭 아프리카누스를 선대 유산과 본인 업적으로 물려받은 푸블리우스 코르넬리우스 스키피오 아이밀리아누스(로마 건국 570~625년, 기원전 184~129년)였다. 그는 그의 부친처럼 신중하고 매우 건강한 사내로서, 육체적 건강뿐만 아니라, 시급하고 불가피한 사안에서는 결단력도 가진 인물이었다. 청년 시절부터 그는 정치 초년생들이 흔히 보이는 행동을 삼갔는데, 저명한 원로원 의원들의 집무실 앞을 얼쩡대거나 법정 연설문을 크게 떠드는 등의 일은 하지 않았다. 그는 사냥을 사랑했다. 페르세우스에 맞선 원정에서 부친을 따라 출정하여 탁월한 공로를 세웠을 때, 17세의 청년은 그 보상으로, 지난 4년 동안 아무도 손대지 않은 마케도니아 국왕 수렵지에서 자유롭게 사냥하게 해달라고 청했다. 한편 그는 여가가 생기면 다른 무엇보다 학문적·문학적 취미에 몰입하기도 했다. 부친의 배려로 그는 일찍부터 진정한 희랍 교육을 받았는데, 그것은 흔한 얼치기 교육의 저급한 희랍 숭배와 차별된 것이었다. 희랍적 본질의 장단점을 진지하고 적절하게 평가했기 때문에, 그리고 귀족적으로 처신했기 때문에 이 로마인을 동방의 궁정도 경탄해 마지 않았고, 심지어 조롱하길 즐기는 알렉산드레이아 궁정에서도 그러했다. 그의 희랍 교양은 무엇보다 몸에 배인 섬세한 역설적 언사와 고전적으로 정갈한 라티움어에서 드러났다. 문필가가 아니었음에도 그는 카토처럼 탁월한 정치 연설을 선보였는데, 그의 연설문들은 그락쿠스 형제의 어머니가 된 고모가 남긴 서한들과 마찬가지로 후대의 문필가들에 의해 모범적인 산문의 대표작으로 평가되었다. 또한 그는 애정을 가지고 뛰어난 희랍과 로마의 문인들을 주변에 모아들였는데, 평민 출신 문학가들과의 교제 때문에 그는, 잘난 것이라고는 오로지 혈통밖에 없는 원로원 동료들에게 적잖이 의심을 받았다.

도덕적으로 확고하고 확실한 사내의 말은 친구들뿐 아니라 적들에게도 신뢰를 얻었다. 그는 건축과 투기를 피했고 단순한 삶을 살았다. 그는 금전 문제에 있어 정직했고 이기적으로 행동하지 않았으며, 동시대의 경제관으로는 생각조차 할 수 없는 온정과 관용을 보여주었다. 그는 탁월한 병사였고 장교였다. 아프리카 전쟁에서 그는 월계관을 받았다. 그것은 위험에 처한 시민들을 구하기 위해 목숨을 걸었던 사람들에게 수여되곤 하던 상이었다. 그는 장교로서 아프리카 전쟁을 시작했고, 단 한 번도 그런 위험한 임무를 맡아 사령관의 자질을 시험할 기회가 주어진 적은 없었지만, 사령관으로 전쟁을 끝마쳤다. 그는 그의 부친처럼—그가 합리적인 군인이자 정확한 문필가였던 크세노폰을 좋아했다는 사실이 말해주는바—천부적 재능을 타고나지는 않았다. 그는 올바르고 정직한 사내였고, 조화로운 개혁을 통해 사회적 몰락을 바로잡는 데 다른 누구보다 적합한 인물로 보였다. 하지만 그는 이를 시도하지 않았고 그래서 더욱 빛났다. 물론 그도 기회와 방법이 주어질 때마다 남용을 막고 제지했고, 분명히 법적 질서의 개선에 기여했다. 오로지 그의 지지만으로, 선조들의 엄격함과 훌륭함을 물려받은 유능한 인물 루키우스 카시우스는 귀족들의 저항에 맞서 그의 선거법을 통과시킬 수 있었고, 이로써 여전히 형사재판의 대부분을 처리하는 인민 법정에 비밀투표를 도입했다(제5권 105쪽). 또한 청년 시절 전혀 탄핵에 참여하지 않던 그도 원숙한 나이에 이르러 귀족들 가운데 죄가 중한 자들을 법정에 세우기도 했다. 이와 똑같은 정신으로 그는 사령관으로서 카르타고 전선과 누미디아 전선에서 여자들과 사제들을 병영에서 추방했으며, 옛 사령관 규율의 무시무시한 엄격함으로 문란한 병사들을 통제했다. 또 그는 호구감찰관으로서(로마 건국 612년, 기원전 142년) 귀족 사회에서 말쑥한 멋쟁이 차림의 유행을 일소하며 시민들에게 진지한 목소리로, 조상들의 올바른 생활상을 본받으라고 훈계했다.

하지만 누구도, 아니 그 자신도 모르지 않았는바, 법 집행의 엄정성과 산발적 조정은 결코 국가의 구조적 병폐를 치료하는 시작이 될 수 없었다. 스키피오는 이에 개입하지 않았다. 스키피오의 오랜 친구, 스키피오의 정치적 가정교사이자 신뢰하는 동지, 가이우스 라일리우스(로마 건국 614년, 기원전 140년 집정관)는 공여되지 않은 채 다만 잠정적으로 소유된 이탈리아 점령지를 몰수하고 이를 분배하여 몰락하는 이탈리아 농민들을 돕자는 생각을 가지고 있었다. 라일리우스는 당장 이를 제안하지는 않았다. 이런 제안이 가져올 후폭풍을 그는 알고 있었다. 그래서 아마도 그는 '지혜로운 사람'이라는 별칭을 얻었을 것이다. 스키피오도 같은 생각이었다. 그는 병폐의 심각함을 철저히 이해하고 있었다. 혼자만 위험을 감당할 일이었다면, 그는 개인적 명예를 돌보지 않고 뛰어들 존경스러운 용기를 가진 사람으로 이를 관철시켰을 것이다. 하지만 국가의 구원은 오로지 4세기와 5세기의 개혁 문제가 야기했던 국가 혁명이라는 대가를 지불해야만 가능할 일임을 그는 또한 잘 알고 있었다. 그에게, 옳든 그르든, 치료약이 병 자체보다 더 위험해 보였다. 그리하여 소수의 친구들과 함께 그는 귀족주의와 민주주의의 중간에서 평생 외롭게 지냈다. 전자는 스키피오가 카시우스 법을 지지했다는 사실을 결코 용서하지 않았고, 후자를 그는 결코 만족시킬 수도 없었고 만족시키고자 하지도 않았다. 스키피오는 사망 이후 양측으로부터 애도되었는바, 전자는 그가 귀족주의의 태두였다고 칭송했고, 후자는 그가 개혁을 지지했다고 칭송했다. 그의 시대까지 호구감찰관들은 관직에서 물러나며 신들을 불러, 신들께서 이 국가에 더욱 큰 힘과 위대함을 허락하시라고 외쳤었다. 호구감찰관 스키피오는 이렇게 외쳤다. 신들께서 이 국가를 지키기로 결정하시길! 이 고통스러운 외침은 그의 솔직한 신앙고백이었다.

티베리우스 그락쿠스

하지만 두 번이나 로마군을 절망적 위기에서 승리로 이끌었던 사내가 좌절했을 때, 무경력의 젊은이가 이탈리아를 구하는 데 헌신하겠다는 용기를 보여주었다. 그의 이름은 티베리우스 셈프로니우스 그락쿠스(로마 건국 591~621년, 기원전 163~133년)였다. 동명의 아버지(로마 건국 577년, 591년, 기원전 177년, 163년 집정관, 로마 건국 585년, 기원전 169년 호구감찰관)는 로마 귀족의 전형적인 인물이었다. 그가 안찰관으로 주최한 축제의 호사스러운 화려함 때문에—이는 예속 공동체에 커다란 부담을 주었다—원로원으로부터 응당한 큰 비난을 받았다(제4권 182쪽). 또 그는 개인적으로 그와 앙숙인 스키피오 집안을 고발하는 불편한 소송에 개입함으로써(제4권 105쪽) 그의 기사계급적 감정, 그러니까 계급의식을 드러냈으며, 호구감찰관으로서 해방 노예들에 반하는 입장을 표명함으로써(제4권 257쪽) 그의 보수적인 성향을 분명히 했다. 또 히스파니아 총독으로(제3권 307쪽) 그는 용기와, 무엇보다 공평무사한 법 집행으로 조국을 위해 영원한 공적을 남겼으며, 피지배 민족들의 마음에 오래 기억될 존경과 사랑을 새겨넣었다.

그락쿠스의 어머니 코르넬리아는 자마 전투 승리자의 딸이었다. 자마 전투 승리자는 그의 대범한 중재 노력의 일환으로 지금까지의 정적을 사위로 선택했다. 코르넬리아도 높은 교육을 받은 대단한 여인이었다. 나이가 훨씬 많았던 남편의 사망 이후에 그녀는 이집트 왕의 청혼을 거절했으며, 남편과 친정아버지를 기리며 세 명의 자식을 양육했다. 셋 중 둘이 아들이었고, 맏아들 티베리우스는 선량하고 바른 품성을 타고났고, 온화한 얼굴과 침착한 태도를 가지고 있었는바, 다른 것은 몰라도 절대 대중 선동가일 수는 없었다. 그의 모든 인연과 생각에 비추어 그는 스키피오 동아리에 속했는데, 희랍문화와 민족문화의 섬세한 교육은 세 형제가 공유하는 것이었다. 스키피오 아이밀리아누스는 티베리우스의 사촌이면서 동시에 티베리우스 누이의 남편이었다. 스키피오 아이밀리아누스 밑에서 18세의 티베리우스는 카르타고 공격에 참여했고, 그의 용기로 엄격한 장군의 칭찬과 무공훈장을 받았다.

국가의 머리와 지체가 타락하는 것에 대해 스키피오 동아리가 당시 널리 공유하던 생각을, 그러니까 이탈리아 농민계급의 구제에 대한 생각을 유능한 젊은이가 젊은이다운 생명력과 엄숙함을 가지고 받아들이고 발전시켰음은 분명하다. 하지만 라일리우스가 개혁 이념의 실행을 놓고 뒤로 주춤거리는 모습을 두고 이성적이지 못하고 유약한 태도라고 생각한 것은 젊은이들뿐만이 아니었다. 집정관 역임자(로마 건국 611년, 기원전 143년), 호구감찰관 역임자(로마 건국 618년, 기원전 136년), 원로원에서 가장 존경받는 사람들 가운데 한 사람인 아피우스 클라우디우스는 가문의 내력인 폭발적 감정을 쏟아내며, 스키피오 동아리가 정복 토지 분배 계획을 그렇게나 성급하게 폐기한 것을 비난했다. 비판이 더욱 가혹했던 것은 아마도 그가 개인적으로 스키피오 아이밀리아누스와 호구감찰관직을 놓고 경쟁했기 때문일 것이다. 또한 당시의 대목교관으로, 원로원 의원이자 법률가로서 원로원과 시민들 모두로부터 존경을 받던 푸블리우스 크라수스 무키아누스(제5권 81쪽)도 똑같이 말했다. 심지어 그의 동생 푸블리우스 무키우스 스카이볼라도—로마 최초로 학문적 법률 해석을 정초한 인물이다—개혁안에 대해 반대하지 않는 듯했고, 그가 어느 당파에도 속하지 않는 인물이었기 때문에 그의 의사는 더욱더 큰 무게를 가졌다. 또한 마케도니아와 아카이아의 정복자 퀸투스 메텔루스도—그는 전쟁 무훈보다는 가정생활과 공공생활에서 모두 옛 훈육과 예의범절의 대표자로 존경받았다—비슷한 생각을 가졌다. 티베리우스 그락쿠스는 이들과 가까웠다. 그는 아피우스의 딸을, 그의 동생은 무키아누스의 딸을 아내로 맞이했다. 그가 국헌에 따라 발의를 할 수 있는 지위에 오르자마자, 개혁안을 다시 추진한다는 생각이 그에게서 생겨난 것은 놀랄 일이 아니었다. 개인적인 동기들이 그를 더욱 강하게 만들었다. 만키누스가 로마 건국 617년(기원전 137년)에 누만티아와 맺은 평화조약은 사실상 그락쿠스의 작품이었다(제5권 20쪽). 하지만 원로원이 평화조약을 파기했고, 사령관이 이 때문에 적에게 인도되었고, 같은 운명에 처해 있었던 그락쿠스와 동료 장교들은 그락쿠스 때문에 얻은 시민의 호의로 이런 운명에서 벗어날 수 있었다. 이에 젊고 정의롭고 자긍심 강한 사내는 통치 귀족계급에 대해 곱지 않은 감정을 가졌다. 그락쿠스와 함께 철학과 정치를 논하던 희랍 수사학 선생, 뮈틸레네 출신의 디오파네스와 쿠마이 출신의 가이우스 블로시우스는 그의 영혼에 이념을 불어넣었고 그는 이를 품고 다녔다. 그의 생각이 널리 알려졌을 때 이를 지지하는 목소리가 없지 않았다. 몇몇 공개적인 벽보는 아프리카누스의 손자를 부추겨, 가난한 인민, 이탈리아의 해방을 생각하게 만들었다.

로마 건국 620년(기원전 134년)의 그락쿠스

로마 건국 620년(기원전 134년) 12월 10일 티베리우스 그락쿠스는 호민관직에 취임했다. 이제까지의 실정(失政)이 불러온 끔찍한 결과로, 국가의 정치적·군사적·경제적·윤리적 타락은 모두의 눈앞에 적나라하게 드러나 있었다. 이 해의 집정관 중 한 명이 시킬리아에서 노예반란의 진압을 위해 싸우고 있었지만, 성과는 없었다. 다른 한 명의 집정관 스키피오 아이밀리아누스는 지난 몇 달 동안 히스파니아의 작은 시골 마을을 정복 정도가 아니라 압살하느라 여념이 없었다. 그락쿠스가 결단을 실천으로 옮기는 데 뭔가 특별한 요청이 필요했다면, 그것은 모든 애국지사의 마음을 정체모를 불안감으로 가득 채우고 있던 이런 상황이었다. 그락쿠스의 장인은 물심양면의 지원을 약속했다. 로마 건국 621년(기원전 133년)의 집정관으로 얼마 전 선출된 스카이볼라의 지지도 기대할 수 있었다. 그리하여 그락쿠스는 호민관직 취임 직후 농지법을 발의했임. 이 법은 어떤 의미에서 로마 건국 387년(기원전 367년)의 리키니우스─섹스티우스 법을 재탕한 것에 지나지 않았다(제2권 78쪽). 이 법은 소유자가 무상으로 사용하고 있는 국유지를 국가가 환수토록 했는바, (예를 들어 카푸아 지역처럼 임대된 토지는 이 법에 해당하지 않았다) 다만 소유자에게 본인 몫으로 500유게라, 모든 아들 각각의 몫으로 250유게라을, 이를 합한 면적이 1,000유게라을 넘지 않는 한에서, 영구히 소유하도록 보장하거나 혹은 대체토지를 요구할 권리를 인정했다. 또 지금까지의 소유자가 성취한 어떤 개선 사항, 예를 들어 건물과 조림(造林)에 대해 보상이 보장되었던 것으로 보인다. 그리하여 법은 환수된 국유지를 30유게라 단위로 나누어 일부는 시민들에게, 일부는 이탈리아 동맹들에 분배하도록 했다. 물론 자유롭게 처분할 수 있는 소유 토지가 아니라, 남에게 매각을 할 수 없는 세습 임차 토지였으며, 임차인들은 토지를 농업에 이용하고 이에 적당한 임대료를 국고에 지불할 의무를 지었다. 이를 위해 3인 위원회가 선출되었는데, 위원회는 공동체의 법정 상시 조직으로서 토지 환수와 분배의 업무를 관장했고, 나중에는 더욱 중요하고 힘겨운 과제를 받았는바, 국유지와 사유지를 법률적으로 확정하는 일이었다. 토지 분배는 따라서 획정(劃定)하기 매우 어렵고 매우 광범위한 이탈리아 국유지가 정리될 때까지 무기한으로 지속되었다. 리키니우스─섹스티우스 농지법과 비교할 때 새롭게 셈프로니우스 농지법에 포함된 것은, 세습 소유자의 이익을 보호하기 위한 조항, 또 새로 분배된 토지에 대한 세습 임차 허용과 매매 금지 조항이었다. 또 특히 두드러진 것은 엄격하고 지속적인 집행이었는데, 옛 농지법에는 이것이 빠져 있어 농지법이 사후적이고 실제적으로 적용되지 않았다.

이는 따라서, 300년 전에 그러했던 것처럼 이제도 원로원에서 그들의 큰 존재감을 드러내고 있던 대토지 소유자들에 대한 선전포고였다. 오랜만에 다시 한 번 개별 정무관이 단독으로 친귀족적 정부에 대립각을 세운 것이었다. 정부는 전쟁에 응했고, 이런 경우를 위해 특별히 창안된 방식인바, 정무관의 일탈을 다른 정무관을 통해 마비시켰다(제2권 109쪽). 제안된 농지법이 잘못되었다고 확신하던 마르쿠스 옥타비우스, 그락쿠스의 동료는 농지법이 의결 절차에 들어가자 결연하게 거부권을 행사했고, 국헌에 따라 그 제안은 거부되었다. 이에 대항하여 그락쿠스는 국가 사무와 재판 업무를 정지시켰고 국고를 봉인해 버렸다. 정부는 아무런 대응을 하지 않았다. 불편한 일이었지만, 회계 연도가 끝나기 때문이었다. 당황한 그락쿠스는 다시 한 번 의결을 위해 농지법을 제안했다. 당연한 일이었지만, 옥타비우스는 다시 한 번 거부권을 행사했다. 동료 호민관이자 지금까지의 동지가 눈물 어린 호소를 통해 이탈리아의 구원을 방해하지 말라고 탄원했을 때, 옥타비우스는, 이탈리아를 어떻게 구원할 수 있을지는 입장의 차이가 있지만, 동료의 제안에 대해 자신이 거부권을 행사하는 것은 국헌이 보장한 그의 권리라는 데는 이론의 여지가 없다고 대답했다. 이제 원로원은 그락쿠스에게 그럭저럭 물러설 출구를 열어주려고 시도했는바, 두 집정관은 그에게 문제를 원로원에서 계속해서 좀 더 논의를 해보자고 제안했다. 우리의 호민관은 이를 받아들였고 열정적으로 임했다. 그락쿠스는 농지법 발의가 원로원이 원칙적으로 농지 분배에 동의했다는 점을 함축한다고 말하려 했다. 하지만 발의 자체가 그렇다고 할 수 없었고, 핵심 사안에서 원로원은 조금도 양보하는 기색이 없었다. 논의는 어떤 결론도 도출하지 못했다. 이로써 국헌에 따른 절차는 모두 종료되었다.

과거에 이런 상황이었다면 사람들은 발의된 안건을 일단 올해는 물렸다가 다음 해에 다시 발의했을 것이고, 이를 발의자의 진정성과 여론의 압박이 반대를 물리칠 때까지 지속했을 것이다. 하지만 지금은 사람들의 삶이 절박했다. 그락쿠스는 개혁을 완전히 포기하든지 아니면 혁명을 착수하든지 양단간에 결정할 시점에 이르렀다고 생각했다. 그는 후자를 택했다. 그는 시민들 앞에서 서서, 그가 물러나든지 옥타비우스가 물러나든지 해야 한다고 선언하면서, 시민들이 둘 중에 누구를 물러나게 할지 투표로 결정하게 하자고 옥타비우스에게 제안했다. 당연히 옥타비우스는 이런 기막힌 맞대결을 받아들이려 하지 않았다. 호민관들의 의견 불일치를 조정할 시간을 갖기 위해 정회가 선포되었다. 그때 그락쿠스는 논의 중단을 선언했고 운집한 군중을 향해 물었다. 시민에 반하는 호민관은 호민관직을 배신한 것이 아닌가? 그들에게 제안된 모든 안건에 대해 늘 가(可)를 외쳐 버릇하던 민회는—이들은 대부분 지방에서 몰려들어 농지법 통과에 개인적으로 큰 관심을 가지고 있던 빈민 농부였다—그락쿠스의 물음에 거의 만장일치로 가(可)를 외쳤다. 마르쿠스 옥타비우스는 그락쿠스의 명령을 받은 수행원들에 의해 호민관석에서 쫓겨났다. 이어 군중 전체의 환호 가운데 농지법이 통과되었고 농지 분배를 맡은 첫 번째 담당관들이 추천되었다. 농지법 발의자와 이제 갓 스물이 된 그의 동생 가이우스 그락쿠스와 그의 장인 아피우스 클라우디우스가 선출되었다. 이런 집안 선출은 귀족계급의 분노를 고조시켰다. 새로 선출된 정무관들이 통상의 절차에 따라 원로원을 찾아가, 그들의 장비 구입비와 일일 활동비를 요구했을 때, 원로원은 전자는 승인하지 않았고 일일 활동비로 24아스를 제시했다. 갈등은 점차 확대되었고 점차 개인적 증오로 변질되었다. 국유지 획정 몰수 분배의 힘겹고 복잡한 업무는 모든 지역 공동체 내부의, 심지어 이탈리아 연맹 내부의 반목을 조장했다.

그락쿠스의 다음 계획

귀족계급은, 자신들이 농지법을 받아들 수밖에 없기 때문에 받아들이지만, 부적절한 입법자는 결코 자신들의 복수를 피할 수 없을 것이라고 공공연하게 떠들었다. 퀸투스 폼페이우스는 그락쿠스가 호민관직에서 물러나는 바로 그날로 그를 고발하겠다고 선포했는데, 이것도 우리의 호민관에게 던져진 협박들 가운데 최악은 아니었다. 그락쿠스는 그의 신변 안전이 위협을 받는다고 생각했고 이는 상당히 옳은 판단이었다. 그가 광장에 모습을 드러낼 때는 언제나 3,000 내지 4,000명의 추종자들이 그를 뒤따랐다. 이런 모습 때문에 그는, 개혁 자체에는 공감을 보였던 메텔루스로부터 원로원에서 신랄한 비판을 들어야 했다. 아무튼 그락쿠스는, 농지법의 관철로 그의 목표에 도달하고자 했다면, 이제 겨우 첫발을 내디뎠다는 사실을 명심했어야 했고, '인민'은 그에게 마땅히 감사를 표해야 했다. 하지만 그가 인민의 이런 감사 말고 다른 보호막을 마련하지 않았을 때, 계속해서 인민에게 절대적으로 필요한 사람으로 머물지 못했을 때, 다른 더 큰 제안들로 새롭고 또 새로운 이익과 희망을 제시하지 못했을 때, 그는 버림받은 신세가 되었다.

비슷한 시기에 페르가몬의 마지막 왕은 유언을 통해 로마인들에게 아탈루스왕가의 왕국과 재산을 유증했다(제5권 79쪽). 이에 그락쿠스는 민회에, 페르가몬의 보화를 신규 토지 소유자들에게 필요한 농기구를 마련하는 데 쓰도록 분배하자고 제안했고, 더불어 관례에 반하여 신규 속주와 관련된 최종 결정권을 시민에 부여하자고 요구했다. 계속해서 그락쿠스가 친서민적 법률을 준비한다는 소문이 있었는바, 군복무 기간 단축, 상소권의 확대, 심판인으로 활동할 수 있는 원로원의 배타적 특권 폐지, 이탈리아 동맹에게 로마 시민권 부여 등이 그것이었다. 그락쿠스의 계획이 실제로 어느 정도까지 이르렀는지 확인할 수 없으며, 다만 분명한 것은 그락쿠스가 유일한 신변 보장책으로 그의 호민관직을 민회를 통해 이듬해까지 연장하려 했다는 것, 그가 이런 반(反)국헌적 연장을 실행하기 위한 관련 개혁을 준비했다는 것이다. 애초에 그가 공동체를 구하기 위해 개혁에 뛰어들었다면, 이제 그는 자신을 구하기 위해 공동체를 위험에 빠뜨릴 수밖에 없었다.

그락쿠스가 호민관 재선을 획책하다

분구별 상민들이 차기 호민관 선출을 위해 소집되었다. 첫 투표구들은 그락쿠스에게 표를 던졌다. 하지만 반대파는 마침내 이의제기를 통해 뜻을 관철시켰고, 사안 결정 없이 집회가 중단되었고 다음 날로 최종 결정이 연기되었다. 이 날을 위해 그락쿠스는 모든 수단을 동원했다. 합법적이든 비합법적이든 가리지 않았다. 그는 상복을 입고 상민들 앞에 섰고 미성년의 아들을 돌봐달라고 부탁했다. 그리고 선거가 다시 한 번 이의제기로 중단되는 경우에, 그는 귀족계급의 끄나풀들을 카피톨리움 언덕의 집회 장소에서 몰아낼 준비를 마쳤다. 그리하여 두 번째 선거일이 다가왔다. 투표는 전날과 같이 진행되었고 역시 이의제기가 있었다. 소요가 일어났다. 시민들은 흩어졌다. 선거 회합은 사실상 무산되었다. 카피톨리움 신전이 폐쇄되었다. 티베리우스 그락쿠스가 호민관 선거 회합을 해산했다. 재선 없이 그락쿠스가 호민관직을 계속하기로 결정했다는 소문이 시내에 퍼졌다.

그락쿠스의 죽음

원로원은 유피테르 신전 근처에 있는 신의의 신전에 소집되었다. 격노한 그락쿠스의 정적들이 원로원에서 발언을 주도했다. 티베리우스 그락쿠스가 손으로 이마를 가리키며 엄청난 혼란 속에서 자신의 목숨이 위협당하고 있음을 인민에게 알리려고 했던 것을, 그가 사람들에게 제왕의 머리띠를 요구하고 있다고 해석했다. 국가 반역자를 즉시 죽이라고 집정관 스카이볼라에게 재촉했다. 개혁 자체는 반대하지 않던 온건한 집정관이 이런 무의미하고 야만적인 요구에 분노하여 이를 거부하자, 강경하고 격정적인 사람이었던 집정관 역임자 푸블리우스 스키피오 나시카는 그의 생각에 동조하는 자들에게 되는 대로 무장하고 자신을 따르라고 외쳤다. 농촌 분구 사람들 가운데 투표하려고 수도 로마를 찾은 이는 거의 없었다. 도시 민중은, 귀족들이 책상다리나 곤봉을 들고 성난 눈빛으로 몰려오자, 뿔뿔이 흩어졌다. 그락쿠스는 소수의 호위를 받으며 탈출을 시도했다. 하지만 그는 탈출 중에 카피톨리움 언덕의 내리막길에서 추락했고, 성난 군중 가운데 한 명에 의해—푸블리우스 사투레이우스와 루키우스 루푸스는 나중에 집행자가 자신이었다고 서로 다투게 된다—신의의 신전에 있는 일곱 왕들의 조각상들 앞에서 곤봉에 맞아 사망했다. 그와 더불어 300명의 다른 이들도 사망했지만, 누구도 칼에 희생당한 사람은 없었다. 밤이 되자 시신들은 티베리스강에 던져졌다. 가이우스 그락쿠스는 형의 장례식을 위해 시신을 돌려달라고 요청했지만, 허사였다. 건국 이래 로마도 처음 겪는 하루였다. 첫 번째 사회적 위기 이래 1백 년 이상 계속된 당파간의 갈등도, 두 번째 사회적 위기와 같은 파국으로 치닫지는 않았다. 귀족계급 가운데 선량한 일부는 이에 전율했다. 하지만 물러설 수 없었다. 귀족들은 크게 믿었던 동지들을 민중의 복수에 희생시키든지 혹은 단결하여 범행의 책임을 떠맡든지 둘 중 하나를 선택해야 했다. 후자의 일이 벌어졌다. 귀족들은 공식적으로 그락쿠스가 왕관을 머리에 쓰려고 했다고 선언하고, 아주 먼 옛날의 아할라 사건(제2권 74쪽)을 근거로 가장 최근의 그들의 만행을 정당화했다. 그들은 심지어 그락쿠스 동조자들의 추가 조사를 담당할 특별위원회를 설치했다. 위원장을 맡은 집정관 푸블리우스 포필리우스에게, 상당수 미천한 자들의 사형선고를 통해 그락쿠스 살해 행위에 추가적으로 일종의 합법적 각인을 새겨넣도록 조치했다(로마 건국 622년, 기원전 132년). 민중은 다른 누구보다 스키피오 나시카에게 복수를 다짐하며 씩씩거렸지만, 귀족들은 인민 앞에서 공개적으로 자신의 행위를 고백하고 이를 방어할 정도로 용감했던 나시카를 명예로운 구실을 붙여 아시아로 보냈으며, 이어 머지않아(로마 건국 624년, 기원전 130년) 로마에 부재하던 그를 최고 목교관으로 선출했다. 이에 대해 귀족 온건파도 귀족 강경파와 뜻을 달리하진 않았다. 가이우스 라일리우스는 그락쿠스 동조자들을 조사하는 위원회에 참여했다. 살해를 저지하려고 시도했던 푸블리우스 스카이볼라는 나중엔 원로원에서 살해를 옹호했다. 스키피오 아이밀리아누스는 히스파니아에서 귀환하여(로마 건국 622년, 기원전 132년), 처남의 죽음이 정당하다고 생각하느냐는 공개적인 질문을 받았을 때, 최소 두 가지로 해석될 수 있는 대답을 남겼다. '그락쿠스가 왕관에 뜻을 두었다고 할 때 그의 죽음은 정당하다고 하겠다.'

공유지 문제

의미심장한 이 사건들에 대해 판단을 내려보자. 코앞에 닥친 농민계급 소멸을 저지하기 위해 국가가 가용할 수 있는 토지 전체를 이용하여 지속적으로 새로운 소농의 확보에 종사해야 할 정무관직을 창출했다는 것은 건강하지 못한 국가경제를 의미했고, 이는 당시의 정치적·사회적 상황에 비추어 합당한 조치였다. 나아가 공유지 분배 그 자체는 전혀 정쟁의 대상이 아니었다. 공유지 분배는 마지막 한 뼘까지 착실히, 기존의 국헌을 변경하지 않고도, 귀족의 정부를 흔들지 않고도 진행될 수 있었다. 더군다나 이로 인한 어떤 권리 침해도 언급할 여지가 있을 수 없었다. 점유된 토지의 소유권자는 엄연히 국가였던 것이다. 점유자는 다만 국가가 묵인한 소유자일 뿐이고, 일반적으로 신의 성실의 원칙에 따르자면 소유권을 전혀 주장할 수 없었다. 예외적으로 이를 주장할 수 있을지도 모르지만, 점유자는 로마법에 따르면 국가에 반하여 시효 취득이 성립하지 않는다는 사실과 마주하게 되었다. 공유지 분배는 소유권 박탈이 아니라 소유권 행사였다. 이런 형식적 권리관계에 대해 모든 법률 전문가의 의견은 일치했다. 하지만 공유지 분배가 현재의 국헌을 훼손하지도 단 하나의 권리 침해를 포함하지도 않는다는 사실만으로 정치적으로 이것이 정당화되는 것은 결코 아니었다. 오늘날 어떤 거대 지주가 법적으로 그에게 속하지만, 사실적으로 오랜 세월 내세우지 않던 권리를 갑자기 어느 날 매우 광범위하게 주장하고 나온 경우에 우리가 떠올릴 수 있는 모든 반대 의견이 똑같이 혹은 좀 더 정당하게 그락쿠스의 법률 제안에 반대하여 제기될 수도 있었다. 점유 공유지들이—일부는 이미 300년 전부터—상속된 개인재산이 된 것은 이미 부정할 수 없는 사실이었다. 국가의 토지 소유권은 본질적으로 개인의 토지 소유권보다 소유권의 성격을 좀 더 쉽게 상실하는바, 당시 문제가 되던 토지들의 경우는 소유권이 거의 소멸되다시피 했고, 전반적으로 현재의 소유주들은 매매 혹은 기타의 부담을 지고 현재의 소유권을 획득했다. 법률가는 그가 생각하는 대로 말할 수 있겠지만, 사업가들에게 그락쿠스의 조처는 농업

무산자들을 위해 거대 지주의 토지를 강제 수용하는 것으로 보였다. 그리고 사실 어떤 정치인도 이를 달리 부를 수 없었다. 카토 시대의 지도자들도 이와 다르게 판단하지 않았음을, 그들 당대의 유사 사례와 그 처리 방식이 매우 잘 보여준다. 그러니까 로마 건국 543년(기원전 211년) 카푸아와 그 이웃 도시들을 공유지로 묶었지만, 이 지역은 이어지는 혼란의 시기에 대부분 사실상 사적 소유자에게로 넘어갔다. 로마 건국 6세기 말에 이르러 다양한 방식으로, 특히 카토의 영향하에서, 정부의 고삐를 단단하고 엄격하게 조이게 되었을 때, 민회는 캄파니아 지역을 재정비하여 국고를 위해 임대할 것을 결의했다(로마 건국 582년, 기원전 172년). 당시의 소유는 사전적 권고가 아니라 기껏해야 관리들의 태만과 방기 때문에 보장된 점유일 뿐이었고, 어디에서도 한 세대가 넘지 않는 점유였다. 그럼에도 소유자들은 원로원의 지시로 도시법무관 푸블리우스 렌툴루스가 결정한 배상금을 받는 조건으로만 소유지를 내주었다(대략 로마 건국 589년, 기원전 165년).[5] 새로운 토지 분배에 대해 세습 임차권과 매각 금지가 결정되었다는 것은 어쩌면 걱정스러운 일은 아니었지만, 그렇다고 전혀 걱정이 없는 일도 아니었다. 거주 이전의 자유와 관련된 가장 자유주의적인 원칙들은 로마를 강성하게 만들어왔다. 하지만 새로 정착한 농부들이 위에서 준 토지를 위에서 정한 방식으로 경작하기 위해 한군데 붙들리게

---

5 이것은 이제까지는 오직 키케로(leg. agr. 2, 31, 82; 리비우스 42, 2, 19)를 통해 부분적으로 알려진 사실이었는바, 이제 리키니아누스의 단편들(p. 4)을 통해 상당 부분 보충되었다. 두 가지 설명이 이제 하나로 통합되었는데, 렌툴루스는 점유자들에게 그가 결정한 배상금을 지급하고 강제 수용했으며, 실제 토지 소유자들의 경우 아무런 조치도 취하지 않았는데, 그에게는 그들을 강제 수용할 권한이 없었고 그들은 토지 매매에 동의하지 않았기 때문이다.

되었다는 것, 그리고 분배 토지의 환수 권한, 이주 제한과 연관된 모든 통제 장치가 확고해졌다는 것은, 로마 전통 사회제도의 정신과 완전히 일치하지 않는 것이었다.

셈프로니우스 농지법에 대한 이런 반대 입장들이 가볍지 않았음을 인정할 수 있다. 하지만 그럼에도 이런 반대 입장들은 결정적인 것은 아니었다. 공유지 소유권의 사실상 강제 수용은 분명 심각한 악행이었다. 하지만 이런 강제 수용은 훨씬 더 심각한 사태, 그러니까 정말로 국가를 파멸로 이끌 만한 사태, 다시 말해 이탈리아 농민층의 붕괴를 적어도 상당 시간 동안은 저지할 수 있을 유일한 수단이었다. 이것이 보수당파의 가장 탁월하고 애국적인 인사들, 그 대표적인 인물로 가이우스 라일리우스와 스키피오 아이밀리아누스조차도 공유지 분배 자체는 받아들이고 그 집행을 희망했던 이유였음은 쉽게 이해된다.

시민들이 본 공유지 문제

티베리우스 그락쿠스의 목적을 현명한 국가 지도자들의 상당수는 유익하고 훌륭하다고 생각했지만, 그의 방법은 중요 애국인사들 가운데 어느 누구의 인정도 얻을 수 없었고 얻지 못했다. 이 시기의 로마는 원로원이 통치하고 있었다. 원로원의 다수에 반하여 통치정책을 관철시킨 자는 혁명을 한 것이었다. 그락쿠스가 공유지 문제를 민회로 가져갔을 때 이것은 국헌 정신에 반하는 혁명이었다. 또한 그락쿠스가 동료 파면을 정당화하는 부당한 궤변으로—통치 방해 행위들을 원로원이 합법적으로 저지하는 데 동원할 수 있는 교정수단인—호민관 거부권을 지금뿐만 아니라 영원히 파괴했을 때, 이는 글자 그대로의 혁명이었다. 하지만 그락쿠스 행위의 도덕적·정치적 잘못이 여기에 있었던 것은 아니다. 역사에는 국가 반역 조항이 없다. 국가에서 무력을 타인에 대한 투쟁에 동원하는 사람은 분명 혁명가지만, 동시에 현명하고 칭송받을 만한 정치가이기도 하다. 그락쿠스 혁명의 본질적 오류는 한 가지, 다시 말해 당시 민회의 성격을 지나치게 빈번히 간과했다는 점이다. 스푸리우스 카시우스(제2권 56쪽) 법과 티베리우스 그락쿠스 법(셈프로니우스 농지법)은 본질적으로 동일한 내용과 동일한 목적을 가진다. 그렇지만 두 사람의 시작은 민회의 성격만큼이나 달랐다. 지난날의 로마 민회는 볼스키인들에게서 뺏은 농지를 라티움인들과 헤르니키인들과 나누는 민회였고, 현재의 로마 민회는 아시아 속주와 아프리카 속주를 설치한 민회였다. 지난날의 로마는 함께 모여서 함께 토론할 수 있던 도시국가 공동체였지만, 현재의 로마는 그 구성원을 하나의 민회에 모으고 그 민회로 하여금 결정을 내리도록 할 경우 통탄스럽기도 하고 우스꽝스럽기도 한 결과에 도달하게 될 거대 국가였다(제4권 189쪽). 이때 고대의 정치가 가진 근본적 결함인 바, 도시국가 국헌을 거대 국가 국헌으로, 혹은 같은 말이지만, 민회 체계를 대표자 의회 체계로 완벽하게 발전시키지 못한 대가를 치르게 되었다. 로마의 주권회의는, 대표자들이 아니라 모든 투표권자들이 의회에 모이려고 하는 영국의 주권회의였는데, 온갖 이해관계들과 온갖 욕망들이 사납게 뒤엉킨 흉악한 집단에 지나지 않았다. 지혜는 실종되었다. 사태를 종합적으로 조망할 수도 없고 스스로 무엇도 결론을 내릴 수 없는 집단, 시민의 이름으로 수도 로마의 수백 수천 골목 길에서 몇 명을 닥치는 대로 뽑아놓은 집단에 지나지 않았다. 물론 민회는—구민회에서든 백인대민회에서든—사실적 대표자들에 의해 일반적으로 거의 혹은 충분히 대표되고 있는바, 동민회에서 30인 수임관들이 각 동을 법적으로 대표하는 것과 흡사했다. 소위 동민회 의결이 30인 수임관들을 소집한 정무관의 결정과 다르지 않은 것처럼, 이 시기의 구민회 의결과 백인대민회 의결도 본질적으로 통상적으로 늘 찬성표를 던지는 사람들에 의해 통과되기 때문에 이를 제안한 정무관의 결정이나 진배없었다. 하지만 이런 의결 회의체인 민회는— 물론 그 자격을 엄밀히 구분하지 않는다면—대체로 시민들만이 참여하는 집회였다면, 단순한 대중 집회는 두 다리를 가진 자들은 누구나, 이집트인이든 유대인이든, 골목길 부랑민이든 노예든, 참석하여 소리를 지를 권리가 주어졌다. 무엇보다 이는 법적 시각에서 무의미한 모임이었다. 어떤 것도 의결하거나 어떤 것도 결정할 수 없었다. 다만 사실적으로 이런 모임은 골목길을 지배했고, 골목길 소문은 로마에서 권력이었고, 이런 사나운 대중이 그들에게 전해진 소식에 침묵하느냐, 고함지르느냐, 박수치고 환호하느냐, 연설가에게 야유하고 소리치느냐는 중요한 문제였다. 이런 군중을 혼낼 수 있는 용기를 가진 사람은 많지 않았다. 스키피오 아이밀리아누스가 처남의 죽음에 대해 그의 입장을 밝혔을 때 군중은 그에게 야유를 보냈고 그는 군중을 야단쳤다. 그는 말했다. "거기 있는 너희, 이탈리아가 친모가 아니라 계모인 너희들, 너희는 입을 다물어라!" 군중이 더 크게 소리를 질렀다. "너희는 내가 사슬에 묶어 노예시장으로 보냈던 자들이 이제 풀려났음에 내가 두려워할 거라고 생각하느냐?"

민회라는 녹슨 장치를 선거와 입법에 활용한다는 사실 자체가 이미 충분히 해로운 일이었다. 하지만 이런 군중, 그러니까 민회, 사실적으로 대중 집회가 정부를 공격하도록 허용되고 이런 공격의 방어장치를 원로원은 빼앗겼을 때, 이런 소위 시민체가 자신을 위해 모든 부속물을 포함한 농지를 국고에서 빼내 처결하게 되었을 때, 무산자들에 대한 관계와 영향력을 얻은 어떤 자가 골목길을 몇 시간 지배하게 허락되어, 그의 계획에 주권적 인민의 의지라는 법적 직인을 찍을 가능성을 가지게 되었을 때, 그것은 인민자유의 시작이 아니라 종말이었는바 민주주의가 아니라 독재에 이르렀다. 때문에 앞선 시대에 카토와 그의 동지들은 이런 문제를 결코 민회에 회부하지 않았고 오로지 원로원에서만 다루었다(제4권 214쪽). 그래서 그락쿠스의 동시대인들, 스키피오 동아리의 사내들은 로마 건국 522년(기원전 232년)의 플라미니우스 농지법을 저주받은 행로의 시작, 위대한 로마의 몰락이 시작된 출발점이라고 생각했다. 이들은 공유지 분배의 주창자를 몰락시켰고 그의 끔찍한 몰락에서 미래의 유사한 시도를 막아내는 차벽을 발견했으며, 하지만 이들은 그러면서도 그가 관철시킨 농지 분배를 있는 힘을 다해 확정했고 누렸다. 로마는 더 없이 비참했다. 성실한 애국자들은 악행을 저지른 자는 희생시키면서도 악행의 결실은 따먹는 지독한 위선으로 내몰렸다. 그래서 그락쿠스가 왕관을 노린다고 고발했던 그락쿠스의 정적들도 어떤 의미에서는 부당한 짓을 한 것은 아니었다. 그가 어쩌면 그런 생각을 가지고 있지 않았다고 주장한다면, 이는 그락쿠스를 위한 변호라기보다 오히려 또 다른 고발일 수 있다.

그만큼 귀족통치는 철저히 타락했다. 원로원을 폐쇄하고 원로원을 대신하려는 시민이 있다면 그는 어쩌면 공동체에 해를 입히기보다 오히려 유익을 끼치는 사람이었다.

결과

물론 티베리우스 그락쿠스는 이런 과감한 도전자가 아니었다. 그는 다만 유능한, 철저히 선의에 따르는, 보수적 애국인사였을 뿐, 그가 시작한 일이 무엇을 의미하는지 알지 못했다. 그는 인민들을 부른다고 굳건히 믿었건만 천민들을 그러모았다. 그는 왕관에 손을 내밀었지만 정작 본인은 그것을 알지 못했다. 마침내 무자비한 사태의 논리가 군중을 선동하는 독재자의 길로 그를 내몰아 더 이상 멈출 수 없게 되었다. 마침내 당파적 위원회를 꾸리고, 공공재산에 함부로 손대고, 급박함과 절망에 내몰려 또 다른 '개혁들'에 착수하고, 골목길과 거리의 난투에 맞서기 위해 경호원을 앞세우는 등 한 걸음 또 한 걸음 스스로와 타인들에게 더욱 분명하게 불쌍한 왕위 찬탈자의 모습을 드러냈다. 그리하여 마침내 혁명이라는 고삐 풀린 망령들이 아무것도 할 수 없는 마법사를 집어삼켰다. 그의 생을 끊어놓은 창피스러운 살육은, 살육을 시작한 귀족 패거리들이 살육됨으로써 심판되었다. 이때 티베리우스 그락쿠스의 이름을 장식한 순교의 명예는 흔히 그러하듯 실상 그와 거리가 멀다. 그의 동시대인들 가운데 당대 최고 인사들은 다르게 생각했다. 스키피오 아이밀리아누스는 참사를 전해 들었을 때

호메로스의 시구를 읊조렸다. "그런 일을 하는 자는 어느 누구든 그처럼 파멸하게 되기를!" 그리고 티베리우스의 동생이 똑같은 길을 걷게 될 것처럼 보였을 때, 그에게 모친은 이렇게 썼다. "그럼 우리 가문은 광기의 끝을 알지 못하는 것이냐? 어디에 도대체 그 끝이 있는 것이냐? 국가를 혼란에 빠뜨리고 엉망으로 만든 것만으로 우리는 충분히 창피스러운 것이 아니냐?" 근심에 빠진 어머니가 아니라 카르타고를 무찌른 자의 딸이 그렇게 말했을 때 그녀는 자식들의 죽음보다 더 큰 불행을 알았던 것이다.

제3장
혁명과 가이우스 그락쿠스

토지 분배

티베리우스 그락쿠스는 죽었다. 하지만 그의 두 가지 사업, 그러니까 토지 분배와 혁명은 창업자 사후에도 지속되었다. 쇠락하던 농민 무산자들에 맞서 원로원은 살인을 감행할 수는 있었지만, 살인을 셈프로니우스 농지법의 폐기에 이용할 수는 없었다. 광적인 당파적 분노가 폭발하면서 농지법은 흔들리기보다 오히려 강화되었다. 귀족 가운데 개혁적 성향의 인물들은 토지 분배를 공개적으로 지지했다. 이들의 수장은 퀸투스 메텔루스와—그는 이때 호구감찰관이었다(로마 건국 623년, 기원전 131년)—푸블리우스 스카이볼라였다. 이들은, 적어도 개혁에 반대하지 않던 스키피오 아이밀리아누스의 당파와 연합하기에 이르렀고, 이제 원로원에서 주도권을 장악했다. 토지 분배 담당관들에게 일을 시작하도록 명하는 원로원 결의가 명시적으로 이루어졌다. 셈프로니우스 농지법에 따르면 매년 민회는 토지 분배 담당관들을 선출해야 했고, 이는 아마도 실행된 듯 보인다. 하지만 그들 임무의 성격상, 선거는 거듭해서 동일 인물을 선출하고 실질적으로 신규 선발은 전임자가 사망하는 경우에만 벌어지는 것은 당연했다. 그리하여 티베리우스 그락쿠스를 뒤이어 동생 가이우스 그락쿠스의 장인 푸블리우스 크라수스 무키아누스가 담당관에 선출되었고, 무키아누스가 로마 건국 624년(기원전 130년)에 사망하고 아피우스 클라우디우스가 죽었을 때, 토지 분배 업무는 청년 가이우스 그락쿠스와 더불어 지배당파의 가장 활동적인 두 지도자, 마르쿠스 풀비우스 플라쿠스와 가이우스 파피리우스 카르보가 이끌었다. 이들의 이름이 벌써 점유된 국유지의 몰수 분배 업무가 열정적이고 적극적으로 수행될 것임을 보증했다. 실제로 이를 증명하는 사례도 없지 않았다. 이미 로마 건국 622년(기원전 132년)의 집정관 푸블리우스 포필리우스는—그는 티베리우스 그락쿠스의 지지자들에게 피의 형벌을 가한 재판을 지휘한 인물이다—공적 기념비에 스스로를 이렇게 기록했다. "그는 목동들의 토지를 몰수하여 농민들에게 분배한 최초의 인물이다." 그 밖의 전승에 따르면, 토지 분배는 이탈리아 전역으로 확대되었고, 당시까지의 모든 공동체에서 농민의 숫자는 증가되었다. 새로운 공동체를 건설함으로써가 아니라 기존 공동체를 강화함으로써 농민층을 증가시키는 것이 셈프로니우스 농지법의 의도였다.

토지 분배의 범위와 심대한 결과를 증명하는 것은, 토지 측량기술에서 셈프로니우스 농지 분배에서 기원하는 수많은 측량 장치들이다.

예를 들어 귀속되는 미래의 오류를 방지하려는 목적으로 세워진 표지석은 그락쿠스 분배법정과 토지 분배에 의해 세워진 것으로 보인다. 하지만 이를 가장 분명하게 말해주는 것은 시민 명부상의 숫자다. 로마 건국 623년(기원전 131년)에 공개되고 사실 로마 건국 622년(기원전 132년) 초에 실시된 인구조사에서 무장 가능 시민의 수는 31만 9,000명을 넘지 않았다. 반면 6년 후(로마 건국 629년, 기원전 125년)에는 지금까지의 인구 감소(제5권 11쪽)를 극복하고 숫자가 39만 5,000명으로, 약 7만 6,000명 증가했다. 이는 다만 의심의 여지없이 토지분배위원회가 로마 시민을 위해 행한 사업의 성과였다. 토지 분배가 이탈리아 농민의 증가를 동일한 비율로 이루어냈는지는 불분명하다. 어찌되었든 토지 분배가 이룬 것은 축복 가득한 커다란 성과였다. 물론 토지 분배가 조심스러운 이해관계와 현존하는 권리관계를 침해한 측면도 없지 않았다. 토지분배관, 좁은 의미에서 판관은 아주 단호한 정치가들로 채워졌고 이들은 임무를 가혹하고 격렬하게 수행했다. 포고를 통해 국유지에 한해 입증 자료를 제출할 수 있는 모든 사람이 소환되었다. 가차 없이 옛 토지대장에 의존하여, 신규 및 기존 소유는 무차별적으로 다시 수용되었을 뿐만 아니라, 다양한 사실상의 사유재산도 소유자가 이를 충분히 입증하지 못하면 몰수되었다. 탄원이 크고 상당 부분 입증되었음에도 원로원은 토지분배관으로 하여금 그대로 일을 진행하게 시켰다. 만약 토지 문제를 해결하고자 한다면, 이런 가혹한 집행이 아니고서는 분명 아무것도 관철시킬 수 없었을 것이다.

스키피오 아이밀리아누스에 의한 집행 중지

하지만 이런 집행도 한계가 있었다. 이탈리아 국유지가 모두 로마 시민들의 손에 있었던 것은 아니다. 국유지의 상당 부분은 개별 동맹 공동체들이 배타적으로 이용하도록 민회 의결이나 원로원 의결로 분배되었고, 다른 국유지들은 라티움 시민권자들이 합법적으로 혹은 비합법적으로 소유하고 있었다. 토지분배관이 마침내 이 소유 관계에 손대기 시작했다. 비시민권자들이 그냥 차지한 토지를 수용하는 것은 형식적으로 분명 허용되는 일이었다. 또한 원로원 의결을 통해, 혹은 민회 의결을 통해 이탈리아 공동체에 분배된 국유지의 수용도 마찬가지였다. 이때 국가는 소유권 자체를 포기한 것이 아니고, 모든 면에서 개인에게처럼 공동체에게 다만 반환 요구가 가능한 점유허가를 내준 것이기 때문이다. 하지만 동맹 공동체 혹은 예속 공동체의 불만, 그러니까 로마가 현재 유효한 협정을 준수하지 않는다는 불만은, 토지분배관에 의해 침해당한 로마 시민권자의 탄원처럼 그냥 무시할 수만은 없었다. 후자는 시민권자의 개인재산에 관한 문제였다면, 라티움 시민권자의 소유재산의 경우에 이것이 정치적으로 옳으냐가 문제였다. 그것은 군사적으로 매우 중요하고 이미 여러 차례 법률적 사실적 차별로 인해 (제4권 176쪽 이하) 로마에서 크게 멀어진 라티움 공동체를 다시 한 번 물질적 이해관계의 침해라는 민감한 사안으로 새로운 상처를 주는 일이었다. 결정권은 중도파에게 있었다. 이들은 그락쿠스의 몰락 이후 지지자들과 함께 귀족들에 맞서 개혁을 지켜냈던 당파로 이 순간 귀족들과 연합하여 개혁을 제약할 수도 있는 유일한 당파였다. 라티움인들은 개인적으로 이 당파의 최고 지도자 스키피오 아이밀리아누스에게 자신들의 권리를 지켜달라고 요청했다. 그는 이에 동의했고, 상당 부분 그의 영향력[1]을 동원하여 로마 건국 625년(기원전 129년) 민회 의결을 통해 토지분배위원회로부터 판결권을 빼앗고, 국유지와 사유지의 구별에 관한 결정권을 호구감찰관들과, 호구감찰관을 대리하는 집정관들에게 부여했다. 집정관들은 일반적 법률 규정에 따라 이를 처리했다. 이는 온건한 형식으로 차후의 토지 분배를 중지한 것이었다. 집정관 투디타누스는 그락쿠스와 생각이 달랐고 유감스러운 토지 결정을 집행할 뜻이 전혀 없었는바 기회를 잡아 일뤼리아 군대로 떠나버려 그에게 주어진 사무를 방치해 버렸다. 토지분배위원회는 계속 유지되었지만 국유지의 법적 결정은 정지되었고, 따라서 위원회도 아무 일을 하지 못했다. 개혁당파는 깊은 분노를 느꼈다. 푸블리우스 무키우스와 퀸투스 메텔루스 같은 인물들은 스키피오의 중재를 비난했다.

아이밀리아누스의 암살

다른 당파는 비난에 만족하지 않았다. 스키피오는 라티움 시민권자들의 이해관계와 관련된 연설을 며칠 뒤에 하겠다고 예고했다. 당일 아침에 그는 침대에서 죽은 채 발견된다. 56세의 건강하고 활력 넘치던

---

[1] 여기에 그의 연설 *contra legem iudicariam Ti. Gracchi*가 속한다. 이 연설은 사람들이 주장하듯이 상설 사문회 법률이 아니라, 그의 농지법 제안에 더해진 보충 법안에 관한 것이다. *ut triumviri iudicarent, qua publicus ager, qua privatus esset*(Liv. *ep.* 28).

사내는, 전날 공개적으로 예고하고 저녁에 다음 날의 연설을 준비하다가 평소보다 일찍 잠자리에 들었던 사내는, 정치적 살해의 희생자가 되었음이 분명했다. 심지어 그는 며칠 전 그에게 가해진 살해 위협을 언급하기도 했다. 어떤 끔찍한 손이 당대 최고의 정치가를, 당대 최고의 군사령관을 야간에 살해했는가는 밝혀지지 않았다. 당시의 풍문에 따른 의혹을 전달하는 것이나, 그런 문건들로부터 진실을 캐는 유치한 시도는 역사에 적합한 일이 아니다. 살해 교사자가 그락쿠스 당파에 속했을 것임은 분명하다. 스키피오의 암살은 신의의 신전에서 있었던 귀족당파의 살육에 민중당파가 전한 대답이었다. 재판은 열리지 않았다. 민중당파는 그들의 지도자 가이우스 그락쿠스, 플라쿠스, 카르보가 유죄든 무죄든 재판에 휘말리는 것을 두려워했고 온갖 수단을 동원하여 조사 결정을 막았다. 한편 스키피오의 죽음으로 적이자 동지를 잃은 귀족당파도 사건을 건드리지 않는 것을 받아들였다. 군중과 매우 합리적인 인사들은 분노했다. 누구보다 크게 분노한 것은 스키피오의 개혁 중단에 불만을 표한 퀸투스 메텔루스였다. 그는 혐오감에 떨며 동맹자들에게 등을 돌렸고, 그의 네 아들들에게 위대한 정적의 관대(棺臺)를 짊어지도록 명했다. 화장은 서둘러 진행되었다. 자마 전투의 승자를 잇는 마지막 인물의 머리는 가려져 있었고, 누구도 망자의 얼굴을 볼 수 없었다. 화염은 위대한 사내의 수의와 함께 범죄의 흔적도 지워버렸다.

로마 역사는 스키피오 아이밀리아누스보다 천재적인 몇몇 사내를 알고 있다. 하지만 도덕적 순결함에서, 정치적 이기주의의 철저한 배제에서, 더없이 고귀한 조국애에서 그에게 맞먹을 사내는 없었다. 어쩌면 운명이 그보다 비극적인 역할을 맡긴 사내는 없을 것이다. 더없이 좋은 의도와 평범하지 않은 능력을 의식하면서도 그는, 조국의 파멸이 그의 눈앞에서 이루어지는 것을 지켜볼 운명이었다. 모든 진지한 구원의 시도를, 그럴수록 더욱 사태를 악화시킬 뿐임을 잘 알고 있었기에, 그는 안으로 삼켜야 했다. 또한 그는 나시카의 범죄를 용인하면서 동시에 티베리우스의 업적을 그 살해자들에 맞서 지켜야 할 운명이었다. 하지만 헛되이 살진 않았다고 그는 말할 수 있다. 그는 셈프로니우스 농지법의 주창자처럼, 로마 농민의 수를 8만 명까지 성장시킨 인물이었다. 그는 또한, 토지 분배가 할 수 있는 일을 완수했을 때, 토지 분배를 중단시킨 인물이었다. 이를 중단할 시점이라는 것을 두고 당시에 선의의 사람들 사이에도 논란이 있었다. 하지만 당시 가이우스 그락쿠스조차 형의 농지법에 따라 분배되어야 할, 하지만 아직 분배되지 않은 소유지에 대해 이를 강행하지 않았다는 사실은 스키피오가 실질적으로 올바른 판단을 내렸다는 것을 말해준다. 귀족당파와 개혁당파 모두에게 그는 견제를 가했다. 첫 번째는 귀족당파에 대한 것이었고, 두 번째는 개혁당파에 대한 것이었다. 스키피오는 많은 전투에서 조국을 위해 싸우고 무사히 고국으로 돌아와 결국 암살자의 손에 죽을 운명이었다. 하지만 조용한 침실에서 벌어진 그의 죽음은, 카르타고 성벽 아래의 죽음 못지않게 로마를 위한 죽음이었다.

민중당파의 선동

토지 분배가 중단되었다. 혁명이 시작되었다. 토지 분배 업무에서 수행의 수뇌부를 맡은 혁명당파는 이미 스키피오 생전부터 여기저기에서 기존 통치기구와 갈등을 빚었다. 그러니까 당대 최고의 연설가 가운데 한 명인 카르보는 로마 건국 623년(기원전 131년)의 호민관으로 원로원에 적지 않은 어려움을 초래했고, 지금까지 유래가 없는 일인바 상민회에서 비밀투표를 실시했고(제5권 105쪽), 호민관들이 동일 직책에 바로 다음 해에도 다시 출마하도록 길을 열자는 의미심장한 제안을 제출했다. 이는 티베리우스 그락쿠스를 좌초시킨 바로 그 장애물을 법률적으로 제거하려는 것이었다. 이 계획은 스키피오의 반대로 좌절되었다. 몇 년 후—스키피오의 죽음 이후로 보인다—법률안은 비록 제한 조건이 덧붙여지긴 했지만 제출되어 통과되었다.[2] 하지만 혁명당파의 최우선 목표는 사실상 활동이 중단된 토지 분배 업무의 재개였다. 토지 분배를 막으려는 이탈리아 동맹들의 방해 작업을 물리칠 계획이 지도자들 사이에서 진지하게 논의되었고, 이탈리아 동맹들에게 로마 시민권을 부여함으로써 방해를 물리치기로 했고, 정치 선동을 우선 이 방향으로 잡았다. 이를 막기 위해 원로원은 로마 건국 628년(기원전 126년) 호민관 마르쿠스 유니우스 펜누스를 통해 모든 비시민권자를 수도 밖으로 추방하는 제안을 제출하게 했고, 민중당

---

2 다른 적합한 후보자가 없을 경우에만 연임이 허용된다(App. *civ*. 1, 21)는 제한 조건은 그렇게 대단한 조건이라 할 수 없다. 연임 법률 자체는 옛 국법에 속한 것이 아니라(로마법 제1권, 3판, 473쪽) 그락쿠스 형제에 의해 최초로 제안된 것으로 보인다.

파, 특히 가이우스 그락쿠스의 저항에도 불구하고, 또 이런 혐오스러운 조처 때문에 들끓기 시작한 라티움 공동체의 격앙에도 불구하고 제안은 통과되었다. 이에 대응하여 마르쿠스 풀비우스 플라쿠스는 이 듬해(로마 건국 629년, 기원전 125년) 집정관으로서 동맹시 시민권자들에게 로마 시민권의 획득을 쉽게 해주자는 제안을 했다. 또 시민권을 획득하지 못한 자들에게 유죄 판결에 맞서 민회에 상소할 권리를 허용하자고도 제안했다. 하지만 그는 혼자였다. 그사이 가이우스 카르보는 색깔을 바꾸어 이제 열정적인 귀족당파가 되었다. 가이우스 그락쿠스는 재무관으로 사르디니아에 있었다. 제안은 부결되었다. 원로원의 반대는 물론, 특권이 좀 더 넓은 범위로 확대되는 것에 크게 부정적인 시민들의 반대 때문이었다. 플라쿠스는 로마를 떠나, 켈트족에 맞서 총사령관직을 수행했다. 이로써 그는 저쪽 알프스를 점령하면서 민중당파의 원대한 계획을 준비하고자 했으며, 동시에 그가 분기시킨 동맹시들에 맞서 무기를 들어야 하는 곤란한 처지에서 벗어나려는 의도도 있었다.

라티움과 캄파니아의 경계에 있는 도시로 리리스강을 건너는 주요 지점이자 넓고 풍요로운 지역의 중심에 있었던 프레겔라이는 당시에 아마도 이탈리아의 제2도시였고, 로마와의 협상에서 모든 라티움 공동체의 대변인 역할을 했다. 프레겔라이는 플라쿠스가 제출한 제안이 부결되자 로마에 맞서 전쟁을 시작했다. 150년 만에 처음 있는 일로, 이탈리아인들이 외부 세력에 추동되지 않고 진지하게 로마 패권에 맞서 일어선 저항이었다. 하지만 로마는 다른 동맹 공동체들로 옮겨 붙기 전에 불씨를 진압하는 데 성공했다. 로마 무력의 우위 때문이 아니라 프레겔라이 사람 퀸투스 누미토리우스 풀루스의 밀고 때문이었다. 법무관 루키우스 오피미우스는 봉기한 도시를 빠르게 장악했고, 도시는 권리와 성벽을 잃고 카푸아처럼 촌락이 되었다. 그들 지역 일부에 로마 건국 630년(기원전 124년) 식민지 파브라테리아가 세워졌다. 나머지 지역들과 과거의 도시는 이웃한 공동체들에 분배되었다. 빠르고 가혹한 처벌은 동맹 공동체들을 경악하게 했고, 반역 재판이 끝없이 프레겔라이 사람들은 물론 로마의 민중당파를 향해 이어졌다. 당연히 귀족당파는 민중당파도 이번 반역에 책임이 있다고 여겼다. 그 사이에 가이우스 그락쿠스가 다시 로마에 나타났다. 귀족당파는 그들이 두려워한 사내를 우선 사르디니아에 잡아두려고 시도했다. 귀족당파는 통상적인 후임자를 임명하지 않았고, 이후 후임자 문제가 해결되지 않았음에도 그가 귀환했을 때 그를 프레겔라이 반역의 원흉으로 법정에 소환했다(로마 건국 629~630년, 기원전 125~124년). 하지만 법정은 그의 무죄를 선고했다. 이제 그도 응전할 준비를 했다. 그는 호민관직에 출마했고 유례없이 많은 투표인이 운집한 가운데 로마 건국 631년(기원전 123년) 호민관에 임명되었다. 이로써 전쟁이 선언되었다. 늘 지도력의 부재로 고민하던 민중당파는 지난 9년 동안 위기에 몰려 거의 해산되다시피 했다. 이제 휴전은 종료되었고 이번에 민중당파의 선두에 카르보보다 연설을 잘하는, 플라쿠스보다 재능이 넘치는, 그래서 모든 면에서 타고난 지도자라 할 사내가 서 있었다.

가이우스 그락쿠스

가이우스 그락쿠스(로마 건국 601~633년, 기원전 153~121년)는 아홉 살 터울의 형과 전혀 다른 인물이었다. 형처럼 동생도 저속한 쾌락이나 저속한 욕망이 없는, 높은 교육을 받은 사내였고 용감한 병사였다. 그는 매형 밑에서 누만티아 전선과 나중에 사르디니아 전선에 참전하여 훌륭한 전과를 세웠다. 하지만 재능에서, 성격에서, 무엇보다 열정에서 그는 형 티베리우스를 압도하는 인물이었다. 이 젊은이가 나중에 아주 복잡 다양하고, 수많은 법률의 실제적 실행을 위해 필요한 업무들을 처리하는 선명함과 확고함에서 사람들은 진정한 정치가적 천재성을 보았다. 또한 그가 죽는 순간까지도 열정적으로 지켜낸 충심어린 헌신에서—이는 그의 가까운 친구들이 그를 지지한 이유다—사람들은 이런 귀족적 정신의 사랑스러움을 보았다. 의지와 행동의 저력을 키우는 데 지난 9년 동안 당해야 했던 시련과 어쩔 수 없는 은둔이 긍정적으로 작용했다. 줄어들지 않고, 다만 안으로 단단해진 불꽃으로 그의 가슴속 깊이 응어리진 채, 조국을 파탄내고 그의 형을 살해한 당파를 향한 분노가 타고 있었다. 마음속 가공할 격정 때문에 그는 로마에 전례가 없는 최고의 연설가가 되었다. 이것이 없었다면 우리는 그를 아마도 역대 최고의 정치가로 기록했을지도 모른다. 얼마 전해지지 않는 그의 대단한 연설문으로도 가슴을 흔드는 힘[3]이 느껴지는바, 연

---

[3] 법률 제안 당시에 발언된 연설을 보면 그렇다. "제가 여러분에게 말하고 여러분에게 열망한 것은, 저는 고결한 핏줄을 타고났고 여러분을 위해 형을 잃었으며 이제 푸블리우스 아프리카누스와 티베리우스 그락쿠스의 자손들 가운데 아직 겨우 소년인 저밖에 남지 않았으므로, 제가 이제

설을 듣거나 읽은 사람은 밀어닥치는 말의 격랑에 휘말렸으리라는 것을 쉽게 알 수 있다. 연설을 장악한 대가였지만 그는 적잖이 분노에 장악되었고 그때마다 빛나는 연설가의 목소리는 불분명해지거나 떨리기도 했다. 이는 그의 정치 행위와 격정을 그대로 반영한다. 가이우스의 천성은 그의 형이 가진 소질, 약간 감상적이며 매우 근시안적이고 불분명하지만 때로 눈물과 간청으로 정적의 생각을 바꿔놓을 수 있는 그런 심성은 결여되었다. 그는 확신에 가득차서 혁명의 길에 발을 내딛었고 복수의 목표를 향해 나아갔다. 그의 어머니는 그에게 이렇게 썼다. "내가 보기에도 적에게 복수하는 것보다 아름답고 대단한 일은 없을 것이다. 다만 조국을 망가뜨리지 않으면서 그럴 수만 있다면 말이다. 그럴 수 없다면 우리의 적들은 그대로 존립할 수밖에 없다. 조국이 파괴되는 것보다는 적들이 건재하도록 두는 것이 수천 배나 옳다." 코르넬리아는 아들을 잘 알고 있었다. 그의 신앙은 하지만 그 반대였다. 그는 어떤 희생을 치르더라도 무능한 정부에 대한 복수를 원했다. 심지어 공동체가 몰락하는 것도 그에게는 복수를 위해 어쩔 수 없는 일이었다. 운명이 분명 형처럼 자신에게도 닥쳐올 것이라는 생각이 그를 마치 지독한 부상을 입고 적에게 달려드는 병사처럼 더욱 서두르게 했다. 어머니의 생각은 고결했지만, 아들은 깊이 자극받은, 격정과 흥분에 휩싸인, 철두철미 이탈리아 사람이었다. 후대는 이런 그를 비난하기보다 애도했다. 그리고 이는 옳은 행동이라고 하겠다.

잔치를 치를 수 있도록 해달라고 말하고 열망한 것은, 우리 집안이 뿌리 뽑히지 않고 우리 핏줄의 자손을 남기고자 하는 뜻입니다. 이렇게 저는 이러한 자손에게 여러분이 기꺼이 동의해주시길 바랍니다."

가이우스 그락쿠스의 국제 변경

티베리우스 그락쿠스는 몇몇 국제 변경의 건을 민회에 제출한 적이 있었다. 가이우스가 제출한 일련의 특별한 제안들은 완전히 새로운 국제였다. 새로운 국제의 초석은 이미 앞서 통과된 개혁 조치였는데, 즉 호민관에게 이듬해에 다시 출마하는 것을 허용하는 것이었다(제3권 111쪽). 이로써 인민 지도자에게 지속적으로 현직을 유지할 가능성이 제공되었으며, 또한 인민 지도자의 실체적 권력이 확보되었다. 다시 말해 수도 로마의 군중은—때때로 잠깐 수도를 방문하는 지방 인민에게 기댈 수 없음은 이미 충분히 확인되었기 때문이다—그들의 이해관계를 위해 지도자에게 밀착하게 되었다. 가장 먼저 이루어진 변경은 수도 로마의 곡물 분배를 도입한 것이다. 앞서도 속주에서 거두어 국가에 바친 십일조의 곡물을 종종 헐값으로 시민들에게 방출한 사례는 있었다(제4권 231쪽). 그락쿠스는 향후 모든 수도 시민에게 개인적으로 출두하는 경우에 공공 곡물창고에서 매달 일정량의 곡물—아마도 5말 정도였을 것이다—을 지급하도록 했고, 1말 당 가격은 6.5 아스 혹은 가장 낮은 평균가의 절반이 되지 않았다(제4권 232쪽). 이를 위해 셈프로니우스 저장고를 신축함으로써 공공 곡물창고를 확충했다. 곡물 분배는 결과적으로 수도 로마 밖에 거주하는 시민들을 배제했고, 따라서 필연적으로 시민 무산자들을 엄청나게 로마로 유입시켰음이 분명하다. 수도 로마의 시민 무산자들은 이제까지 대부분 귀족들에게 종속되어 있었지만, 이제부터 민중당파 지도자들의 피호민이 되어, 국가의 새로운 지도자에게 경호원과 민회의 확고한 다수를 보장해주었다.

투표 순서의 변경

민회와 관련하여 확실성을 높이기 위해 백인대민회에서 아직 유지되고 있는, 5개의 재산 등급이 백인대별로 차례로 투표하던 투표 순서가 철폐되었다(제4권 205쪽). 대신 모든 백인대가 앞으로는 정해진 순서 없이, 매번 추첨으로 정한 순서에 따라 투표하기로 했다. 이 규칙들은 본질적으로 수도 로마의 시민 무산자를 통해 새로운 국가 지도자에게 수도 로마와 나아가 국가의 지배권을 보장해주려는 것이었고, 민회 작동의 아주 자유로운 처분과 그 가능성을 높이려는 것이었고, 원로원과 정무관들을 필요한 경우에 위협하려는 것이었다면, 입법자는 이를 통해 무엇보다 기존의 사회적 상처를 진지하게 지속적으로 회복시키는 데 뜻을 두었다.

농지법

이탈리아 국유지 문제는 어떤 의미에서 종결되었다. 티베리우스의 농지법과 토지분배관은 법적으로 유지되었다. 가이우스가 도입한 농지법에는 토지분배관들에게 그들의 박탈되었던 판결권을 돌려주는 것 말고 새로운 것은 없었다. 이로써 원칙은 회복되었지만 토지 분배 자체가 매우 제한된 범위에서 재개되었음을 시민 명부가 말해준다. 로마 건국 629년(기원전 125년)과 로마 건국 639년(115년)의 명부는 정확히 동일한 시민 숫자를 기록했다. 의심의 여지없이 가이우스는 로마 시민들이 차지한 국유지가 상당 부분 분배되었기 때문에 여기서 멈춘 것으로 보인다. 라티움 시민권자들이 보유한 국유지는 오직 시민권 확대라는 매우 어려운 문제와 관련해서만 다시 다룰 수 있는 문제였다. 하지만 가이우스는 티베리우스의 농지법을 진일보시켰다. 가이우스는 이탈리아 내에, 특히 타렌툼과 카푸아에 식민지 건설을 제안했고, 국가가 임대하여 지금까지 토지 분배에서 제외되었던 지역을 토지 분배에 포함시켰는데, 이는 새로운 식민지 건설을 배제하는 기존의 방식이 아니라(제5권 148쪽), 식민지 건설 방식이었다. 분명 혁명의 소산인 이 식민지들도 지속적으로 혁명을 지지할 것이었다.

해외 식민지

이보다 훨씬 중요하고 의미심장한 것은 가이우스 그락쿠스가 우선 이탈리아 무산자들에게 해외 국유지를 제공하는 쪽으로 나아갔다는 점이다. 그는 카르타고가 있던 지역에 아마도 로마 시민권자는 물론 이탈리아 동맹시 시민들로부터 뽑은 6,000명의 식민지 건설단을 파견했고, 새로운 도시 유노니아에 로마 시민 식민도시의 권리를 부여했다. 식민지 건설도 중요한 사건이었지만, 이보다 더 중요한 것은 이로써 마련된 해외 식민지 건설 원칙이었다. 이탈리아 무산자들에게 지속적인 탈출구와 사실상 임시방편 이상의 부조를 제공했다. 물론 이로써 이제까지 지켜오던 국법의 토대, 다시 말해 이탈리아를 배타적 지배자의 땅으로, 해외 속주를 배타적 피지배자의 땅으로 간주하는 원칙도 포기해야 했다.

법률의 변경

무산자 시민에 관한 큰 문제와 직접적으로 연관된 조치들에 일련의 법률들이 추가되었다. 이는 기존 국제의 전통적 엄정성에 대비하여 완화되고 현실적인 국헌을 통과시키려는 일반적 경향에서 비롯되었다. 이런 완화 조치들은 군제에서도 있었다. 복무 기간에 관해 다른 규정은 없었고, 만 17세 이전과 만 46세 이후에 정규군으로 복무할 의무는 없다는 옛 법률만이 있었다. 히스파니아 점령에 따라 장기 복무가 시작되면서(제3권 307쪽), 연속해서 6년 동안 복무한 자는 제대할 권리를 가진다는 법이 우선 시행된 것으로 보인다. 하지만 이것이 이렇게 제대한 군복무 의무자의 재소집까지 막지는 못했다. 나중에, 아마도 이번 세기의 초엽에, 20년의 보병 근무 혹은 10년의 기병 복무 이후의 모든 군복무는 면제된다는 조항이 신설되었다.[4] 그락쿠스는

---

[4] 6년 복무는 제대를 요청할 권리를 준다는 아피아노스(*Hisp*. 78)의 언급은 폴뤼비오스(6, 19)의—Marquardt(*Handbuch*, Bd. 6, 381)가 정확히 판단했다 —더 잘 알려진 언급과 일치하는 듯 보인다. 두 가지 새로운 조치가 실시된 시점은 정확히 특정할 수는 없으나, 첫 번째 조치는 아마도 로마 건국 603년(K. W. Nitzsch, *Die Gracchen*, 231쪽)에 있었고, 두 번째 조치는 분명 폴뤼비오스 시대에 벌써 실시되었다. 그락쿠스가 군복무 법정 연한을 축소했다는 것은

새로―아마도 자주 심각하게 위반되기도 했지만―어떤 시민도 18세에 이르기 전에 징집되지 않는다는 조항을 신설하고, 완전한 군복무 면제를 위해 요구되는 참전 횟수를 축소한 것으로 보인다. 게다가 이제까지는 그 비용이 병사들의 급료에서 차감되던 군복을 병사들에게 국가가 무상으로 지급하도록 했다.

또한 그락쿠스의 입법에서 크게 두드러지는 경향은, 사형이 철폐는 아니더라도 앞서 시행되던 것보다 크게 축소되었으며, 이는 부분적으로 군사법정에서 실행되었다. 공화정의 도입 이후 벌써 관리는 시민의 사형을 민회에 조회하지 않고 집행할 권리를 잃었는데, 다만 전쟁에서는 예외였다(제2권 10쪽과 293쪽). 시민의 상소권이 그락쿠스 시대 직후 군대에서도 보장될 수 있었고, 군사령관의 사형 집행권이 동맹 공동체와 예속 공동체로 제한된 것으로 보이는데, 아마도 그 시작은 가이우스 그락쿠스의 상소법일 것이다. 하지만 사형을 판결하는 혹은 나아가 확정하는 민회의 권한도 간접적이지만 결정적으로 제한되었는데, 그락쿠스가 매우 자주 사형 판결을 초래하는 저열한 범죄들, 예를 들어 독살 등의 살해를 민회가 아닌 상설 사문회로 이관했던 것이다. 상설 사문회는 시민법정처럼 호민관의 개입으로 해산될 수 없었다. 상설 사문회의 결정에 대해 민회 상소가 불가능했고 그 결정은 전통적인 심판인들의 결정과 달리 민회에 의해 폐기되지도 않았다. 민회에서, 다시 말해 본질적으로 정치적 절차에서 오랫동안 관행이 된 것은 피고가 불

Asconius(*Corn*. 68)를 따른 것으로 보인다. 플루타르코스, 《티베리우스 그락쿠스》 16과 Dio 단편 83, 7 Bekker.

구속 상태에서 재판을 받으며, 시민권을 포기함으로써 피고에게 적어도 목숨과 자유를 보장하는 것이었다. 재산형과 유죄 판결은 망명자에게도 선고될 수 있었기 때문이다. 하지만 이 경우에도 사전 구속과 형 집행은 법률적으로 가능했고 귀족들에 대해서도 때로 집행되었다. 예를 들어 로마 건국 612년(기원전 142년)의 법무관 루키우스 호스틸리우스 투불루스는 중범죄로 사형이 선고되었고 망명권의 보장 없이 체포되어 처형되었다. 하지만 민회에서 유래하는 상설 사문회는 아마도 본질적으로 시민권자의 자유와 생명을 침해할 수 없었고, 망명이 최대한 이었다. 망명은 이제까지 유죄 판결을 받은 사람에게 허용된 감형 조치였다면 이제 처음으로 공식적 형벌이 되었다. 이런 강제적 망명은 자발적 망명과 마찬가지로 망명자에게, 다만 배상금 지불과 벌금 납부로 소진되지 않는 경우라면 재산도 허락되었다.

마지막으로 가이우스 그락쿠스가 부채 문제와 관련하여 새로 바꾼 것은 없었다. 하지만 그가 채무자들에게 부채 탕감 혹은 상환 경감의 희망을 주었다는 매우 주목할 만한 증언들이 있었는바, 만약 이것들이 옳다면 이 또한 마찬가지로 급진적 친민중 정책 가운데 하나로 볼 수 있다.

기사계급

그락쿠스는 대중에 기대고 대중은 그에게서 물질적 처지 개선을 기대하거나 이를 누렸다. 이와 동일한 열정으로 그락쿠스는 귀족 붕괴에도 힘을 쏟았다. 단순히 무산자계급을 토대로 구축된 국가 수뇌부의 취약성을 아주 잘 알고 있었기 때문에, 그는 무엇보다 귀족을 분열시켜야 하고, 분열된 귀족을 그의 이해관계에 따라 끌어들여야 한다고 생각했다. 이런 분열의 요소는 진작부터 존재했다. 하나로 뭉쳐 티베리우스 그락쿠스에게 반기를 들었던 부자 귀족계급은 실제로는 두 개의 상이한 집단으로 구성되어 있었고, 이는 비교하자면 영지 귀족과 도시 귀족으로 나뉜 영국과 같다 하겠다. 한쪽은 사실상 폐쇄된 원로원 통치 가문들이었는데, 이들은 직접적인 투자는 멀리했고 그들의 거대한 자본을 부분적으로 토지에 투자하거나 거대 회사의 조용한 참여자로 활동했다. 다른 한쪽의 핵심은 투자자들로, 이들은 거대 회사의 경영자로 활동하거나 혹은 로마 패권의 거대 영역에서 상업자본과 금융자본을 직접 주무르는 사람들이었다. 이 두 번째 부류가 로마 건국 6세기를 지나면서 점차 원로원 귀족계급에 버금가는 위세를 가지게 되었음은, 그리고 원로원 의원들에게 상업 행위를 금지하는 법적 조치가 그락쿠스 형제의 선구자였던 가이우스 플라미니우스의 제안으로 통과되고 클라우디우스 법에 의해 단행되면서 원로원 의원들과 상업 내지 금융자본가들 사이에 외적인 구분이 생겨났음은 앞서 이미 언급했다(제4권 248쪽 이하). 이 시기에 이르러 상업에 종사하는 귀족은 '기사계급'이라는 이름으로 정치 사안들에 대해 결정적인 영향력을 행사하기 시작했다. 본래 군복무 중인 시민 기병대만을 가리키던 이 이름은 적어도 일상적인 언어생활에서 점차, 재산이 최소 40만 세스테르티우스(Sestertius)이고 따라서 일반적으로 기병으로 복무할 의무를 가진 자들을 가리키는 이름으로 전용되었고, 따라서 이후 원로원 의원들과 비원로윈 의원들을 포함한 모든 로마 귀족 사회를 지시하게 되었다. 하지만 가이우스 그락쿠스 직전에 원로원 의사당 좌석과 기병 복무의 양립 가능성이 법적으로 금지되고(제5권 105쪽), 원로원 의원들이 기병 복무 대상자에서 제외되면서, 기사계급은 일반적이고 전반적으로 원로원에 대립하는 계급으로 간주될 수 있었고, 사업가 귀족계급을 대표하게 되었다. 물론 원로원에 들어가지 않는, 원로원계급 가문에 속하는 젊은 이들은 계속해서 기병으로 복무할 수 있었고, 그래서 기사계급으로 불릴 수 있었다. 사실 본래적인 시민 기병대, 다시 말해 18개의 기병 백인대는, 호구감찰관의 편성에 따라, 계속해서 주로 원로원 귀족에 속한 젊은이들로 구성되었다(제4권 161쪽).

기병들의 계급, 즉 본질적으로 부유한 상인계급은 여러 측면에서 원로원 통치계급과 거칠게 부딪혔다. 이는 혈통귀족과 돈으로 귀족에 이른 사람들 사이의 자연스러운 반감이었다. 통치귀족들, 무엇보다 이들 가운데 선량한 사람들은 투자를 멀리했는바, 물질적 이익을 추구하는 자들이 정치 문제와 당파싸움에 무관심한 것과 같았다. 양자는 특히 속주에서 종종 강하게 충돌했다. 비록 일반적으로 속주민들에게 로마 자본가보다 로마 관리의 당파성이 더 큰 문제를 야기했지만, 그럼에도 원로원 통치귀족들은 속주민들을 철저하고 가혹하게 희생시키며 욕심나는 대로 행동하는 자본가들의 탐욕과 불의를 좌시하지 않았기 때문이다. 티베리우스 그락쿠스 같은 공동의 적에 맞서 단합하면서도 혈통귀족과 재산귀족 사이에 깊이 팬 균열은 메워지지 않았다. 가이우스 그락쿠스는 형보다 노련하게 균열을 키웠고, 양자의 단합이 끝장나면서 재산귀족은 가이우스에 가담했다. 기사계급에 등

재된 사람들에게 대중과 구분되는 외적 특권, 다시 말해 일반적인 쇠반지나 구리반지가 아닌 금반지 그리고 시민 축제 때에 특별 상석 배정 등을 가이우스 그락쿠스가 부여했다는 주장은 확실하지는 않으나 불가능한 것도 아니다. 기사계급은 분명 전적으로 이 시기에 거기에 이르렀기 때문이며, 이제까지 본질적으로 원로원계급에 속한 이런 특권들(제4권 153쪽과 164쪽)을 그가 상승시킨 기사계급에까지 확대한 것은 지극히 그락쿠스의 방식이기 때문이며, 또한 기사계급에게 원로원 귀족과 일반적 민중의 중간에 위치한, 특권적이고 폐쇄된 신분의 특징을 제공하려는 것은 분명히 그락쿠스의 목적이기 때문이다. 이 목적에 이런 신분 표식들은—그것이 그 자체로 아무리 하찮고 그래서 많은 기사계급이 이를 사용하길 원치 않을지라도—그 자체로 훨씬 중요한 다른 법령들보다 더 많은 기여를 했다. 하지만 물질적 이익을 추구하는 당파를—그들이 이런 명예를 결코 폄하하지 않았지만—이것만으로 끌어들일 수는 없었다. 그락쿠스는 그들이 법적으로 가장 많은 것을 약속하는 자에게 가담하겠지만, 그럼에도 상당한 실질적 이익 제공도 필요함을 잘 알고 있었다. 그래서 그락쿠스는 그들에게 아시아 속주의 조세와 법정을 제공했다.

아시아 속주의 세금 징수

간접세와 국유토지세를 과세업자를 통해 거두어들이는 로마의 재정관리 체계는 납세 의무자들의 희생 속에 로마 자본가 계급에게 광범위한 이익을 보장하는 제도였다. 하지만 직접세는 우선 대부분의 지역에서 공동체로부터 거두어들일 확정된 세액으로 정해졌기 때문에 로마 자본가들이 개입할 여지가 없었다. 혹은 시킬리아와 사르디니아 지역 같은 곳에서는 십일조 지대로 직접세가 결정되었고, 징수권은 개별 공동체별로 속주 차원에서 도급되었는데, 이때 일반적으로 부유한 속주민들이, 그리고 흔히 십일조 지대 납부 의무를 가진 공동체들이 직접 해당 지역의 십일조 지대를 징수할 권리를 도급받았고, 때문에 위험한 로마 징세업자의 개입이 배제되었다. 6년 전 아시아 속주가 로마에 편입되었을 때, 원로원은 아시아 속주를 기본적으로 첫 번째 방식으로 징세하기로 결정했다(제5권 79쪽). 가이우스 그락쿠스[5]는 징세 방식을 민회 의결로 변경했다. 이제까지 확정 세액을 내던 아시아 속주에 크게 확대된 간접세는 물론 직접세, 다시 말해 십일조 지대를 부담시켰다. 뿐만 아니라 그는 아시아 속주 전체의 징수권 도급 계약이 로마에서 이루어지도록 변경했다. 이는 속주민들의 참여를 원천적으로 배제하는 규칙이 되었고, 이로써 아시아 속주에 부과된 십일조 지대, 방목세, 농지대 등의 징세업에 참여할 아주 광범위한 자본가 집단이 생겨나게 되었다. 자본가 계급을 원로원으로부터 독립시키려는 그락쿠스의 이런 노력에 특징적인 또 하나의 규칙은, 이제까지 원로원이 재량에 따라 결정하던 도급액의 전액 혹은 부분 감면이 이제부터 법에 따라 특정한 경우에만 허용되도록 한 것이다.

---

5 티베리우스 그락쿠스가 아니라 가이우스가 이 세법 개정의 발의자라는 것을 프론토*Fronto*가 베루스*Verus*에게 보낸 편지가 말해준다. 겔리우스 11, 10의 그락쿠스를 보라. 키케로, *rep*. 3, 29와 *Verr*. 3, 6, 12. *Vell* 2, 6.

재판의 심판인

장사꾼에게 금광이 열리고, 신흥 계급의 구성원 가운데 정부에 영향을 미치는 거대 자본의 중핵, 다시 말해 '장사꾼의 원로원'이 형성되면서, 이들에게 동시에 재판에서 공개적 특정 활동의 기회가 제공되었다. 법률에 따라 시민에게 귀속하던 형사재판 영역은 본래 로마 시민권자들 가운데 매우 한정된 이들에게 열려 있었고, 앞서 언급한 것처럼(제5권 162쪽) 그락쿠스에 의해 문이 훨씬 더 좁아졌다. 대부분의 재판, 그러니까 일반적 범죄나 민사소송은 단독 심판인에 의해 혹은 상설 사문회나 특별 사문회를 통해 결정되었다. 지금까지 전자나 후자는 오로지 원로원에서 뽑힌 자들로 구성되었다. 그락쿠스는 원래의 민사재판들과 상설 사문회와 특별 사문회에서 심판인 기능을 기사계급에게 이양했고, 심판인 명부를 기병 백인대에 소집될 모든 기병 복무 가능자들 가운데 매년 새로 작성하게 했다. 이로써 원로원 의원들은 직접적으로 배제되었고, 원로원 의원 집안의 젊은이들은 제한 연령을 설정하여 배제되었다.[6] 가능성이 없지 않은바, 심판인 선발은 아시아와 기타 지역에서 세금 도급업자로 일하는 거대한 자본가 집단들에서 중요한 역할을 맡은 자들을 주로 염두에 두었는데, 재판에 참여하는 것이 이들에게 매우 긴요하고 중요한 이해가 달린 일이기 때문이었다. 따라서 심판인 목록과 징세업자 회원은 우두머리에서 일치했

---

[6] 우리는 심판인 인적 구성의 변경으로 야기된 새로운 법정 규정, 특히 강요죄를 다루는 상설 사문회의 규정을 상당 부분 가지고 있다. 새로운 규정은 세르빌리우스 반환법 혹은 아킬리우스 반환법이라는 이름으로 알려져 있다.

다. 그렇게 구성된 반(反)원로원 연합의 중요성을 우리는 그만큼 더 잘 이해할 수 있다. 이런 조치가 불러온 중요한 결과는, 이제까지는 국가를 구성하던 두 권력, 통치하고 조정하는 권력인 정부와 입법 권력인 민회가 법정을 나누어 지배했다면, 이제부터는 물질적 이해관계의 굳건한 토대 위에 단단히 결합된 특권계급을 형성한 자본귀족이 재판하고 조정하는 권력으로 등장했다는 것이다. 이들은 통치하는 귀족계급과 거의 동등한 위치를 가지게 되었다. 상인과 귀족의 해묵은 반목은 심판인들의 판결에서 다만 아주 실질적으로 표현되기에 이르렀다. 특히 속주 총독의 재판에서 원로원 의원은 예전처럼 같은 원로원 의원들에 의해서가 아니라, 거대 상인들과 은행업자들에 의해 그의 시민권 존립에 관해 심판받아야 했다. 로마 자본가들과 로마 총독들 간의 갈등은 속주 행정에서 잉태되어 법정이라는 위험한 땅에 이식되었다. 부유층에 속한 귀족들은 갈라졌고, 갈라진 채로 불화를 키울 자양분과 그 손쉬운 표출 방법을 늘 새롭게 찾아냈다.

원로원 통치를 대신하는 일인 정부

이렇게 준비된 무기로 그락쿠스는 무산자계급, 상인계급과 함께 통치귀족의 붕괴라는 본업에 착수했다. 원로원을 붕괴시킨다는 것은 한편으로 법률 개정을 통해 주요 권한을 원로원으로부터 박탈하는 것이었으며, 다른 한편으로 좀 더 개인적이고 임시적인 조치들을 통해 기존귀족들을 몰락시키는 것이었다. 그락쿠스는 두 가지를 모두 실행했다. 무엇보다 행정은 이제까지 배타적으로 원로원이 맡아왔다. 그락쿠스는 이를 원로원에서 빼앗았다. 가장 중요한 행정 문제들은 민회 입법을 통해, 다시 말해 사실적으로 호민관의 권한으로 결정했다. 원로원을 가능한 한 현안 검토에만 묶어두었고, 가장 포괄적인 방식으로 행정사무를 그가 직접 맡았다. 첫 번째 범주의 조치는 이미 앞서 언급했다. 원로원의 새로운 주인은 원로원의 논의 없이 국고 문제를 결정했는데, 곡물 분배를 통해 공공재정에 지속적이고 힘겨운 부담을 안겨주었다. 그는 국유지 문제를 결정했다. 원로원 결의와 민회 의결을 통해 식민지 건설단을 파견하던 관행과 달리 민회 의결만으로 집행했다. 또 속주 행정을 결정하면서, 원로원이 속주 아시아에 부과한 조세 규정을 민회 입법으로 수정하여 먼저와 전혀 다른 조세 규정으로 대체했다. 원로원 현안들 가운데 가장 중요한 하나인바, 두 집정관의 사안별 권한을 임의로 결정할 권능을 원로원으로부터 박탈하지는 않았지만, 최고 정무관들에게 이제까지 간접적으로 행사하던 원로원의 압력을 위축시켰는데, 해당 집정관들의 선출 이전에 그 권한들을 결정하도록 원로원에 지시했던 것이다. 전례 없는 결정으로 마침내 가이우스 그락쿠스는 아주 상이하고 복잡다단한 행정사무를 본인에게 집중시켰다. 그는 곡물 분배 업무를 직접 감시했고, 심판인들을 선정했고, 수도 로마에 그를 법률적으로 묶어두는 직책을 맡으면서도 개인적으로 식민지들을 건설했다. 또한 도로들을 정비했고, 건설 계약들을 체결했고, 원로원 심의를 주도했고, 집정관 선거를 관리했다. 요약하자면 그는 모든 일에서 한 사람이 가장 뛰어나다는 것을 인민에게 각인시켰고, 강하고 능숙한 개인적 통치를 통해 느슨하고 무기력한 원로원 회합 통치를 퇴색시켰다.

　행정사무만큼이나 열정적으로 그락쿠스는 원로원 의원들의 재판 권능에도 개입했다. 그가 원로원 의원들을 심판인에서 배제한 것은 앞서 언급되었다. 똑같은 일이 재판권에서도 일어났다. 원로원은 최고 감독 관청으로 예외적으로 관여할 자격을 가지고 있었다. 심각한 범죄의 경우 개정된 상소법에서처럼[7] 중범죄 특별 사문회의 설치를 원로원 의결로 거부했고, 이는 앞서 티베리우스의 죽음 이후 티베리우스의 추종자들을 재판할 때 벌어진 일이었다. 이 조치의 최종 결과로 원로원은 재판 권능을 완전히 상실했고, 감독권 가운데 오직 국가 수뇌부가 원로원에 허용해도 좋다고 생각하는 것만 가지게 되었다. 하지만 이런 국헌 개정으로 끝나지 않았다. 현재 통치하는 귀족에 대해 직접적으로 폭력이 가해졌다. 단순히 보복을 위한 행동으로, 방금 언급한 법률에 소급 적용 사항을 덧붙이고 이를 통해 푸블리우스 포필리우스―그는 그 사이 벌어진 나시카의 죽음 이후 민중파의 증오를 집중적으로 받고 있던 귀족이다―로 하여금 국가를 떠나게 강요했다. 놀라운 것은 이 안건이 민회에서 반대 17, 찬성 18의 근소한 차이로 가결되었다는 것이다. 이는 적어도 개인적인 이해관계가 걸린 문제들에서 여전히 귀족의 영향력이 대중에게 미치고 있었다는 증거다. 이와 유사하지만, 훨씬 더 정당성이 떨어지는 훈령이자 마르쿠스 옥타비우스를 겨냥한 안건인, 그러니까 민회 의결로 관직을 상실했던 사람은 앞으로 영원히 공직을 맡을 수 없다는 법률안을 그락쿠스는 모친의 청에 따라 철회했

---

7 이 법과, *ne quis iudicio circumveniatur*의 법률은 아마도 동일한 것이다.

다. 이로써 그는 티베리우스 그락쿠스에게 일체의 욕설을 하지 않았고 오로지 그가 알고 있는 대로 국헌과 의무에 따라 행동한 명예로운 사내에게 저급한 복수를 가했다는 오점을, 악명 높은 국헌 침해 법률을 제정함으로써 정의를 공개적으로 더럽혔다는 오점을 피할 수 있었다. 하지만 이런 조치들과 전혀 다른 중요성을 가진 문제는 원로원 정원을 300명 늘리는, 그러니까 이제까지의 원로원 정원을 대략 두 배로 늘리고, 늘어나는 정원은 기사계급에서 선거를 통해 선출한다는 계획이었다. 이는 물론 실행 가능성이 매우 낮은 계획이었다. 아주 포괄적인 방식의 이런 정원 확대는 원로원을 국가 최상층 수뇌부에 가장 완벽하게 종속시킬 수도 있을 방법이었다.

가이우스 그락쿠스 국제의 특징

이것이 가이우스 그락쿠스가 구상한 국제였고 호민관 재임 2년 동안 (로마 건국 631년과 632년, 기원전 123년과 122년) 국제 변경의 가장 중요한 사항들은 실행되었다. 우리가 아는 한, 이렇다 할 저항에 부딪히지도 않았고, 그가 목표를 달성하기 위해 폭력을 행사해야 했던 적도 없었다. 일련의 조치들이 실행된 순서에 관해서는 흩어진 전승 때문에 더는 알 수 없다. 몇몇 당연한 질문에 대해서조차 우리는 대답을 미루어야 할 형편이다. 하지만 부족하나마 제일 중요한 지점들이 우리의 시야를 벗어난 것으로 보이지는 않는다. 핵심 사항들에 관해 완벽하게 확실한 정보가 주어져 있으며, 가이우스는 형처럼 일을 계속해서 몰아붙이지 않았고, 분명 심사숙고된 포괄적인 계획을 일련의 특별법을 차례로 통과시키며 상당 부분 완벽하게 실천했기 때문이다.

　가이우스 그락쿠스는, 과거와 현재의 많은 선량한 사람이 믿었던 것과 달리 로마 공화정을 새로운 민중적 토대 위에 재건한 것이 아니다. 오히려 그는 로마 공화정을 철폐하고, 지속적인 재선의 종신 관직으로, 형식적 주권체인 민회들을 절대적으로 통제하는 절대적인 힘을 가진 관직으로, 그러니까 무제한적 권한의 종신 호민관직으로 공화정 대신 독재정을, 다시 말해 오늘날의 언어 관행에 따르면 봉건적이지도 않으며 제정일치도 아닌 나폴레옹의 절대왕권을 이룩하고자 했다. 셈프로니우스의 국제는, 보려고 하고 볼 수 있는 자라면 아주 분명하게 확인할 수 있는바, 그러했다. 실제로 그의 발언이 분명히, 그의 활동이 더욱 분명히 말해주는 것처럼 그락쿠스가 원로원 통치의 몰락을 목표로 했을 때, 민회를 넘어 대의제가 없던 공동체에 귀족정의 몰락 이후 독재정 말고 다른 어떤 정치제도가 있었겠는가? 그의 전임자 같은 몽상가들은, 그다음 세대를 이끌고 간 사기꾼들은, 이를 부인할지도 모른다. 하지만 가이우스 그락쿠스는 정치가였다. 위대한 사내가 그의 위대한 작업을 위해 스스로 세웠던 구상은 우리에게 전해지지 않아 상이한 방식으로 판단될 수도 있지만, 아무튼 그는 그가 하고 있는 일을 분명히 알고 있었다. 독재 권력의 의도된 장악을 이해한다면, 전후 관계를 조망하는 사람은 그락쿠스를 비난할 수 없을 것이다. 절대적 독재정은 국민에게 커다란 불행이지만, 절대적 과두정보다는 덜한 불행이다. 국민에게 커다란 고통보다는 작은 고통을 부과하는 사람을 역사는 비난해서는 안 된다. 적어도 그렇게 격정적이고 성실한,

모든 저급한 것과 그만큼 멀리 떨어진 본성을 가진 사람이라면 말이다. 하지만 그럼에도 이것으로 가려져서는 안 될 것은, 그의 모든 입법은 아주 심각한 분열을 야기했다는 점이다. 이는 입법이 한편으로 공공의 최선을 지향했지만, 다른 한편으로 통치자 개인의 목적, 그러니까 개인적 복수에 쓰였기 때문이다. 그락쿠스는 사회적 해악을 치료하기 위해, 만연하는 가난을 막기 위해 성심껏 노력했다. 하지만 그는 동시에 모든 게으르고 가난한 무산자에게 보조금이 될 것이고 되어 버린 곡물 분배를 가지고, 매우 불량한 무산자계급을 수도에 의도적으로 끌어모았다. 그락쿠스는 아주 신랄한 언어로 원로원의 금품수수를 비난했고, 특히 마니우스 아퀼리우스가 소아시아 속주에서 저지른 파렴치한 관직 매매를 정당한 엄격함으로 가차없이 폭로했다.[8] 하지만 그락쿠스의 업적은, 수도 로마의 주권 무산자들이 정치 참여의 대가로 그 속주민들에 의해 부양되도록 만든 것이다. 그락쿠스는 창피스러운 속주 착취를 준엄하게 비난했고, 개별 사안들에 유익한 엄격함이 적용되도록 했을 뿐만 아니라, 스키피오 아이밀리아누스조차 매우 극악한 범죄의 처벌에 그의 모든 명망을 헛되이 쏟아부어야 했

---

[8] 전해지는 좀 긴 그락쿠스 연설 단편은 프뤼기아가 보유한 자산과 관련된 금품수수를 언급한다. 프뤼기아가 보유한 자산의 매매를 아탈로스왕국의 몰수 이후 마니우스 아퀼리우스가 비튀니아의 왕과 폰토스의 왕에게 제안했고, 후자는 이를 좀 더 높은 경매 가격을 제시함으로 사들였다 (제5권 84쪽). 그락쿠스는 원로원 의원들 가운데 누구도 이 국가적 문제에 관심을 기울이지 않는다는 것을 깨달았고, 이에 이렇게 덧붙인다. 상정된 법률(프뤼기아를 미트라다테스왕에게 양도하는 것과 관련된 법률)에 대해 원로원이 셋으로 나뉘는바, 이를 찬성하는 측, 이를 반대하는 측, 이에 침묵하는 측이다. 첫 번째 부류는 미트라다테스왕에게 뇌물을 받은 자들이고, 두 번째 부류는 니코메데스왕에게 뇌물을 받은 자들이다. 그리고 마지막 부류가 가장 영리한 자들인데, 이들은 양쪽 왕의 사신 모두에게서 뇌물을 받아 챙겼고, 각 정파들에게 그들의 이익을 위해 침묵한다고 믿게 만들고 있다.

던 법정, 완전히 부적합한 것으로 드러난 원로원계급의 법정을 철폐했다. 하지만 동시에 그는 상인계급의 법정을 도입함으로써 손발이 묶인 속주민들을 물질적 이해관계의 당파에게 양도했고, 이로써 원로원계급의 통치보다 더 무분별한 폭정에 그들을 맡겨버렸다. 또 그는 아시아에 과세 제도를 새로 도입했는데, 이에 비하면 카르타고의 모범에 따라 시킬리아에 적용된 과세제도가 오히려 온당하고 인간적이라고 할 수 있는 제도였다. 이 두 가지 사항은 그가 한편으로는 자본가의 당파가 필요했기 때문이었고, 다른 한편으로 그의 곡물 분배 등 새로운 재정 투입이 절실한 사업들을 위해 상당한 크기의 새로운 재원이 필요했기 때문이었다.

그락쿠스는 의심의 여지없이 확고한 행정과 올바른 사법을 원했다. 이는 전적으로 합목적적인 많은 규정들이 말해준다. 하지만 그의 새로운 행정체계는 오직 형식적으로만 법제화된 직권남용의 끊임없는 연속이었다. 그는 사법제도를—모든 온전한 국가가 가능한 한에서 사법제도를 정치적 당파를 극복하지는 못하더라도 최소한 이것 밖에 두려고 노력할 것이다—의도적으로 혁명의 소용돌이 한가운데로 끌고 갔다. 무엇보다 가이우스 그락쿠스의 지향에 나타나는 이런 이중성의 책임은 상당 부분 개인보다는 직책에 있었다. 동일한 사람이 말하자면 강도들의 두목 역할을 하면서 동시에 제1시민으로 국가를 이끌어야 했던 것으로 독재정의 문턱에서 치명적인 윤리적·정치적 모순이 드러났다. 이는 페리클레스, 카이사르, 나폴레옹도 걱정스러운 제물을 바쳐야 했던 그런 모순이었다. 하지만 가이우스 그락쿠스의 태도는 이런 필연성으로 전부 설명되지는 않는다. 그에게 소모적인 열정이, 뜨거운 복수심이 작용했고, 그는 자신의 몰락을 예견하면서도 적의 집을 향해 화염을 던졌다. 심판인 규칙 등 귀족의 분열을 목표로 한 유사한 규칙들에 관해 그가 생각하는 바를 그가 직접 언급하기도 했다. 이것들을 그는 그가 광장을 향해 던진 비수라고 했고, 이로써 시민들이—당연히 귀족들이—비수를 들고 서로를 작살내길 바란다고 했다. 그는 정치적 방화범이었다. 그로부터 날짜를 세어 100년의 혁명은 한 사람의 작품이라면 가이우스 그락쿠스의 작품이다. 또한 그는 위로부터 부추겨지고 급료를 받은 무시무시한 수도 로마의 무산자계급을 만들어낸 진정한 발기인이었다. 이들은 그의 곡물 분배에 따라 스스로 수도 로마에 결집함으로써 한편으로 완벽하게 타락한, 다른 한편으로 무산자계급의 힘을 의식하여 때로 멍청하고 때로 파렴치한 요구를 내세우며 주권자의 얼굴을 한 채 500년 동안 악령처럼 로마 공동체를 괴롭히다가 로마 공동체와 함께 몰락했다. 하지만 로마의 정치범들 가운데 으뜸인 사내는 또한 조국의 재건자였다. 로마 독재정의 건설적 생각 중에 가이우스 그락쿠스로 환원되지 않는 것이 없다. 어떤 의미에서 전통적인 전쟁법에 근거하지만, 그 확대와 실제적 적용은 옛 국헌에 없는, 예속 공동체의 토지와 영토 전체는 국가의 사유재산으로 간주될 수 있다는 원칙은 그에게서 연원한다. 이 원칙은 예를 들어 아시아 등에서 국가가 이들 토지에 임의로 세금을 부과할 권리를 정당화하기 위해 최초로 적용되었고, 혹은 아프리카 등에 식민지를 건설하기 위해 적용되었으며, 나중에는 황제기의 기본적인 법규가 되었다. 물질적 이해관계를 기반으로 통치귀족계급을 붕괴시키고, 이제까지의 잘못된 통치를 대신하는 일반적으로 엄격하고 합목적적인 행정체계를 통해 국헌 변경을 뒤이어 합법화하는, 민중 선동가와 독재자의 전술이 가이우스 그락쿠스에서 시작되었다. 통합은 불가피하게 군주정의 수립을 동반할 수밖에 없었지만, 무엇보다 로마와 속주의 통합을 시작한 출발점은 가이우스 그락쿠스였다. 이런 중요하고 축복 가득한 발전의 긴 사슬에서 그 첫 번째 고리는, 이탈리아와의 경쟁 관계 때문에 파괴된 카르타고를 재건하려는, 넓게 보아 속주들로 이탈리아 식민지 건설단 파견의 길을 여는 그의 시도였다. 이런 전례 없는 사내에게는, 이런 놀라운 정치적 상황에는 옳음과 그름, 행운과 불행이 뒤엉켜 있기 때문에, 여기에 대해서—역사에서는 매우 합당하지 않은 일이긴 하지만—판단을 유보하는 것이 합당해 보인다.

동맹 공동체 문제

그락쿠스는 그가 계획한 새로운 국가 정체를 상당 부분 완성한 이후, 두 번째의 더 어려운 작업에 착수했다. 아직 이탈리아 동맹들과 관련된 문제가 해결되지 않은 상태였다. 민중당파 지도자들이 어떻게 이 문제를 생각했는지는 앞서 충분히 언급되었다(제5권 154쪽). 민중당파 지도자들은 당연히 로마 시민권이 최대한 확대되기를 원했는데, 라티움 시민권자들이 차지한 국유지를 토지 분배를 위해 환수할 수 있기를 바랐고, 나아가 무엇보다 엄청나게 증가할 로마 시민권자들과 피호관계를 맺기를 바랐던 것이다. 이로써 계속해서 증가하는 유권자수의 확대를 통해 좀 더 완벽하게 민회를 조정하려는 것이었고, 전반적으로 공화정의 몰락과 함께 별다른 의미가 없어진 차별을 철폐하려는 것이었다. 하지만 민중당파는 당파 내의 저항에 부딪히는데, 특히 다른 일이라면 이해하는 일이건 아니건 무제한적 긍정표를 던졌을 계파가 반대했다. 이유는 단순했다. 이 계파에게 로마 시민권은 말하자면 마치 주식과 같았고, 주식으로 그들은 온갖 직간접적인 구체적 이득 분배에 참여할 권리를 얻었다. 따라서 이들은 주주의 숫자를 절대 늘리려 하지 않았다. 로마 건국 629년(기원전 125년) 풀비우스 법의 부결과 이에 이어 터진 프레겔라이 반란은 민회를 지배하는 당파의 이기적인 아집을 향한 경고였고, 동맹 공동체들의 인내심이 한계에 이르렀음을 알리는 신호였다. 두 번째 호민관 임기가 끝날 무렵(로마 건국 632년, 기원전 122년) 그락쿠스는, 아마도 동맹 공동체들에 대한 책임감에 떠밀려, 두 번째 시도를 감행했다. 집정관 역임자였지만, 과거 실패로 끝난 법안을 다시 제출하기 위해 호민관직을 맡은 마르쿠스 풀비우스 플라쿠스와 함께 그락쿠스는 라티움 시민들에게는 완전 시민권을, 여타 이탈리아 동맹체들에게는 라티움 시민들이 지금까지 가졌던 시민권을 부여한다는 법안을 제출했지만, 수도 무산자들과 원로원이 연합한 반대 세력 때문에 좌초했다. 이 반대 세력 연합이 어떻게 만들어졌고 어떻게 싸웠는지를 분명하고 명확하게 보여주는 연설문 단편이 남아 있다. 이는 당시 집정관 가이우스 판니우스가 민회에서 행한 연설로 우연히 전해지고 있다. 귀족당파의 집정관은 이렇게 말했다. "당신들은 그렇게 생각합니까? 라티움 사람들에게 당신들이 시민권을 나누어주었을 때, 제 앞에 있는 당신들이 지금처럼 그때에도,

그리고 미래에도 민회에서나 축제와 공공 행사에서나 자리를 얻을 수 있을 것이라고 생각합니까? 그렇게 생각하지는 않습니까? 저들이 모든 자리를 차지해버리는 것은 아닙니까?" 하루아침에 사비눔 사람들에게 시민권을 부여하기를 의결한 로마 건국 5세기의 시민들은 아마도 이런 연설에 야유를 보냈을지도 모른다. 하지만 로마 건국 7세기의 시민들은 이 연설이 대단히 일리가 있다고 받아들였고, 라티움 국유지의 분배라는 그락쿠스의 보상이 대단히 적다고 생각했다. 원로원이 모든 비시민권자를 의결 투표일 전에 도시 밖으로 내보내도록 의결했다는 사실은 그락쿠스의 법안이 처한 운명을 말해준다. 의결 투표에 앞서 그락쿠스의 동료, 리비우스 드루수스가 법안에 거부 입장을 표했을 때, 그의 거부권 행사를 보면서 민중은 그락쿠스가 감히 더 이상 일을 강행하지도 드루수스를 마르쿠스 옥타비우스와 같은 운명으로 밀어넣지도 못할 것이라고 생각했다.

그락쿠스의 몰락

아마도 원로원이 무적의 민중 선동가를 몰락시킬 시도를 감행할 용기를 얻은 것은 이런 승리에 힘입은 바 크다. 공격 수단은 본질적으로 그락쿠스 본인이 앞서 들었던 것과 같았다. 그락쿠스의 힘은 상인계급과 무산자계급이었고, 후자에 우선적으로 기대었는데, 후자는 양편이 모두 군사적 원조를 가지지 못한 이번 투쟁에서 군대의 역할을 했다. 원로원이 아직 상인계급에게서나 무산자계급에게서 그들이 갓 얻은 권리를 빼앗을 만큼 충분한 세력을 가지지 못한 것은 분명했다. 곡물법이나 새로운 심판인 규칙을 공격하는 모든 시도는 어설픈 방식이든 세련된 방식이든 거리 폭동을 유발했을 것이며, 이에 원로원은 전혀 무방비로 맞서야 했을 것이다. 하지만 또한 분명한 것은, 그락쿠스와 상인들과 무산자들이 오로지 상호 이득 때문에 연합했다는 것이다. 또 물질적 이해의 사람들은 그들의 자리를, 원래의 천민들은 그들의 빵을 예전에 가이우스 그락쿠스에게서처럼 누구에게서든 받을 준비가 되어 있음도 분명했다. 그락쿠스의 제도들은 적어도 당분간은 흔들리지 않았다. 단 하나의 예외는 최고 권력자로서 그의 지위였다. 그의 약점은, 그락쿠스의 국제에서 우두머리와 추종자들 사이에 전혀 신뢰가 없었다는 것이다. 그의 새로운 국제에서 다른 모든 것은 생명력이 넘쳤지만, 다른 하나는 아니었다. 그 하나는—이것이 없으면 어느 나라고 사상누각에 지나지 않는다—지배자와 피지배자 사이의 윤리적 연대였다. 라티움 사람들을 시민체에 받아들이자는 제안이 거부되었을 때, 뚜렷하게 드러난 일은, 대중은 사실 한 번도 그락쿠스를 지지하지 않았고 오로지 자기만을 지지했다는 사실이다. 귀족들은 곡물 분배와 토지 분배의 주창자에게 그의 바닥에서 전쟁을 벌일 계획을 꾸몄다.

원로원의 민중 선동: 리비우스 법들

당연하게도, 원로원은 무산자계급에게 똑같이 곡물 등 그락쿠스가 그들에게 보장했던 것만이 아니라 그밖에 많은 것도 약속했다. 원로원의 지시에 따라 호민관 마르쿠스 리비우스 드루수스는, 그락쿠스의 토지 취득자들에게 부과된 세금(제5권 130쪽)을 면제하고 할당된 토지를 양도 가능한 자유재산으로 선포하자고 제안했다. 또 무산자계급에게 해외 식민지가 아닌 12개의 이탈리아 식민지를 제공할 것과, 각 식민지에 3,000명의 이주민을 배정하되 민회가 적합한 인물을 지명할 것을 제안했다. 다만 드루수스는 그락쿠스 측근 위원회와 달리 이런 명예로운 사업에 직접 어떤 참여도 하지 않았다. 추측건대 이 계획에 들어갈 비용을 감당해야 할 사람으로 라티움 사람들이 지명되었을 것인바, 사실 일정 규모의 점령된 국유지라고는 라티움 사람들이 이용하고 있던 토지 이외에 이탈리아에 더 이상 존재하지 않았던 것으로 보인다. 드루수스의 몇몇 조치들도 있었다. 예를 들어 라티움 출신 병사는 로마 출신 장교가 아니라 오로지 그를 이끄는 라티움 출신 장교에 의해 태형이 승인되어야 한다는 규정이다. 이 조치들은 아마도 라티움 사람들에게 여타 손해를 보상하려는 목적으로 보인다. 이 계획은 섬세한 것은 아니었다. 경쟁을 위한 제안임이 너무 분명했고, 라티움 사람들이라는 공동의 적을 만들어 귀족과 무산자계급의 아름다운 연대를 좀 더 긴밀하게 만들려는 노력임이 너무 분명했다. 문제도 너무 분명했다. 이탈리아 국유지가 대부분 벌써 처분된 상태에서, 라티움 사람들에게 양도된 전체 국유지를 몰수하더라도, 12개의 새로 건설될, 상당수의 폐쇄적인 시민들을 위해 필요한 정복 토지를 이탈리아반도 어디에서 찾을 수 있을지가 문제였다. 마지막으로 그가 제안한 법률의 실행이 자신과 무관한 일이라는 드루수스의 선언은 그것이

어리석은 만큼이나 끔찍하게 현명한 일이었다. 그들이 잡으려는 어리숙한 짐승에는 어설픈 덫이 제격이었다. 여기에 보태어 아마도 결정적인 것인바, 그의 개인적 영향력으로 모든 일을 가능하게 했던 그락쿠스가 당시 카르타고 식민지 건설을 위해 아프리카에 있었고, 수도에서 그를 대리하던 마르쿠스 플라쿠스는 격정적이고 서투른 행동으로 적을 이롭게 했다. '인민'은 과거 셈프로니우스 법들처럼 기꺼이 리비우스 법들을 인준했다. 이렇게 인민은 늘 그랬듯이 먼젓번 시혜자의 타격으로 새로운 시혜자에게 갚았는데, 먼젓번 시혜자가 3번째로 로마 건국 633년(기원전 121년)의 호민관에 출마했을 때 그를 다시 뽑지 않았다. 물론 이때 선거를 관리하는 호민관이 앞서 그락쿠스에게 받았던 모진 대우 때문에 절차를 제대로 지키지 않은 것도 한몫했다고 한다. 이렇게 권력의 토대가 권력자의 발아래에서 무너져내렸다. 두 번째 타격은 집정관 선거에서 나왔다. 집정관 선거는 일반적으로 민중당파에게 불리한 결과였는데, 이때 선거에서 루키우스 오피미우스가 국가 최고 수장으로 선출되었다. 그는 로마 건국 629년(기원전 125년) 법무관으로 프레겔라이를 정복한 사람이었고, 엄격한 귀족당파의 가장 단호하고 가장 예사롭지 않은 인물들 가운데 하나였다. 그는 위험한 적을 기회 되는 대로 조속히 제거하기로 결심을 굳힌 사내였다.

해외 식민지에 대한 공격: 그락쿠스의 몰락

기회는 곧 찾아왔다. 그락쿠스는 로마 건국 632년(기원전 122년) 12월 10일 호민관직을 물러났다. 로마 건국 633년(기원전 121년) 오피미우스는 집정관직에 취임했다. 첫 번째 공격은 당연하겠지만 그락쿠스의 가장 유용하고 가장 인기 없는 정책인, 카르타고 재건이었다. 이제까지의 해외 식민지사업을 좀 더 유혹적인 이탈리아 식민지라는 미끼로 다만 간접적으로 공격했을 때, 마침 아프리카 하이에나들이—그렇게 믿어졌는바—새로 건설된 카르타고 식민지 경계석을 파내는 일이 일어났다. 사제들은 요청에 따라, 이 이변은 명백히 신의 저주를 받은 도시의 재건을 막으려는 경고라고 해석했다. 이를 핑계로 원로원은 식민도시 유노니아의 건설을 중단시키는 법안이 제안되도록 하지 않을 수 없음을 알았다. 당시 식민도시 건설을 위해 지명된 다른 사람들과 식민지 참여자 명단을 뽑고 있었던 그락쿠스는 투표 당일 민회가 열리기로 한 카피톨리움 언덕에 모습을 나타냈고, 그의 지지자들과 함께 법안의 부결을 시도했다. 그는 폭력 행위를 피하고자 했는데, 이는 정적들에게 그들이 찾던 구실을 제공하지 않으려는 뜻이었다. 하지만 그는 대부분 티베리우스가 당한 참사를 기억하고 귀족들의 의도를 너무나 잘 알고 있던 그의 추종자들이 무장한 채로 민회에 참석하는 것까지 막을 수는 없었다. 양측에서 커다란 소란이 일어나면 싸움을 피할 수 없었다. 카피톨리움 신전의 회당에 집정관 루키우스 오피미우스는 관례에 따라 희생 제단을 설치했다. 이때 집정관을 돕던 법정 관리들 가운데 한 명인 퀸투스 안툴리우스는 제물의 내장을 손에 들고 '불량한 시민들'은 회당에서 물러나라고 호통치며, 심지어 가이우스 그락쿠스에게 손을 대려고 하는 것처럼 보였다. 이에 그락쿠스의 열성 지지자가 단검을 뽑아들었고 그 인간을 내리쳤다. 무시무시한 비명이 울렸다. 그락쿠스는 자신은 인민을 향해 신성 모독의 살인 행위와 무관하다고 말하려고 했으나 허사였다. 오히려 이로써 그는 정적들에게 더 많은 공식적인 고발거리만을 제공했다. 소란 가운데 의식하지 못한 채 그는 인민에게 연설하려는 호민관의 연설을 막아선 꼴이 되었는데, 과거 계급투쟁의 시절에(제2권 47쪽) 만들어진 사문화된 법률에 의하면 이는 중범죄로 처벌되는 행위였다. 집정관 루키우스 오피미우스는, 사람들이 이날의 사건을 그렇게 부르고 싶어 하는 것처럼 '공화정 전복의 시도'를 무력으로 진압하기 위한 조치를 취했다. 그는 로마광장의 카스토르 신전에서 밤을 지새웠다. 이른 아침 카피톨리움 언덕은 크레타의 궁수들로 가득 채워졌고, 원로원 의사당과 로마광장은 통치당파의 인물들, 원로원 의원들과 그들에게 예속된 기사계급의 일파들로 채워졌다. 이들은 집정관의 명령에 따라 모두 무장했으며, 각자가 두 명의 무장 노예를 대동하고 모여 있었다. 귀족당파 가운데 빠진 사람은 아무도 없었다. 심지어 존경스러운 고령의—개혁에 호의적이던—퀸투스 메텔루스도 방패와 단검을 들고 참석했다. 또 히스파니아 전쟁에서 능력이 입증된 탁월한 장교 데키무스 브루투스가 무장 병력의 지휘를 맡았다. 원로원 회의는 의사당에서 개최되었다. 법정 관리의 시신을 담은 관이 원로원 의사당 앞에 당도했다. 원로원 의원들은 놀란 듯이 문 앞으로 몰려나왔다. 시신을 직접 보기 위해서였다. 그리고 그들은 제자리로 돌아왔고 추가적인 조치를 결의했다.

민중당파의 지도자들은 카피톨리움에서 각자의 집으로 돌아갔다. 마르쿠스 플라쿠스는 밤새 시가전을 준비하며 보냈고, 그락쿠스는 분명 운명과 싸우게 된 것에 두려워 보였다. 다음날 아침 카피톨리움과 로마광장에서 적들의 준비 태세를 파악한 그들은 둘 다 아벤티누스 언덕으로 향했다. 그곳은 과거 귀족과 상민의 투쟁 당시 민중당파의 성채였다. 침묵하며 비무장인 채로 그락쿠스는 그곳에 도착했다. 플라쿠스는 노예들에게 무장하도록 시켰고 디아나 신전에 진지를 구축했으며, 동시에 둘째아들 퀸투스를 적진으로 보내 가능하다면 타협을 성사시키고자 했다. 그의 아들이 돌아와 전한 말은, 귀족당파는 무조건적인 투항을 요구한다는 것이었다. 동시에 그는 플라쿠스와 그락쿠스에게 전하는 원로원의 소환장도 가져왔는데, 원로원에 출두하여 호민관의 존엄 훼손에 책임을 다하라는 것이었다. 그락쿠스는 소환에 응하려고 했으나, 플라쿠스가 그를 막았고, 소환에 응하는 대신 이런 적들에게 다시 한 번 타협을 제안했는데, 이는 잘못된 어설픈 시도였다. 소환장을 받은 두 명의 지도자를 대신하여 다시 한 번 어린 퀸투스 플라쿠스가 나섰고, 집정관은 이들의 출두 거부를 정부에 대한 공개적 모반의 시작으로 받아들였다. 집정관은 전령을 구금시켰고 아벤티누스 언덕을 향한 공격 신호를 내렸다. 동시에 집정관은 거리에 포고령을 내렸다. 그락쿠스나 플라쿠스의 머리를 가져오는 자에게 정부는 똑같은 무게의 금을 포상으로 줄 것이며, 전투 개시 전에 아벤티누스 언덕을 떠나는 사람에게는 일체의 죄를 묻지 않고 사면할 것이라고 했다. 아벤티누스의 전열은 빠르게 무너졌다. 용감한 귀족은 크레타 궁수들과 노예들을 이끌고 방어선이 거의 무너진 성채로 돌격했고, 발견하는 대로 모두 죽였다. 약 250명은 대단히 보수적으로 추산한 숫자다.

마르쿠스 플라쿠스는 장남과 함께 은신처로 도망쳤다가, 곧 그곳에서 발견되어 살해당했다. 그락쿠스는 전투가 시작되자 미네르바 신전으로 물러났고, 단검을 꺼내 자결하려고 했다. 이때 그의 친구 푸블리우스 라이토리우스가 그를 저지했고, 가능하다면 좋은 시절을 위해 몸을 보중하겠다는 맹세를 받아냈다. 그락쿠스는 티베리스강을 건너 몸을 피하기로 했다. 하지만 그는 언덕을 급하게 내려오다가 넘어져 발목을 삐었다. 그락쿠스에게 벗어날 시간을 벌어주기 위해 두 명의 수행원이 나섰는데, 마르쿠스 폼포니우스는 아벤티누스 언덕 아래의 트리게미나 성문에서, 푸블리우스 라이토리우스는 티베리스강의 다리에서—그곳은 일찍이 호라티우스 코클레스가 홀로 에트루리아 군대에 맞섰던 곳이라고 한다—추격자들을 저지하다가 살해당했다. 그리하여 그락쿠스는 그의 노예 에우포루스만을 데리고 티베리스강 우안의 시외곽에 도착했다. 여기 푸리나 숲에서 나중에 사람들은 시신 두 구를 발견했다. 노예가 먼저 주인을 죽이고 스스로 목숨을 끊은 것으로 보였다.

죽은 두 지도자의 머리는 포고령처럼 정부에 인계되었다. 그락쿠스의 머리를 전달한 루키우스 셉투물레이우스라는 귀족에게는 약속된 상금과 추가 보상이 주어졌다. 반면 플라쿠스를 살해한 천민들은 빈손으로 돌려보내졌다. 살해된 자들의 시신은 강에 던져졌고, 지도자들의 집은 대중들에 의해 약탈되도록 방치되었다. 그락쿠스 추종자들에 대한 전쟁 같은 재판이 매우 광범위한 규모로 시작되었다. 3,000명에 이르는 숫자가 감금되어 교수되었다고 한다. 이들 가운데는 18세의 퀸투스 플라쿠스도 포함되어 있었는데 사람들은 전투에 참여하지 않았고 어린 나이의 잘생긴 청년이었던 그를 하나같이 동정했다고 한다. 카피톨리움 아래의 공터에, 계급투쟁의 종료 이후 카밀루스가 봉헌한 제단(제2권 80쪽) 등 비슷한 계기로 건립된 평화의 기념물들이 있던 자리에, 이들 작은 신전들을 철거하고 살해되거나 유죄 판결 받은 반역자들의 재산으로—여기에 그 부인들의 지참금도 함께 몰수되었다—원로원의 결의에 따라 집정관 루키우스 오피미우스에 의해 새로운 웅장한 평화의 신전이 부속 회랑을 더해 건설되었다. 물론 옛 평화의 기념비들을 배제하고, 새로운 기념비를 봉헌한 것은 시의에 맞는 일이었다. 하지만 그것은 자마 전투의 승자를 이은 세 손자들의 시신 위에 세워졌다. 먼저 티베리우스 그락쿠스, 이어 스키피오 아이밀리아누스, 마지막으로 이들 가운데 제일 젊고 제일 강력했던 가이우스 그락쿠스까지 이들 모두를 혁명은 집어삼켰다. 그락쿠스 형제에 대한 추모는 법적으로 금지되었다. 코르넬리아에게 죽은 막내아들을 위해 상복을 입는 것도 허락되지 않았다. 하지만 많은 사람이 고귀한 두 형제에게, 특히 가이우스에게 그들 생전에 느꼈던 열정과 충심은 놀랍게도 그들 사후에는 거의 종교적 숭배로 발전했다. 대중은 모든 국가적 금지에도 불구하고 이들을 기억하며 이들이 쓰러진 장소를 계속해서 찾고 경배했다.

제4장
복고정치

정부의 부재

가이우스 그락쿠스가 쌓아올린 신축 건물은 그의 죽음과 함께 폐허로 남았다. 그의 죽음은 형의 죽음과 마찬가지로 보복 행위에 불과했다. 하지만 동시에 독재정이 자리잡기 시작하자마자 독재를 이끌 인물이 사라졌다는 사실은 옛 국제의 복귀를 향한 매우 중요한 걸음이었다. 이때 더욱 그럴 수밖에 없었던 것은, 가이우스의 파국과 오피미우스의 철저한 살인 재판을 겪으면서 이 순간, 쓰러진 국가 지도자의 친족이라는 이유로든 탁월한 능력 때문이든, 자신이 버려진 자리의 수습을 시도라도 해볼 정당성을 가졌다고 느낀 사람이 아무도 없었기 때문이다. 가이우스 그락쿠스는 자식을 남기지 않고 세상을 떠났다. 티베리우스가 남긴 어린 아들도 성년이 되기 전에 사망했다. 소위 민중당파는 전체적으로 글자 그대로 무인지경으로 거명할 만한 사람이 없었다. 그락쿠스의 국제는 지휘관 없는 성채와 같았다. 성벽과 병력은 그대로였지만 사령관이 없었다. 그리고 공석을 채울 만한 인물도 없었다. 몰락한 정부가 있을 뿐이었다.

복귀한 귀족당파

그래서 일은 그렇게 되었다. 상속자를 남기지 못한 가이우스 그락쿠스의 사망 이후 원로원 통치가 자연스럽게 회복되었다. 원로원 통치가 호민관에 의해 공식적으로 철폐된 것이 아니라, 다만 그락쿠스가 내놓은 예외 조치를 통해 사실적으로만 무너진 것이기 때문에 이는 더욱 당연한 일이었다. 하지만 이 복고를 단순히 국가 기구가 수백 년 동안 따랐던 옛 노선으로 돌아감으로 생각한다면, 그것은 큰 잘못이다. 복고는 언제나 또 다른 혁명이다. 그리고 이 경우는 옛 통치라기보다는 옛 통치자들이 돌아왔다고 하겠다. 과두정이 새롭게 무장한 채로, 몰락한 독재정의 군대 앞에 등장했다. 원로원은 그락쿠스를 그락쿠스의 무기로 전쟁에서 쓰러뜨린 것처럼, 그 후에도 계속해서 그락쿠스의 국제를 거의 대부분 그대로 유지한 채 통치를 이어갔다. 물론 그락쿠스 당시의 국제를 완전히 배제하지는 않겠지만, 통치를 맡은 귀족당파에 사실상으로 불리한 요소들은 철저하게 쓸어버리겠다는 뒷생각은 가지고 있었다.

민중당파의 기소

첫 번째 조치로 원로원은 상당 부분 인물에 집중했다. 원로원은 푸블리우스 포필리우스를 추방했던 법령을 철폐하고 그를 망명에서 풀어주었고(로마 건국 633년, 기원전 121년), 이어 그락쿠스 추종자들에 대한 고발 전쟁을 시작했다. 이에 대항하여 민중당파가 루키우스 오피미우스를 그의 퇴임 이후 반역죄로 고발하려 했으나, 정부를 장악한 당파에 의해 저지되었다(로마 건국 634년, 기원전 120년). 이 복고정부의 특징은 귀족당파의 정치의식에 발전이 있었다는 점이다. 가이우스 카르보는 일찍이 그락쿠스 형제의 동맹자였다가 오래전에 변절했고(제5권 154쪽), 최근에는 오피미우스의 지지자로서 열성과 유용성을 보여주었다. 하지만 그는 변절자였다. 민중당파가 오피미우스와 같은 죄목으로 그를 고발했을 때, 정부는 주저없이 그를 버렸고, 카르보는 두 당파 사이에서 길을 잃은 자신을 발견하자 스스로 죽음을 택했다. 반동당파는 인물 문제에서 여지없이 귀족당파임으로 보여주었다. 반면 반동당파는 곡물 분배, 아시아 속주의 과세, 심판인과 재판 규칙 등을 우선은 건드리지 않았다. 상인들과 수도의 무산자들을 일단은 보호했으며, 나아가 이들 세력을, 특히 무산자들을 리비우스 법 등의 도입에서처럼 그락쿠스 형제들이 그랬던 것보다 훨씬 더 분명하게 존중했다. 이것은 단순히 동시대인들의 마음이 아직도 여전히 그락쿠스의 혁명을 그리워하고 그 결과들을 지키려고 했기 때문만은 아니었다. 적어도 무산자들을 보호하고 돌보는 것이 사실적으로 귀족당파의 이득에 아주 완벽하게 부합했기 때문이었다. 이 정책으로 공공복리 말고 다른 무엇도 희생되는 것은 없었다.

복고정치 아래서 국유지 문제

공공복리를 도모하려는 가이우스 그락쿠스의 모든 정책은 최선의 정책이었지만 동시에 분명 그의 입법 가운데 가장 인기가 없는 부분들을 귀족당파는 철폐했다. 그락쿠스의 계획들 가운데 가장 대범한 계획이 더없이 빨리, 더없이 성공적으로 파괴되었다. 그것은 우선 로마 시민과 이탈리아를, 이어 이탈리아와 속주들을 법률적으로 동등하게 만들려는 계획이었다. 오직 지배하고 소비하는 국민과 오직 복종하고 노동하는 국민의 차별을 없애고, 동시에 역사상 가장 조직적이고 가장 포괄적인 이민을 통해 사회적 문제를 해결하려는 계획이었다. 복위된 과두정은 노령의 지독한 완고함과 불길한 아집으로 낡은 시대의 원칙을 고수했다. 이탈리아는 지배하는 땅으로, 로마는 지배하는 도시로 남아야 한다는 원칙을 새롭게 재확인했다. 그락쿠스의 생존시에도 명백한 사실인바, 이탈리아 동맹시들의 요구는 거부되었고, 그락쿠스 몰락의 가장 직접적인 이유였던 해외 식민지 건설이라는 웅대한 계획은 심각한 공격을 받았다. 그의 사망 이후 카르타고 재건 계획은 통치당파의 가벼운 노력으로 철회되었다. 물론 이때 이미 개인들에게 분배된 토지들은 수혜자의 몫으로 주어졌다. 민중당파가 다른 곳에서 유사한 식민지 건설에 성공하는 것까지 통치당파는 막을 수 없었다. 마르쿠스 플라쿠스가 시작한 알프스 너머의 정복 과정에서 로마 건국

636년(기원전 118년)에 또한 나르보 식민지가 건설되었다. 로마제국의 첫 번째 해외 식민도시였던 나르보는 통치당파의 다각적인 취소 청구에도 불구하고, 원로원이 나르보 식민지의 해체를 제시했음에도 불구하고, 식민지 건설에 참여한 상인계급의 이해관계 덕분에 지속적으로 존립을 유지했다. 하지만 이 중요하지 않은 예외적인 경우를 제외하면, 이탈리아 밖의 농지 분배를 통치당파는 성공적으로 막아냈다.

이와 유사한 방식으로 이탈리아 국유지 문제는 정리되었다. 가이우스 그락쿠스의 이탈리아 식민지들은, 특히 카푸아는 취소되었고, 식민지가 이미 건설에 이른 경우에는 청산되었다. 다만 중요하지 않은 타렌툼 식민지는, 기존의 희랍 공동체에 신도시 넵투니아를 부속시키는 방식으로 남겨졌다. 국유지를 비(非)식민지 방식으로 분배받은 경우에, 수혜자들은 토지를 그대로 보유했다. 그락쿠스가 공동체의 이익을 위해 제한한 조치들, 그러니까 세습토지 임차료와 매각 금지는 마르쿠스 드루수스가 취소했다. 반면 점유권이 생긴 국유지들은 라티움 사람들이 차지한 토지 이외의 국유지로, 대부분 그락쿠스의 최대 농지(제5권 130쪽)에 준하여 소유자들이 보유한 토지로 구성되었던 것인데, 최종적으로 이제까지의 점유자에게 귀속된다고 통치당파는 결의했다. 이로써 향후의 토지 분배 대상이 될 가능성이 없어졌다. 물론 이 토지들은 드루수스가 공약한 새로운 농가 3만 6,000호를 이주시킬 땅이었다. 하지만 이로써 그들은 수천 유게라의 국유지가 도대체 어느 구석에 박혀있을지 조사하는 수고를 덜었다. 리비우스 식민지법은 이제 그 역할을 성공적으로 마치고 조용히 문서고에 잠들었다. 스콜라키움(오늘날의 스퀼라체)이라는 작은 식민지만이 유일하게 드루수스 식민지법에 소급된다. 한편 원로원의 지시에 따라 호민관 스푸리우스 토리우스가 통과시킨 법에 따라 토지 분배 담당관직은 로마 건국 635년(기원전 119년)에 폐지되었고, 국유지의 소유자들에게는 확정 토지세가 부과되었는데, 이렇게 생긴 국가 수입은 수도의 빈민들을 위해 돌아갔다. 분명 곡물 분배의 자금은 부분적으로 여기서 확보되었고, 그 이상의 요구, 예를 들어 곡물 분배량의 확대는 합리적인 호민관 가이우스 마리우스에 의해 저지되었다. 8년 후(로마 건국 643년, 기원전 111년) 마지막 조치가 단행되었는데, 새로운 민회 의결을 통해[1] 점유된 국유지는 토지세가 면제된 사유재산으로 바뀌어 지금까지의 점유자들에게 불하되었다. 이에 덧붙여진 조항은, 향후 국유지는 일체 점유될 수 없으며, 오로지 임차되거나 공공 초지로 개방되어야 한다는 것이었다. 후자의 경우 대형 가축은 10두, 소형 가축은 50두로 최대치를 매우 낮게 설정함으로써, 거대 목축업자들이 소규모 목축을 실질적으로 배척하지 못하도록 했다. 이런 합리적인 규정들은 오래전에 포기한(제4권 171쪽) 점유체계의 폐해를 뒤늦게 공식적으로 인정한 것인데, 하지만 유감스러운 것은 이런 규정들이 점유체계가 상당 부분의 국유지를 국가로부터 빼먹은 이후에 시행되었다는 것이다. 따라서 로마 귀족들은 제 이익을 챙겼고, 점유 토지들 가운데 그들이 아직 가지고 있던 것을 사유재산으로 확보했다. 그리고 동시에 그들은 이탈리아 동맹시들을 달래기 위해, 동맹시와 특히 동맹시 귀족들이 사용

---

[1] 이는 상당 부분 아직도 전해지고 있는데, 지난 300년 동안 토리우스 농지법이라는 잘못된 명칭으로 알려져왔다.

하던 라티움 국유지를 사유재산으로 불하한 것은 아니지만, 그들에게
특권으로 확인된 권리가 축소되지 않도록 했다. 반대당파의 입지는
취약해졌다. 가장 중요한 물질적 문제에서 이탈리아인들의 이익은 로
마 반대당파의 이익과 정면으로 배치되었고, 이탈리아인들은 로마의
통치당파와 일종의 연합을 맺고, 몇몇 로마 민중 선동가들의 무절제
한 의도에 맞서 원로원에서 보호막을 찾았고 얻었다.

복고정치하의 기사계급과 무산자계급

따라서 복고정부는 그락쿠스 국제에 담긴 개혁 핵심들을 철저하게 도
려내는 데 힘쓴 반면, 그락쿠스가 깨운 전체 복리의 적대 세력에게는
완전히 무기력했다. 수도의 무산자계급은 인정된 피부양 자격을 계속
누렸다. 상인계급에서 뽑힌 심판인들을 원로원은 마찬가지로 받아들
였다. 물론 이 멍에가 귀족계급의 자부심 강한, 고귀한 일부에게는 거
북했지만 말이다. 귀족계급이 짊어진 이 족쇄는 그들의 체면을 깎아
먹었지만, 그들은 이를 벗어버리기 위해 진지하게 노력한 흔적을 보
이지 않았다. 마르쿠스 아이밀리우스 스카우루스는 로마 건국 632년
(기원전 122년) 최소한 국헌에 따라 해방 노예들의 투표권을 제한하는
법을 강화했는데, 이는 상당 기간 동안 원로원 정부가 무산자계급 독
재를 막기 위해 시도한 유일한—하지만 매우 온건한—조치였다. 기
사계급 심판인의 도입 이후 17년이 지난 시점에(로마 건국 648년, 기원
전 106년) 집정관 퀸투스 카이피오가 원로원계급 심판인에 의한 재판

으로 돌아가기를 제안했을 때, 이는 정부가 원하는 것이 무엇인지를 알려주는 동시에, 문제가 국유지의 투매가 아니라 강력한 사회계급의 규제를 관철시키는 것일 때, 정부가 얼마나 무기력한지를 보여주었다. 정부는 이에 실패했다.[2] 정부는 불편한 권력 동반자에게서 벗어날 수 없었다. 다만 이런 조치들은 그나마 한 번도 제대로 성사된 바 없는 통치귀족과 상인계급 및 무산자계급의 합의를 더욱 어지럽히는 데 기여할 뿐이었다. 양측은 원로원의 이제껏 모든 동의가 두려움 때문이며 마지못해 그렇게 했음을 매우 잘 알고 있었다. 고마움 때문에도 이익 때문에도 원로원의 통치에 지속적으로 매어있지 않을 것이며, 양자는 기꺼이 그들에게 좀 더 많거나 혹은 최소한 같은 이익을 제공하는 권력자라면 누구에게든 봉사할 준비가 되어 있었다. 또한 기회가 주어지면 언제든지 원로원을 괴롭히고 방해하지 않을 이유가 없었다. 이렇게 복고정부는 정당한 귀족정의 소망과 신념을 가지는 한편, 독재정의 국제와 통치수단을 동원하여 통치를 이어갔다. 귀족통치는 그락쿠스의 통치와 동일한 기반 위에 세워졌고, 비슷하게 열악하거나 혹은 좀 더 취약한 구조였다. 귀족통치는 무산자계급과 연합하여 합리적인 제도들의 파괴에는 강력했고, 길거리 패거리들과 상인들의 이해관계에는 무력했다. 귀족통치는 개운치 않은 마음과 분열된 희망으로 빈 왕좌를 차지했지만, 자기들이 통치하는 국가제도에 불만을 토

---

2 알려진 것처럼 이는 이후의 경과가 말해준다. 이에 대해 사람들은 발레리우스 막시무스(6, 9, 13)를 들어 퀸투스 카이피오가 원로원의 두호인으로 지명된 사실을 들곤 한다. 하지만 이는 부분적으로 충분히 증명되지 않으며, 부분적으로 말해지는 것과 달리 로마 건국 648년(기원전 106년)의 집정관에 부합하지 않는다. 여기에 이름이든 보고된 사실이든 어딘가에 잘못이 있음이 분명하다.

할 뿐, 이를 체계적으로 바로잡는 데는 무능했고, 자기들의 물질적 이득이 걸린 곳을 제외하고 일체의 행동과 조치에 확신을 가지지 못했으며, 상대 당파뿐 아니라 자기 당파에 대해서도 배신의 모습, 내적 모순의 모습, 처참한 무능력의 모습, 더없이 저열한 사리사욕의 모습, 한마디로 누구도 따라잡을 수 없는 실정(失政)의 모범을 보여주었다.

복고정치의 인물들

달리 어떻게 될 수가 없었다. 국가 전체는 지적·도덕적 타락에 접어들었고, 무엇보다 국가 최고 지도자들이 그러했다. 그락쿠스 시대 이전의 귀족계급은 아마도 재능이 탁월하지 않았고, 원로원 의석들은 비겁하고 타락한 귀족 불량배들로 가득 채워져 있었다. 하지만 거기에는 스키피오 아이밀리아누스, 가이우스 라일리우스, 퀸투스 메텔루스, 푸블리우스 크라수스, 푸블리우스 스카이볼라 등 상당수의 존경받을 만한 능력자들도 앉아 있었고, 선한 의지를 가진 자들도 있었기에, 원로원이 불법행위 가운데 일정한 절제를, 실정(失政) 속에 일정한 도의를 지켰다고 판단할 수 있다. 이 귀족정은 전복되었다가 이어 다시 회복되었다. 이제부터 이들에게 복고정치라는 저주가 내려졌다. 예전의 귀족계급이 겨우겨우 통치를 이어왔고 한 세기 이상 이렇다 할 반대가 없었다면, 이제 회복된 그들에게 위기가 어두운 밤의 번개처럼 발 앞의 나락을 비추었다. 장차 늘 분노가, 그들이 이를 감행할 때마다 공포가 옛 귀족당파의 통치를 규정하게 되었다는 것은 과연 놀랄 일인가? 통치자들이 굳게 뭉친 당파로 단합하여 피치자들을 지금까지보다 무한히 더욱 냉혹하고 폭력적으로 대하게 되었다는 것은 어떤가? 문벌통치가 혈통귀족들에 의해 더없이 타락했던 시대들처럼 이제 다시 등장하여 예를 들어 퀸투스 메텔루스의 네 아들들과 (아마도) 두 조카들이, (단 한 명을 예외로 하고 모두가 형편없는 자들이고 부분적으로 그 바보스러움 때문에 선출된 것이었다) 로마 건국 631년에서 645년까지(기원전 123년에서 109년까지) 15년 동안 하나도 빠짐없이 집정관에 선출되었고, 단 한 명을 예외로 하고 모두 개선식을 거행하게 되었다는 것, 사위들과 여타의 친족들은 거론도 하지 않았음에도 이 정도라는 것은 과연 어떤가? 귀족계급의 어떤 이가 반대당파에 대해 더욱 폭력적으로 잔인하게 굴수록 같은 당파로부터 더욱 크게 환영받게 된 것이나, 이런 참된 귀족의 어떤 악행도, 어떤 파렴치함도 용서되었다는 것은 과연 어떤가? 집권자들과 피치자들은 서로 전쟁법을 돌보지 않는 것만 빼면 전쟁 중인 두 집단과 닮았다는 것은 과연 어떤가? 유감스럽게도 너무 분명한 것은, 옛 귀족계급이 민중을 채찍으로 다스릴 때, 복귀한 귀족들은 민중을 투석기로 훈육했다는 것이다. 귀족들은 돌아왔지만, 영리하지도 현명하지도 못했다. 로마 귀족통치의 정치적이고 군사적인 능력이 이렇게 현저하게 부실한 시대는 그락쿠스 혁명과 킨나 혁명의 중간에 놓인 이 복고정치의 시대 말고 달리 없었다.

마르쿠스 아이밀리우스 스카우루스

이때의 원로원 당파를 이끈 지도자 마르쿠스 아이밀리우스 스카우루스는 이런 상황을 대표한다. 최고 귀족이지만 재산이 없었던 부모의 아들은 따라서 그의 비범한 재능을 발휘하지 않을 수 없었고, 집정관(로마 건국 639년, 기원전 115년)과 호구감찰관(로마 건국 645년, 기원전 109년)에 올랐다. 그는 오랫동안 원로원의 일인자였고, 계급 동료들의 정치적 조언자였으며, 연설가와 작가로서, 나아가 이 100년 동안 이루어진 국가 재건들 가운데 가장 눈에 띄는 것을 이끈 주창자로서 이름을 영원히 남겼다. 하지만 그를 가까이서 들여다보면 높이 칭송받는 그의 업적들은 그렇지 않았다. 그는 사령관으로서 알프스에서 몇몇 손쉬운 전승을 거두었고, 이와 마찬가지로 정치가로서 투표법과 사치법을 통해 혁명의 시대정신에 맞서 몇몇 진지한 승리를 거두었다. 그의 진정한 재능은 다른 존경할 만한 원로원 의원들처럼 매우 사교적이면서 쉽게 매수당하는 데 있었다. 하지만 그는 매우 약삭빠르게 일이 잘못된다 싶으면 바로 그 순간 냄새를 맡고 그의 귀족적이고 존경받을 만한 겉모습을 대중 앞에 드러내면서 파브리키우스를 연기하곤 했다. 군사적 관점에서 유능한 장교들이 귀족계급의 최상층부에서 등장한 매우 영광스러운 예외들이 있었다. 하지만 일반적으로, 귀족들은 그들이 군대를 이끌어야 할 때 희랍 군사 교과서와 로마 연대기를 매우 빠르게 읽고 군사적 토론에 필요한 것을 습득한 후에, 가장 양호한 경우를 보면, 야전에서 실제적 명령권은 입증된 능력과 검증된 겸손함을 갖춘 낮은 신분의 장교에게 넘겨주었다. 사실 원로원이 왕들의 회합에 비유되던 몇 세기 전만 해도, 그 후손들은 왕자다운 모습을 보여주었다. 하지만 이 복위 귀족들의 무능력은 그들의 정치적·도덕적 무가치함과 균형을 이루었다. 우리가 주목해야 할 종교적 상황은 이 시대의 황폐한 파탄지경을 충실히 반영하지 못하며, 마찬가지로 이 시대의 외적 역사는 이 시대의 가장 중요한 요소인 로마 귀족의 철저한 타락상을 제대로 보여주지 못하지만, 로마의 가장 큰 위기속에서 조금씩 모습을 드러내던 가장 끔찍한 악행들만으로도 이때의로마 귀족을 충분히 특징지을 수 있을 것이다.

복고정치 시대의 행정

대내외적으로 행정은 이런 정부에 기대할 수 있는 수준이었다. 이탈리아의 사회적 붕괴는 경악할 정도로 빠르게 확산되었다. 귀족계급은스스로에게 소규모 토지의 매입을 법적으로 허용한 이래, 새로운 자신감으로 스스로에게 소규모 토지 소유자들의 축출을 점점 더 자주허용하면서, 자작농들은 바다에 떨어진 빗방울처럼 사라져갔다. 정치적 과두정과 함께 경제적 과두정이 보조를 맞추게 되었다는 것은, 로마 건국 654년(기원전 100년)경에 온건한 민중파 루키우스 마르키우스필립푸스가 행한 발언에서 드러나는바, 시민을 통틀어 재산을 가진시민은 겨우 2,000가구가 되지 않는다는 것이다. 이에 대한 논평적 사건은 다시 킴브리인들의 전쟁 첫 번째 해부터 매년 이탈리아에서, 그러니까 루케리아, 카푸아, 투리이 지역에서 발생한 노예반란이었다.

투리이 지역의 반란은 아주 심각했고 이에 도시 법무관은 로마 군단을 이끌고 반란군에 맞서 출정해야 했다. 하지만 반란군의 진압은 무력이 아니라 음흉한 계략에 의해 이루어졌다. 그런데 예사롭지 않은 조짐은, 반란군을 이끈 자가 노예가 아니라 로마 기사계급의 티투스 베티우스였다는 것이다. 그의 부채가 그를 이런 광기어린 행보로 내몰았던 것인데, 그는 그의 노예들에게 자유를 선언하고 스스로를 그들의 왕으로 선포했다(로마 건국 650년, 기원전 104년). 이탈리아의 노예 규모 확대를 얼마나 위험하게 생각했는지를 사금 채취에 관한 선제 조치가 보여주는데, 로마 건국 611년(기원전 143년) 이래 로마 정부 회계를 위해 운영되던 빅투뮬라이의 사금 채취업을 맡은 도급업자들에게 우선 5,000명 이상의 노동자를 고용하지 말라고 지시했으며, 이후 원로원 의결로 사금 채취를 전면적으로 금지했다. 현재와 같은 정부는 실제로 모든 것을 두려워했는데, 매우 가능성이 높은 일로 만약 알프스 저쪽 갈리아의 군대가 이탈리아로 쳐들어와 상당 부분 동족인 노예들에게 무기를 들라고 외칠지도 몰랐기 때문이었다.

속주들

속주들은 상대적으로 더 가혹한 일을 겪고 있었다. 동인도에서 영국 귀족이 예전의 로마 귀족처럼 굴었다면 그 지역 사정이 어떠했을지 짐작할 수 있는 사람이라면 시킬리아와 아시아의 사정을 상상할 수 있을 것이다. 입법은 상인계급에게 관리의 통제권을 양도했고, 어쩔 수 없이 속주 관리들은 어느 정도 상인계급과의 이익 공동체가 되었고, 자본가들에게 매수되어 그들에게 무조건적인 양보를 통해 무제약적 약탈 자유와 소송에 대한 법률적 보호를 보장했다. 이들 공적 도적과 반(半)공적 강도와 함께 산적들과 해적들도 지중해의 모든 농지를 약탈했다. 특히 아시아 해역에서 해적들이 지독한 노략질을 벌였고, 로마 정부도 로마 건국 652년(기원전 102년) 대부분 종속된 상업도시들에서 차출된 선박들로 구성된 함대와 함께 대리 집정관적 권한의 법무관 마르쿠스 안토니우스를 킬리키아로 파견할 필요가 있다고 생각했다. 그의 함대는 상당수의 해적선을 나포했고, 몇몇 은신처들을 파괴했다. 나아가 로마인들은 여기에 심지어 장기적으로 주둔했으며, 해적질의 억제를 위해 해적들의 본거지인 거친 서부 킬리키아에 강력한 군사 기지를 마련했다. 이는 그때 이후 로마 속주들 가운데 하나로 등장하는 킬리키아 속주 건설의 첫 걸음이었다.[3] 의도는 칭송할 만하며, 계획 자체는 합목적적으로 설계되었다. 하지만 아시아 해역에서, 특히 킬리키아 유역에서 해적선의 불법행위가 지속되고 증가했다는

---

[3] 자주 언급되는바, 킬리키아 속주의 건설은 로마 건국 676년(기원전 78년) 푸블리우스 세르빌리우스의 킬리키아 원정 이후에 비로소 시작되었다는 주장은 잘못되었다. 우리는 로마 건국 662년(기원전 92년)에 술라가 킬리키아 속주의 총독이었으며(App. *Mithr.* 57; *civ.* 1, 77; Aur. *Vict.* 75), 로마 건국 674년과 675년(기원전 80년과 79년)에 그나이우스 돌라벨라(Cic. *Verr.* 1, 16, 44)가 총독이었음을 알아냈다. 따라서 킬리키아 속주의 건설을 로마 건국 652년(기원전 102년)으로 잡는 것 말고 달리 가능한 것은 없다. 이에 대해 긍정적인 증거는, 이 시대에 해적 소탕을 위한 로마군 원정들은, 예를 들어 발레아레스, 리구리아, 달마티아의 해적들에 대해 주기적으로 행해졌으며, 로마군은 해적이 출현하는 해안 요충지를 점령하곤 했다는 사실이다. 로마인들이 상설 함대를 보유하지 않았기 때문에 해적을 제지하는 유일한 방법은 해안지대의 점령이었다. 게다가 기억해야 할 것은, *provincia*라는 개념이 반드시 영토의 확보를 전제하는 것은 아니지만, 독립적인 군사적 파견은 함축한다는 것이다. 매우 가능성이 높은 것은, 로마인들이 우선 이 거친 킬리키아에 전함과 병력을 위한 주둔지만을 확보했다는 것이다.

사실은 유감스럽게도 얼마나 부적절한 수단으로 새로 획득한 지역에서 해적들과 싸웠는가를 증명할 뿐이다.

노예 반란

하지만 로마 속주 행정의 무능력과 불합리가 적나라하게 드러난 것은 노예 무산자계급의 반란이었다. 이들은 귀족당파의 복위와 동시에 예전 상태로 되돌아가게 된 것으로 보인다. 반란에서 전쟁으로 비화하는 노예 봉기는 로마 건국 620년(기원전 134년)경에 그락쿠스 혁명의 한 원인, 아마도 가장 근접한 원인이었는데, 이제 슬프게도 똑같이 새롭게 발발했다. 30년 전처럼 다시 로마제국의 모든 노예가 끓어올랐다. 이탈리아 전체의 폭동은 앞서 언급되었다. 아티카 은광들에서 채굴 노동자들이 폭동을 일으켰고, 이들은 수니온곶을 차지하고 오랫동안 그곳을 근거로 주변을 약탈했다. 다른 곳들에서도 유사한 움직임이 있었다.

무엇보다 이런 가공할 사건의 중심지는 시킬리아였고, 그곳에는 대규모 농장들과 그곳에 모여드는 소아시아 출신의 노예 집단들이 있었다. 노예 소유주들의 극악한 불법행위를 제지하려는 정부의 시도가 오히려 새로운 폭동의 가장 큰 원인이 되었다는 사실은 병의 심각성을 보여준다. 시킬리아에서 자유 무산자들이 노예들보다 사정이 좋은 것이 아니었음은 첫 번째 폭동에 대한 그들의 태도에서 확인된다(제5권 118쪽). 로마 투기자본가들은 폭동의 진압 이후 이들에게 보복을 가했고, 자유 속주민들은 집단으로 노예로 전락하고 말았다. 이에 로마 건국 650년(기원전 104년) 원로원은 준엄한 조치를 취했고, 당시의 시킬리아 총독 푸블리우스 리키니우스 네르바는 쉬라쿠사이에 자유 법정을 설치했으며, 실제로 법정은 엄정하게 사건을 다루었다. 짧은 시간에 800건의 소송이 노예 소유자들에게 제기되어 판결되었고, 계류된 사건의 수는 계속해서 증가했다. 기겁한 대농장 소유자들이 쉬라쿠사이로 몰려들었고, 로마인 총독에게 그런 전대미문의 재판을 기각하도록 요구했다. 네르바는 약해빠져서 겁을 잔뜩 집어먹고, 소송을 요구하는 비자유민들에게 무뚝뚝하게, 권리와 정의의 성가신 요구를 중단하고 즉시 그들의 주인이라고 불리는 사람들에게도 돌아가야 한다고 지시했다. 소송이 기각된 비(非)자유민들은 돌아가는 대신 폭동을 일으켰고 산으로 들어갔다. 속주 총독은 군사적 수단을 가지지 못했고 시킬리아 지역군도 즉시 동원할 형편이 아니었다. 때문에 그는 시킬리아의 가장 유명한 산적 두목들 가운데 한 명과 연합을 맺고, 사면을 약속하고 그를 찾은 폭동 노예들을 로마인들에게 넘기도록 만들었다. 그래서 그 노예들은 진압되었다. 하지만 도망친 노예들 가운데 일부 무리는 엔나(오늘날의 카스트로지오반니) 수비대의 일부를 격퇴하는 데 성공했고, 이 첫 번째 성공이 반란자들에게 이들이 가장 필요로 했던 무기와 협력자를 모아주었다. 도망치고 살해된 적의 무기는 이들을 군사 조직으로 만드는 첫 번째 기반이 되었고, 곧 몰려든 반란자의 수는 수천에 이르렀다. 낯선 땅의 이 쉬리아 사람들은, 그들의 선배들처럼, 고향에서처럼, 왕들의 통치를 받는 것을 부당하다 생각하지 않았으며, 고향 땅의 초라한 왕을 이름까지 흉내내어, 노예 살비우스를 그들의 우두머리로 삼았고 그를 트뤼폰왕이라고 불렀다. 이들

무리가 본거지를 마련한 엔나와 레온티니(오늘날의 렌티니) 중간 지역에 열린 평야가 있었는데, 반란군이 이를 점령했고, 모르간티아 등의 도시들을 벌써 포위하고 있었다. 아주 급하게 끌어모은 시킬리아와 이탈리아 병사들을 데리고 로마 총독이 모르간티아 앞의 노예 반란군에게 달려갔다. 총독은 무방비의 군영을 차렸다. 노예들은 놀라긴 했지만 용감하게 맞섰고, 전투가 벌어지자 시킬리아 지역군은 첫 번째 격돌부터 도망쳤고, 노예들이 무기를 버리고 달아나는 자들을 그냥 내버려두었기 때문에 지역군 병사들은 거의 예외 없이 도망칠 기회를 놓치지 않았다. 로마군은 완전히 흩어졌다. 모르간티아 안의 노예들이 만약 모르간티아 성문 앞의 노예들과 똑같이 했다면, 도시는 함락되었을 것이다. 노예들은 주인들로부터 합법적으로 자유가 그들에게 주어지길 원했고, 주인들을 도와 용감하게 도시를 구했다. 하지만 얼마 후 로마 총독은 노예들에게 주인들이 엄숙하게 행한 해방의 약속은 강요에 의한 것이기에 법적으로 유효하지 않다고 선언했다.

아테니온

반란이 시킬리아 내륙에서 우려스러운 방식으로 확산되는 동안, 해안 지역에서 두 번째 반란이 일어났다. 두 번째 반란의 우두머리는 아테니온이었다. 그는 클레온처럼 일찍이 고향 킬리키아에서 가공할 만한 산적 두목이었고, 노예가 되어 시킬리아에 끌려와 있었다. 그는 그의 선배들과 마찬가지로 무엇보다 예언술 등 믿음을 불러일으키는 속임수를 가지고 희랍과 쉬리아 출신의 추종자들을 끌어모았다. 전쟁에 능하고 통찰력이 깊었던 그는 다른 반란 지도자들과 달리 그에게 몰려든 사람들을 모두 무장시키는 대신, 전투에 탁월한 자들로만 잘 조직된 군대를 편성했고, 군중들에게는 평화로운 업무에 종사하도록 시켰다. 일체의 동요와 일체의 불복종을 처벌하는 군대의 엄격한 규율을 통해, 평화로운 지역민들과 포로들에 대한 온건한 대우를 통해 그는 빠르게 큰 성공을 거두었다. 두 반란 주모자들이 세력을 합하지 못할 것이라는 희망은 이번에는 로마인들을 속였다. 자발적으로 아테니온은 자신보다 훨씬 능력이 못 미치는 왕 트뤼폰에게 복종했고, 이로써 반란자들끼리의 단합이 이루어졌다. 이들은 거의 무제한적이다 싶을 정도로 평야지대를 휩쓸고 다녔고, 그곳의 자유 무산자들은 이들 노예들과 그럭저럭 터놓고 지냈다. 로마 관리들은 이들에 맞서 출전하지 못했고, 다만 시킬리아 군단과 서둘러 징집된 아프리카 군단을 데리고 도시들을 방어하는 데 만족해야 했다. 도시들은 매우 개탄스러운 지경에 처해 있었다. 재판은 섬 전체에서 중단되었고 오로지 주먹의 원리가 지배하고 있었다. 농경에 종사하는 도시민들은 성문을 나서지 않았고 농민들은 도시로 감히 들어오지 않았기 때문에, 더없이 무서운 굶주림이 찾아왔다. 보통 때라면 이탈리아를 먹여 살리던 시킬리아의 도시 주민들은 로마 관리들로부터 곡물 배급을 지원받아야 했다. 더군다나 성벽 밖에 반란군들이 봉기한 상태에서 사방에서 내부적으로 도시 노예들의 반란이 일어날 조짐이 보였다. 메사나조차 하마터면 아테니온에 의해 정복될 뻔했다.

심각한 킴브리인들의 전쟁 때문에 로마 군단의 제2차 파병으로 정부가 곤란을 겪고 있었지만, 정부는 로마 건국 651년(기원전 103년)에 이탈리아인들과 로마인들로 구성된 1만 4,000명의 군대를—해외에 징집된 시민군은 제외하고—법무관 루키우스 루쿨루스 지휘하에 시킬리아로 보내지 않을 수 없었다. 통합된 노예 반란군은 스키아카 외곽의 산악에 주둔하며 루쿨루스가 시작한 전투에 응하고 있었다. 잘 조직된 군대는 로마에 승리를 가져다주었다. 죽은 것처럼 보인 아테니온은 전쟁터에 버려졌고, 트뤼폰은 트리오칼라라는 산성으로 피신해야 했다. 반란자들은 전쟁을 계속할 것인지를 놓고 진지하게 고민했다. 하지만 마지막 한 사람까지 버텨야 한다는 결연한 의지를 보인 쪽이 지휘부를 장악했다. 기적적으로 구조된 아테니온은 동료들 가운데 나타나 무너졌던 사기를 되살렸다. 무엇보다 이해할 수 없는 일은, 승리를 굳혀야 할 루쿨루스가 아주 사소한 일조차 하지 않았다는 점이다. 사람들은 그가 군대를 해산하고 전투 장비를 불태운 것은 의도적이었다고 말한다. 그의 관직 수행이 아무런 성과를 거두지 못한 것처럼 덮어버리고 그의 후임자에게 가려지지 않으려는 것처럼 보였다는 것이다. 이것이 사실이든 아니든, 그의 후임자 가이우스 세르빌리우스(로마 건국 652년, 기원전 102년)도 더 나은 성과를 거두지 못했다. 두 사령관은 후에 관직 수행과 관련해서 법적으로 고발당했고, 물론 이들의 잘못은 전혀 확실히 입증되지 않았음에도, 유죄 판결을 받았다. 트뤼폰의 사망 이후(로마 건국 652년, 기원전 102년), 아테니온은 단독으로 명령권을 승계했고, 위풍당당한 군대를 지휘하며 승리를 거두었다. 로마 건국 653년(기원전 101년) 마니우스 아퀼리우스가 집정관이자 총독으로 전쟁 지휘권을 인수했다. 그는 바로 전 해에 테우토네스족과의 전쟁에 참가하여 마리우스 휘하에서 용맹을 떨친 자였다. 2년에 걸친 맹렬한 전투 끝에—아퀼리우스는 아테니온과 맞붙게 되었고 맞대결에서 그를 죽였다고 전한다—로마 사령관은 마침내 전의를 상실한 적군을 무찔렀고 반란군들을 마지막 은신처로 몰아넣어 굶주림으로 봉쇄했다. 시킬리아의 노예들에게 무기 소지가 금지되었고 다시 섬에 평화가 찾아왔다. 다른 말로 하면, 옛 박해자들이 새로운 박해자들로 대체되었다. 특히 승자 자신은 이 시대의 수많은 열성적 약탈 관리들 가운데 제일 좋은 자리를 차지했다. 만약 복위 귀족 정부가 내부적으로 어떠했는지에 관해서 아직도 증거를 더 요구하는 사람이 있다면, 그에게 5년 동안 이어진 제2차 시킬리아 노예 전쟁의 원인 및 결과를 제시할 수 있을 것이다.

피호국들

하지만 로마의 통치를 넓은 범위에서 들여다보더라도, 같은 원인과 같은 결과를 보게 될 것이다. 로마 정부가 무산자계급의 억제라는 아주 단순한 과제조차도 제대로 해결하지 못했음을 보여주는 것이 시킬리아 노예전쟁이라면, 아프리카에서 벌어진 동시대의 사건들은, 이제 로마가 피호국들의 통치를 어떻게 생각하고 있었는지를 말해준다. 시킬리아 노예전쟁이 발발한 것과 동시에, 놀란 세상의 눈앞에 볼 만한 구경거리가 펼쳐졌다. 마케도니아왕국과 아시아의 왕국들을 묵직한 주먹 한 방에 때려눕힌 강력한 공화국에 맞서 시시한 피호 군주가 무기가 아니라 통치자의 저열함을 이용해 14년 동안 권리 침해와 반란을 지속할 수 있음을 보여주었던 것이다.

누미디아왕국

누미디아왕국은 말바강(오늘날의 몰로카트강)에서 대(大)쉬르티스(제3권 298쪽 이하)에 이르는 나라로, 한편으로 팅기스(오늘날의 탕헤르)의 마우레타니아 왕국(오늘날의 모로코)에, 다른 한편으로는 퀴레네와 이집트에 닿아 있으며, 해안가를 따라 형성된 로마의 아프리카 속주를 서쪽과 남쪽, 동쪽에서 둘러싸고 있었다. 이는 누미디아왕국의 옛 영토 외에도, 카르타고가 번영하던 시점에 차지했던 아프리카의 대부분을 아우르는 크기였다. 여기에는 여러 중요한 옛 페니키아 도시들이 포함되었는데, 예를 들어 히포 레기우스(오늘날의 보네)와 렙티스 마그나(오늘날의 레비다) 등이다. 누미디아는 풍요로운 북아프리카 해안 지역의 가장 큰 부분을, 가장 비옥한 부분을 차지했다. 이집트 다음으로 누미디아는 의문의 여지없이 모든 로마 피호국들 가운데 가장 중요한 나라였다. 마시니사의 죽음 이후(로마 건국 605년, 기원전 149년) 스키피오는 마시니사의 세 아들인 미킵사, 굴루사, 마스타나발을 모두 왕으로 삼고 선친의 왕권을 나누되, 큰아들은 왕국과 국고를, 둘째아들은 전쟁을, 셋째아들은 재판을 담당하게 했다(제5권 48쪽). 맏아들 미킵사[4]는 두 형

---

[4] 누미디아왕가의 가계도는 이러하다. 마시니사(로마 건국 516~605년, 기원전 238~149년). 마시

제의 사망 이후 다시 단독으로 왕권을 행사했다. 그는 약하고 온화한 노인으로 국사보다는 희랍 철학의 연구에 몰두했다. 미킵사의 아들들이 아직 장성하지 않았기에 사실적으로 권력의 고삐는 그의 조카, 사생아로 태어난 왕자 유구르타가 맡았다.

　손자 유구르타는 마시니사에 못지않은 사내였다. 그는 잘생겼으며 능란하고 용감한 기수이자 사냥꾼이었다. 왕국의 백성들은 빛나고 현명한 통치자를 높이 존경했다. 그는 누미디아군의 통솔자로서 그의 군사적 재능을 스키피오가 지켜보는 가운데 누만티아에서 과시했다. 왕국에서 그의 위치, 그가 로마 정부의 수많은 친구와 전우를 통해 확보한 영향력 등은 미킵사왕에게 그를 입양하는 것이 좋겠다는 생각을 하게 만들었고(로마 건국 634년, 기원전 120년), 미킵사왕은 두 친아들 아드헤르발과 히엠프살과 함께 양아들 유구르타까지 셋이, 본인이 그

니사의 장남 미킵사(로마 건국 636년, 기원전 118년 사망), 차남 굴루사(로마 건국 636년 이전, 기원전 118년 이전에 사망), 삼남 마스타나발(로마 건국 636년 이전, 기원전 118년 이전에 사망). 미킵사의 장남 아드헤르발(로마 건국 642년, 기원전 112년 사망), 차남 히엠프살 1세(대략 로마 건국 637년, 기원전 117년 사망), 삼남 미킵사(로마 건국 607년, 기원전 147년 출생). 굴루사의 아들 마시바(로마 건국 643년, 기원전 111년 사망). 마스타나발의 장남 가우다(로마 건국 666년 이전, 기원전 88년 이전 사망), 차남 유구르타(로마 건국 650년, 기원전 104년 사망). 가우다의 아들 히엠프살 2세, 히엠프살 2세의 아들 유바 1세, 유바 1세의 아들 유바 2세. 유구르타의 아들 옥섬타스.

의 두 동생들과 그랬던 것처럼, 공동으로 왕국을 유증받아 통치하라고 유언장을 적었다. 좀 더 확실성을 높이기 위해 유언의 집행을 로마 정부가 보증하도록 했다.

상속을 위한 전쟁

얼마 후 로마 건국 636년(기원전 118년)에 미킵사왕은 사망했다. 유언장이 집행되었다. 하지만 미킵사의 두 아들들, 특히 유약한 형보다 성미가 급한 히엠프살은, 적자 승계의 방해자로만 생각되는 사촌과 곧 갈등에 빠졌고, 세 왕의 공동 통치라는 생각은 버려야 할 정도였다. 실질적 권력 분할이 시도되었다. 하지만 갈등에 빠진 왕들은 국토와 국고의 분할 비율에 합의하지 못했고, 법적 결정 권한을 가진 유언 보증인은 늘 그렇듯이 이 문제에 개입하지 않았다. 마침내 갈등이 폭발했다. 아드헤르발과 히엠프살은 아버지의 유언장이 조작되었다고 말하고 유구르타의 공동 상속 일체를 부정했다. 반면 유구르타는 전체 왕국의 왕위 계승자임을 주장했다. 그런데 왕권 분할을 논의하는 중에 히엠프살이 매수된 암살자에 의해서 살해되었다. 이로 인해 아드헤르발과 유구르타 사이에 내전이 발발했고, 이에 누미디아 전체가 내전에 휩싸였다. 상대적으로 소수지만 잘 훈련된 병사들을 데리고 유구르타는 승리를 거두었고, 사촌형을 따르는 장군들을 잔인한 추격으로 쫓아 왕국 전체를 장악했다. 아드헤르발은 로마 속주로 도망쳤고 거기서 다시 로마로 갔다. 탄원하기 위해서였다. 유구르타는 위협적 간섭에 맞설 것을 예상하고 이에 대비했다. 그는 누만티아 군영에서 로마의 전술만큼이나 로마에 관해 배워 알고 있었다. 누미디아 왕자는 로마 귀족계급으로 들어가 로마의 당파 계략을 입문했고 그 수원지에서 로마 귀족에게 기대할 수 있는 것이 무엇인지를 연구했다. 미킵사가 죽기 16년 전에 이미 그는 누미디아왕국의 승계 문제를 놓고 귀족 출신 로마 전우들과 불온한 협상을 벌였고, 스키피오는 그에게 명심해야 할 바를 충고하지 않을 수 없었다. 이방의 왕자는 로마 시민 개인이 아니라 로마 정부와 우정을 맺으려고 노력하는 것이 올바른 처신이라는 충고였다. 이어 유구르타의 사신들이 로마에 당도했다. 단순히 말로만 해결할 것처럼 보이지는 않았다. 하지만 그들이 올바른 외교적 설득 수단을 선택했음은 결과를 통해 알 수 있다. 아드헤르발의 정당한 권리를 아주 열심히 대변하던 자들도 놀라운 속도로 설득되어, 히엠프살이 잔인함 때문에 부하에 의해 살해된 것이고 상속 전쟁의 유발자는 유구르타가 아니라 아드헤드발이라고 믿어버렸다. 이런 놀라운 추문에 로마의 지도자들도 경악을 금치 못했다. 마르쿠스 스카우루스는 이를 조정하려고 시도했지만, 헛수고였다. 사건을 침묵 속에 묻어버린 원로원은 두 명의 상속자가 똑같이 왕국을 양분하되, 분쟁을 방지하기 위해 분할을 원로원의 특사가 맡는다고 결정했다. 특사단이 도착했다. 집정관 역임자 루키우스 오피미우스는—그는 혁명 세력 진압의 공적으로 유명한 인물이다—이를 애국의 대가를 받아낼 기회로 생각했고, 특사단장을 자천으로 맡았다. 왕국 분할은 철저히 유구르타에게 유리하게 그리고 특사단에게 섭섭하지 않게 진행되었다. 수도 키르타(오늘날의 콩스탕틴)와 수도에 딸린 항구 루시카데(오늘날의 필립빌)는 아드헤르발에게 넘어갔지만, 이 결정으로 그에게는 거의 사막으로 채워진 왕국 동부가 주어졌다. 반면 유구르 타에게는 인구가 많고 비옥한 왕국 서부(나중에 시티피스의 마우레타니아와 카이사레아의 마우레타니아)가 주어졌다.

키르타 정복

좋지 못한 분할이었다. 이후 사정은 더욱 악화되었다. 자위권 발동의 외형을 갖추고 아드헤르발로부터 나머지 절반을 빼앗기 위해 유구르 타는 전쟁을 택하도록 그를 자극했다. 오랜 경험으로 영리해진 허약한 왕은 유구르타의 기병대가 그의 영토에 거침없이 들어와 불을 놓는데도 방관했고, 고작 로마에 이를 탄원할 뿐이었다. 조급해진 유구르타는 번거로운 절차를 걷어치우고 명분도 없이 전쟁을 시작했다. 오늘날의 필립빌 지역에서 아드헤르발은 완패했고 멀지 않은 수도 키르타로 몸을 피했다. 포위 공격이 진행되고 유구르타의 군대가 키르타에 거주하는 많은 이탈리아인들과—이들은 아프리카인들보다 열심히 도시 방어에 참여하고 있었다—매일매일 맞붙어 싸우는 동안, 로마 원로원에서 아드헤르발의 첫 번째 탄원을 처리하도록 보낸 특사단이 도착했다. 특사단은 당연히 경험이 부족한 젊은이들이었는데, 당시 정부는 국가가 파견하는 사신으로 흔히 이런 인물들을 파견했다. 특사단은 유구르타에게 자신들이 아드헤르발의 보호관으로 파견되었으니 도시로 들어갈 수 있게 해달라고, 전투를 중단하고 중재를 받아들이라고 요구했다. 유구르타는 두 요구를 모두 간단히 거절했고, 특사단은 서둘러 귀향했다. 그들은 마치 수도 로마의 아버지들에게 이를 보고하려는 소년들 같았다. 아버지들은 보고를 경청했고 키르타에 있는 동포들에게 그들이 원하는 만큼 계속 싸울 것을 허락했다. 5개월 동안 포위가 이어졌고, 아드헤르발의 전령 한 명이 적의 포위망을 뚫고 나와, 눈물의 탄원으로 가득한 왕의 서신을 원로원에 전달했을 때야 비로소, 원로원은 재빠르게 움직였고 실제로 결의 하나를 내놓았다. 소수파가 주장한 선전포고는 아니었고, 다만 새로운 사신단을 파견한다는 것이었다. 원로원은 단장으로 마르쿠스 스카우루스를 세웠는바, 타우리스키인들의 위대한 정복자이며 해방 노예들의 억압자이며, 귀족계급의 위풍당당한 영웅인 그가 등장하는 것만으로 말을 듣지 않는 왕이 다른 생각을 하게 될 것이라고 여겼다. 실제로 유구르타는 시키는 대로 우티카에 나타났고, 스카우루스와 협상을 벌였다. 논쟁은 끝없이 이어졌다. 마침내 회합은 끝났고 아주 작은 결론도 도출해내지 못했다. 사신단은 전쟁 선언을 하지 않고 로마로 돌아갔고 왕은 키르타의 포위 공격을 위해 떠났다. 아드헤르발은 자신이 벼랑 끝에 몰렸다는 것을 알았고 로마의 지원에도 회의적이었다. 키르타의 이탈리아인들은 포위 공격에 지치고 자신들의 안위는 로마라는 이름 때문에 안전할 것이라고 확신하여 항복으로 기울었다. 마침내 도시는 무조건 항복을 선언했다. 유구르타는 사촌을 잔인한 형틀에서 처형할 것과, 도시의 모든 성인 남성을 아프리카인들이든 이탈리아인들이든 가리지 않고 죽일 것을 명령했다(로마 건국 642년, 기원전 112년).

로마의 개입

분노의 함성이 이탈리아 전체에서 일었다. 원로원의 소수파와 원로원 밖의 모두가 한 목소리로, 조국의 명예와 이익을 상품으로밖에 여기지 않는 정부를 비방했다. 상인계급의 목소리가 가장 컸다. 그들은 로마와 이탈리아 상인들이 키르타에서 희생됨으로써 가장 크게 피해를 입은 자들이었다. 원로원의 다수파는 여전히 반대하고 있었다. 그들은 귀족계급의 이익에 호소하며 협력하여 사무 지연의 모든 수단을 강구했고 그들이 원하는 평화를 계속 유지하려 했다. 하지만 로마 건국 643년(기원전 111년)의 호민관으로 선출된 가이우스 멤미우스는— 그는 달변에다 용감한 사내였다—호민관 직무를 시작하자마자 앞서의 거래를 공개적으로 성토했고, 더없이 흉악한 이 범죄를 법정으로 가져가겠다고 위협했다. 그리하여 원로원이 유구르타에게 선전포고를 하게 만들었다(로마 건국 642/643년, 기원전 112/111년). 심각해 보였다. 유구르타의 사신들은 발언 기회도 얻지 못하고 이탈리아에서 추방되었다. 새로운 집정관 루키우스 칼푸르니우스 베스티아는 적어도 계급 동료들 중에서는 통찰력과 추진력이 돋보이는 사람으로, 전쟁 준비에 힘을 기울였다. 마르쿠스 스카우루스는 아프리카 군단의 지휘권을 맡았다. 곧 로마 군단도 아프리카 땅에 상륙했고, 바그라다강(오늘날의 메제르다강)으로 행군하여 누미디아왕국으로 진격했다. 이때 왕권 소재지에서 아주 멀리 떨어진 도시들, 예를 들어 렙티스 마그나는 벌써부터 자진해서 항복 문서를 보내왔고, 마우레타니아의 왕 보쿠스는 딸을 유구르타와 혼인시켰으면서도 로마인들과 우정과 동맹

을 맺고자 했다. 유구르타도 전의를 상실하고 전령을 로마 사령부에
보내 휴전협정을 간청했다. 전쟁의 끝이 머지않은 듯 보였고 실제로
생각보다 일찍 찾아왔다. 보쿠스왕과의 협정은 좌초되었는바, 로마의
관행을 잘 모르는 왕이 로마에게 유리한 이런 협정은 돈 들이지 않고
맺을 수 있다고 생각해서, 사신단에게 로마 동맹의 시장 가격을 들려
보내길 주저했기 때문이었고, 반면 유구르타는 로마의 관행을 잘 알
고 있어 휴전협정을 맺으면서 이에 합당한 통과 비용을 지불하는 데
주저함이 없었기 때문이었다. 하지만 유구르타도 착각하고 말았다.
첫 협상에서 확인된 것은 휴전뿐만 아니라 평화도 따로 구입해야 한
다는 것이었다. 왕의 금고는 마시니사 시대부터 가득 채워져 있었다.
가격 협상은 빠르게 끝났다. 협정이 체결되었다. 하지만 먼저 형식상
으로 협정은 참모회의에 상정되었고 이례적인 아주 짧은 토론이 있은
후에 협정이 발효되었다. 유구르타는 무조건 항복을 했다. 승자는 사
면을 베풀어 왕에게 그의 왕국을 그대로 되돌려주었다. 왕은 대신 적
절한 보상을 지불했고, 로마군 도망자들과 전투 코끼리가 전달되었다
(로마 건국 643년, 기원전 111년). 하지만 왕은 전투 코끼리의 상당수를
나중에, 로마의 지역 지휘관들 및 장교들과 개별적으로 계약을 맺어
다시 사들였다.

  이 소식이 로마에 전해졌고 폭풍이 다시 일어났다. 온 세상이 휴전
이 어떻게 이루어졌는지 알았다. 스카우루스조차도 매수 가능했고,
다만 일반적인 원로원 평균가보다 좀 더 높을 뿐이었다. 휴전의 합법
성에 관해 원로원에서 심각한 논쟁이 있었다. 가이우스 멤미우스는
왕이 실제로 무조건 항복한 것이라면 로마에 오는 것을 거부해서는

안 된다고 선언했다. 또 왕을 소환하여 매우 이례적인 휴전협상에 관해 평화협상을 진행한 양측의 심문을 통해 사실 관계를 명백히 해야 한다고도 했다. 사람들은 이 불편한 요구를 받아들였다. 하지만 동시에 왕이 적이 아니라 항복한 자로서 로마에 오는 것이기 때문에 위법하게도 왕에게 치외법권이 인정되었다. 이에 왕은 실제로 로마에 와 운집한 인민 앞에서 열린 청문회에 참석했다. 인민은 치외법권을 존중하기로 동의했고 키르타에서 이탈리아인들을 죽인 살해자를 거기서 찢어죽일 수 없었다. 하지만 가이우스 멤미우스가 왕에게 첫 번째 질문을 하자마자 그의 동료 가운데 한 명이 그의 거부권을 행사하여 왕에게 침묵하라고 명령했다. 여기서도 아프리카의 금력(金力)이 주권 인민과 최고 정무관의 의지보다 강력하다는 것이 입증되었다. 그 사이 원로원에서는 방금 맺은 휴전협정의 유효성을 놓고 논의가 계속되었다. 새로운 집정관 스푸리우스 포스투미우스 알비누스는 열심히 휴전협정을 무효화해야 한다는 입장을 지지했는데, 그의 의도는 아프리카의 최고 사령관직을 본인이 맡으려는 것이었다. 이에 힘입어 마시니사의 손자로 로마에 살고 있던 마시바는 누미디아왕국의 왕권을 원로원에서 인정받고자 했다. 유구르타왕의 충신 가운데 한 명인 보밀카르는 주군의 경쟁자를, 분명 주군의 명에 따라, 암살로 제거했다. 이에 대해 재판에 회부되었지만, 유구르타의 도움으로 로마를 빠져나갔다.

휴전협정의 무효화

로마 정부의 눈앞에서 저질러진 새로운 범죄 때문에 원로원은 이제 휴전협정을 무효화했고 왕을 로마에서 추방했다(로마 건국 643/644년, 기원전 111년/110년 겨울). 전쟁이 다시 시작되었다. 집정관 스푸리우스 알비누스는 최고 명령권을 인수했다(로마 건국 644년, 기원전 110년). 하지만 아프리카 군단은 정치 지도부와 군사 지휘부의 현주소에 부합하는 정도로 가장 최악의 수준으로 망가져 있었다. 군율은 더 이상 말할 것도 없었다. 휴전 기간 동안 누미디아 지역, 그러니까 로마 속주 지역의 약탈은 군기가 해이해진 로마 병사들의 주요 업무였다. 적지 않은 장교들과 병사들뿐만 아니라 장군들도 적들과 비밀리에 내통하고 있었다. 이런 군대가 야전에서 아무것도 할 수 없었음은 너무도 당연한 일이다. 유구르타가 이번에도 돈으로 로마 최고 사령관의 태만을 매수했을 때—이는 나중에 최고 사령관에 대한 법정 고발에서 드러났다—사령관은 참으로 부차적인 일에만 매달렸다. 스푸리우스 알비누스는 아무것도 하지 않는 것에 만족했다. 하지만 그의 동생은 사령관이 잠시 자리를 비운 사이 임시로 최고 명령권을 대행했다. 형만큼 무능력하고 뻔뻔스러운 그는 한겨울에 홀연히 과감한 급습으로 왕의 보고(寶庫)를 장악할 수 있겠다는 생각을 하게 되었다. 보고는 접근하기도 어렵고 점령하기도 어려운 도시 수툴(나중에 칼라마, 오늘날의 겔마)에 있었다. 군대는 출발했고 마침내 그 도시에 도착했다. 하지만 포위 공격은 성공하지 못했고 가망도 없었다. 군대와 함께 얼마 동안 도시 앞에 머물던 왕이 사막을 향해 출발했을 때, 로마 사령관은 그를 추격하는 것이 낫겠다고 판단했다. 하지만 그것은 유구르타가 의도했던 바였다. 지형상의 어려움과 로마군의 내통이 힘을 보탠 야간 공격을 통해 누미디아 육군은 로마 진지를 점령했다. 대부분의 무장을 버린 로마군은 더없이 비참하고 완벽한 패주를 보여주었다. 결과는 무조건 항복이었다. 항복을 받아주는 대신, 로마 군단은 멍에를 쓰고 철수하며, 누미디아 강역을 즉각적으로 완전히 비우며, 원로원이 무효화한 동맹조약을 갱신할 것을 유구르타는 요구했다. 로마는 받아들였다(로마 건국 645년, 기원전 109년).

수도 로마의 불만

하지만 이것은 너무 심했다. 아프리카인들은 환호했다. 결코 가능할 것 같지 않았던 외세 붕괴의 전망이 갑자기 열리자, 자유 혹은 반(半)자유의 사막 주민들로 이루어진 수많은 부족들이 승리한 왕의 깃발 아래로 모여들었다. 반면 이탈리아에서 부패하고 해로운 귀족정부를 공격하는 여론은 끓어올랐고, 마침내 고발의 폭풍이 시작되었다. 이는 상인계급의 분노에 기인한 것으로 귀족 상층부의 상당수를 처벌로 몰아갔다. 원로원이 두려움에 떨며 재판을 회피하려고 시도했음에도 불구하고, 호민관 가이우스 마밀리우스 리메타누스의 요청으로, 누미디아 왕위 계승 문제에서 불거진 국가 반역 행위를 조사하는 특별 사문회가 설치되었다. 특별 사문회의 판결에 따라, 이제까지의 최고 사령관 가이우스 베스티아와 스푸리우스 알비누스, 그리고 첫 번째 아프리카 특사단의 수장이자 무엇보다 가이우스 그락쿠스의 살해자 루키우스 오피미우스, 그밖에 수많은 덜 알려진 통치당파의 인물들이 유죄로든 무죄로든 추방되었다. 이 재판은 가장 크게 명예를 더럽힌 인물들 가운데 몇 명을 희생시킴으로써 격앙된 민심을, 특히 자본가 집단의 여론을 잠재우려는 것이었다는 점, 또 민중의 분노와 반발이 무도하고 명예를 모르는 정부를 향했다는 아주 작은 흔적조차 없었다는 점은 죄 가운데 가장 큰 죄를 지은 사람, 영리하고 막강한 스카우루스를 누구도 감히 기소하지 못했다는 사실이 보여준다. 그는 이때 호구감찰관으로, 놀랍게도 심지어 반역을 다루는 특별 사문회의 의장으로 선출되었다. 정부의 권능에 시비를 거는 일도 전혀 발생하지 않았고, 누미디아 추문을 귀족계급에게 최대한 유리한 방식으로 종결짓는 일은 오직 원로원에게 맡겨졌다. 아마도 그렇게 해야 할 시간임을 귀족 중의 귀족도 깨닫기 시작한 때문이었다.

두 번째 휴전협정의 파기

원로원은 우선 두 번째 휴전협정도 무효화했다. 휴전협정을 체결한 최고 사령관을 적에게 양도하는 일은—이는 30년 전까지만 해도 행해지던 일이다—조약의 신성함에 대한 새로운 이해에 따라 이제 더는 필연적이지 않았다. 원로원은 전쟁 재개를 이제 어느 때보다 엄중하게 결의했다. 아프리카 내의 최고 명령권은 물론 당연히 귀족에게 주어졌지만, 약간 덜 귀족적인 귀족들, 그 가운데 군사적으로나 윤리적으로 임무에 부합할 사람에게 주어졌다. 퀸투스 메텔루스가 선발되었다. 그는 그가 속한 강력한 가문의 사람들처럼 그가 따르는 원칙에 비추어 강직하고 엄격한 귀족이었다. 관리로서 그는 국가의 이익을 위해서라면 암살자를 고용하는 것도 명예로운 일이라고 생각했고, 과거 퓌로스와 싸우던 파브리키우스를 추측컨대 비현실적인 무모한 돈키호테라고 비웃었을 것이다. 그는 위협도 뇌물도 먹히지 않는 불굴의 관리인이며 사려 깊고 경험 많은 군인이었다. 그는 또한 계급 편견에서 자유로웠는바, 그는 부관으로 귀족 출신을 구하지 않았다. 그의 부관 푸블리우스 루틸리우스 루푸스는 탁월한 장교로서 모범적인 군율 때문에 그리고 개선 변경된 훈련교본의 창작자로 군 내부에서 높이 평가받는 사람이었다. 또 가이우스 마리우스도 있었는데, 그는 라티움 농부의 아들로 밑바닥에서부터 출세한 용감한 군인이었다. 이들뿐만 아니라 여러 유능한 장교들을 데리고 메텔루스는 로마 건국 645년(기원전 109년) 집정관이자 최고 사령관으로 아프리카 군단 앞에 섰다. 아프리카 군단은 당시 파탄 상태에 처해 있었는데, 당시까지 어떤 장군도 이들을 데리고 적진으로 감히 들어가지 못할 정도였다. 로마 속주의 불행한 주민들 이외에 누구도 아프리카 군단을 두려워하지 않았다. 엄격하고 급속하게 그들은 재조직되었고 로마 건국 646년(기원전 108년)[5] 봄에 메텔루스는 아프리카 군단을 누미디아 국경으로 이끌

---

[5] 이 전쟁의 긴장되고 재치 넘치는 묘사에서 살루스티우스는 연대를 합당한 이상으로 무시했다. 전쟁은 로마 건국 649년(기원전 105년) 여름에 종료되었다(114). 따라서 마리우스가 로마 건국 647년(기원전 107년)의 집정관으로 전쟁을 시작했을 때, 그는 세 번의 출정을 이끈 것이었다. 하지만 살루스티우스의 설명은 다만 두 번의 출정을 묘사하고 있으며 이는 옳은 일이었다. 모든 개연성을 검토해보면, 메텔루스는 로마 건국 645년(109년)에 아프리카로 출발했지만, 늦게 도

었다. 사태가 변했음을 유구르타는 깨달았고, 전투가 시작되기도 전에 패전을 선언했고 투항하여 진지하게 고민한 타협안을 제출했다. 그는 마침내 목숨만 보장해주면 다른 어떤 것도 원치 않는다고 했다.

전쟁의 재개

하지만 메텔루스는 전쟁을 오로지 적의 무조건 항복과 불손한 피호 군주의 처형으로 끝내야 한다는 것을 아마도 잘 알고 있었고 그렇게 하기로 결심했다. 그것은 실제로 로마인들이 만족할 수 있는 유일한

착했고(37, 44), 군대 재조직은 시간이 걸렸다(44). 따라서 그의 군사작전은 이듬해에야 비로소 시작되었기 때문에, 마리우스도 마찬가지로 상당 시간을 이탈리아에서 전쟁 준비에 할애했기 때문에(84), 로마 건국 647년(기원전 107년)의 집정관으로 그 해 늦게 혹은 그 해의 작전이 종료된 후에 혹은 로마 건국 648년(기원전 106년)의 대리 집정관으로 최고 사령관직을 시작했을 것이다. 따라서 메텔루스가 행한 두 번의 출정은 로마 건국 646년(기원전 108년)과 로마 건국 647년(기원전 107년)이고, 마리우스가 행한 두 번의 출정은 로마 건국 648년(기원전 106년)과 로마 건국 649년(기원전 105년)이다. 여기에 메텔루스가 로마 건국 648년(기원전 106년)에 개선식을 거행했다는 것이 부합한다(*Eph. epigr.* IV, s. 257). 또한 무툴 전투와 자마 포위 작전은 두 사건이 마리우스의 집정관 출마와 연관되어 있기 때문에 필연적으로 로마 건국 646년(기원전 108년)에 놓아야 한다. 역사가의 부정확성은 유죄를 면할 수 없다. 심지어 그는 마리우스를 로마 건국 649년(기원전 105년)의 집정관으로 거론했다.

살루스티우스가 보고한 것처럼(62, 10) 메텔루스의 명령권 연장 이야기는 현재보다 뒤쪽의 사건, 로마 건국 647년(기원전 107년)을 가리킨다. 로마 건국 646년(기원전 108년) 여름 셈프로니우스 법에 따라 로마 건국 647년(기원전 107년)에 선출된 집정관의 임지가 결정되어야 했을 때, 원로원은 두 개의 다른 속주를 지명했고, 누미디아를 메텔루스에게 맡겼다. 이런 원로원 결정을 72, 7에 언급된 상민회 결의가 뒤집었다. 두 개의 전승 계열에 속하는 상태가 제일 좋은 필사본들은 탈문된 전승을 보여준다. "*sed paulo…decreverat. ea res frustra fuit*"는 원로원에 의해 집정관들에게 지명된 속주를 언급하는 것으로, 예를 들어 '*sed paulo* [*ante uti consulibus Italia et Gallia provinciae essent senatus*] *decreverat*'로 읽어야 한다. 혹은 저급한 필사본들이 탈문을 채운 대로 '*sed paulo* [*ante senatus Metello Numidiam*] *decreverat*'로 읽어야 한다.

출구이기도 했다. 유구르타는 알비누스에게 승리한 이래 증오스러운 외세의 지배로부터 리뷔아를 해방시킨 자로 간주되었다. 그는 늘 그 렇듯 무분별하고 영악했고, 로마 정부는 늘 그렇듯 서툴렀기에, 그는 언제든지 평화협정을 맺은 이후에도 다시 그의 고향에서 전쟁의 불을 붙일 수 있었다. 따라서 유구르타왕이 세상에 존재하지 않는 것 말고, 평화가 보장되고 아프리카 군단이 철수할 방법은 없었다. 공식적으로 메텔루스는 왕의 제안에 대해 대답을 얼버무렸다. 비밀리에 그는 왕 의 사신에게 왕을 생사를 불문하고 로마에 넘기라고 부추겼다. 아프 리카 왕의 암살을 시도하던 로마 장군은 이때 암살의 달인과 마주했 다. 유구르타는 그의 계획을 꿰뚫어보고 있었고, 달리 방법이 없었기 에 절망적인 저항을 위해 무장을 꾸렸다.

무툴 전투

완전히 황폐한 산맥 너머에—이 산맥을 넘어 로마군은 내륙으로 행 군했다—약 29킬로미터 너비의 평원이 산맥을 따라 흐르는 무툴강 옆에 펼쳐져 있었다. 평원은 강가를 제외하고 물도 나무도 하나 없었 고, 키 작은 덤불로만 덮인 능선이 평원을 가로지르고 있었다. 바로 이 능선에서 유구르타는 로마 군단을 기다렸다. 그의 군대는 둘로 나 뉘어 있었다. 하나는 보병과 코끼리부대로 보밀카르가 이끌었고 강가 에 있었다. 다른 하나는 보병 핵심과 기병 전체로 산맥을 바라보며 조 금 높은 곳 덤불숲에 몸을 숨기고 있었다. 산을 벗어나 평원으로 나오

자마자 로마군은 우측면을 가득 채운 적군을 발견했다. 로마군은 헐벗고 메마른 산자락에서 지체할 수 없었고 강에 무조건 도달해야 했기 때문에, 29킬로미터 너비의 완전히 트인 평원을 가로질러 적의 기병들이 지켜보는 가운데, 하다못해 경기병의 호위도 없이, 강까지 달려가는 힘겨운 과제를 해결해야 했다. 메텔루스는 루푸스가 이끄는 별동대를 강을 향해 곧장 이동하도록 파견했다. 거기에 진지를 구축하기 위해서였다. 메텔루스의 본대는 산의 입구를 나와 비스듬하게 방향을 틀어 적이 숨은 능선을 향해 평원을 가로질러 행군했다. 능선의 적을 끌어내기 위해서였다. 하지만 이 평원의 행군은 군대의 전멸위기를 초래했다. 누미디아 보병이 로마군의 뒤에서 로마군이 산의

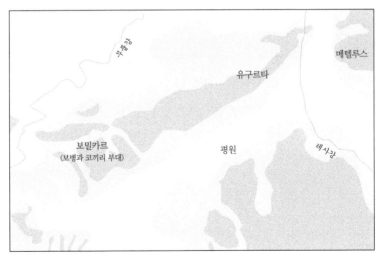

무툴 전투

협로들을 비우는 대로 협로들을 차지했을 때, 로마군의 공격 대열은 능선에서 달려온 적의 기병대에 둘러싸이게 되었던 것이다. 적군의 지속적인 공격은 로마군의 전진을 막았고, 전투 대열은 수많은 소규모 격돌로 흩어질 위기에 처했다. 동시에 보밀카르는 그의 부대를 데리고 루푸스가 이끄는 별동대를 붙들어 두었고, 그 때문에 루푸스는 심각한 위기에 몰린 본대를 도우러 달려갈 수 없었다. 하지만 메텔루스와 마리우스는 수천의 병사들을 이끌고 능선의 끝자락에 이르렀다. 로마 군단병들이 고지로 돌격하기 시작했을 때, 고지를 방어하던 누미디아 보병은 수적 우위와 지리적 유리함에도 불구하고 거의 저항을 하지 않고 도망가 버렸다. 마찬가지로 루푸스를 대적하던 누미디아 보병도 제대로 버티지 못했다. 그들은 첫 번째 공격에서 이미 흩어졌고 코끼리부대는 단절지에 몰려 모두 죽거나 사로잡혔다. 저녁 늦게 로마군 본대와 별동대는 하나로 뭉쳤다. 양자는 각각의 승자로 서로가 서로의 운명을 위로하며 두 전장의 중간에서 만났다. 이 전투는 유구르타의 대단한 군사적 재능을 입증한 전투이면서 동시에 로마 보병의 강인한 용맹성을 보여주는 전투였다. 이렇게 로마 보병은 전략적 실패를 전술적 승리로 역전시킬 수 있는 존재였다. 유구르타는 이 전투 이후 그의 군대를 대부분 집으로 돌려보냈고, 유격전에만 집중하여 유격전에서도 탁월함을 보여주었다.

로마의 누미디아 점령

로마군을 둘로 나누어 하나는 메텔루스가 이끌었고, 다른 하나는 마리우스가 이끌었다. 마리우스는 출생과 계급에서 참모들 가운데 최말단이었으나, 무툴 전투 이후 최고 수뇌가 되었다. 로마군은 누미디아 영토를 가로지르며 도시들을 점령했고, 성문을 순순히 열지 않은 지역에서는 성인 남성을 죽였다. 하지만 동부 내륙의 도시들 가운데 가장 두드러진 도시 자마는 로마군에 맞서 상당한 저항을 지속했고 유구르타왕도 자마를 열성적으로 지원했다. 심지어 왕은 로마 주둔지를 기습하는 데도 성공했다. 마침내 로마군은 주둔지를 거두어 겨울 숙영에 들어갈 필요가 있다고 보았다. 손쉬운 군량 조달을 위해 메텔루스는 점령한 도시들에 점령군을 일부 남겨둔 채 주둔지를 로마 속주로 옮겼고, 그곳에서 겨울 휴식 기간을 이용하여 다시 협상을 시작했다. 그는 왕에게 받아들일 만한 휴전 조건을 제시할 용의가 있음을 보여주었다. 유구르타는 이에 기꺼이 응했다. 그는 벌써 자진해서 100톤의 은을 제공했고, 코끼리부대는 물론 300명의 인질을 포함하여, 3,000명의 로마군 탈영자들을 보내왔다. 탈영병들은 인계된 즉시 처형되었다. 동시에 왕의 충실한 조언자 보밀카르는 메텔루스에 의해 매수되었는데, 보밀카르는 휴전이 이루어지면 유구르타가 자신을 마시바의 살해자로 로마 법정에 넘길 것을 두려워한 나머지, 살인죄 불기소와 큰 보상을 확약받고, 왕을 생사 불문하고 로마에 넘길 것을 약속했다. 하지만 공식적인 협상은 원하던 성과에 이르지 못했고 간계도 마찬가지였다. 메텔루스가 왕 본인이 포로로서 출두할 것을 무리하게 요구했을 때, 왕은 협상을 파기했다. 보밀카르는 적과 내통한 것이 발각되어 처형되었다. 이 저열한 외교적 음모에 대해 변명의 여지는 없을 것이다. 하지만 로마는 적의 신병을 확보할 충분한 이유를 가지고 있었다. 전쟁은 이를 더 이상 계속할 수도 거기서 중단할 수도 없는 상태에 이르렀다. 누미디아의 상황이 어떠한지는 예를 들어 로마가 점령한 가장 중요한 도시들 가운데 하나인 바가[6]에서 로마 건국 646/647년(기원전 108/107년)에 발생한 반란이 말해준다. 이때 로마 점령군이, 장교들에서 사병들까지, 점령군 지휘관 티투스 투르필리우스 실라누스를 제외하고 모두 살해되었다. 이 지휘관은 나중에 적과 타협한 것 때문에—정당했는지 부당했는지는 말할 수 없다—로마 군사법정에서 유죄 판결을 받고 처형되었다. 바가는 반란 이튿날 메텔루스에게 기습당했고 비정하고 엄정한 군사법정에 내맡겨졌다. 쉽게 접근 가능하고 상대적으로 유순한 바그라다강 유역 주민들이 이 지경이라면, 내륙에서 사막을 돌아다니는 부족들은 어떠했겠는가? 유구르타는 아프리카인들의 우상이었고, 그들은 유구르타를 민족의 구원자이자 복수자라고 생각해서 두 번이나 저지른 형제 살해에 눈을 감아주었다. 20년 후에 누미디아 기병은 로마를 위해 이탈리아에서 참전했지만 적진에 유구르타의 아들이 나타나자, 최대한 서둘러 아프리카로 돌려보내지 않을 수 없었다. 이로써 우리는 유구르타가 그의 백성들에게 얼마나 큰 영향을 미쳤는지를 추론할 수 있다. 백성의 마음을 일단 얻은 지도자에게, 주민과 토양의 단합된 특이성이 전쟁을 유

---

[6] 오늘날 메제르다강의 도시 베자.

격전으로 무한히 계속 이어가든 아니면 상당 기간 전쟁을 중단하면서 좋은 기회에 새로운 활력으로 전쟁을 다시 시작하든, 무엇이든 허락할 때, 어떻게 전쟁의 끝을 기약할 수 있겠는가?

사막전

메텔루스가 로마 건국 647년(기원전 107년) 다시 전장으로 돌아왔을 때, 유구르타는 고정된 지역에 머무르지 않았다. 때로는 여기서, 때로는 멀리 다른 곳에서 나타났다. 사막의 기병을 잡는 것보다 사자들을 길들이는 것이 쉬워 보였다. 전투가 한 번 벌어졌고 승리를 거두었다. 하지만 승리로 얻은 것이 무엇인지는 말하기 어려웠다. 왕은 생각지도 못할 만큼 멀리 사라져버렸다. 오늘날의 튀니스 지방 장관령의 내륙에, 대사막의 끝자락에, 오아시스가 있는 은신처 탈라[7]가 있었다. 그곳으로 유구르타는 자식들과 금고, 그리고 핵심 군대를 데리고 은신했으며, 그곳에서 적당한 시기를 기다렸다. 메텔루스는 사막을 가로질러 추격을 감행했고, 거기까지 약 74킬로미터를 가죽포대에 물을 담아 날라야 했다. 탈라에 도착했고, 40일 동안의 포위 공격으로 탈라를 점령했다. 하지만 도시 함락 직후, 로마군 도망병들은 자신들이 기거하던 건물에 불을 놓아 자결하면서 건물들과 상당수의 값나가는 노

---

7 이 지역은 현재 확인되지 않는다. 과거 테레프테(페리아나 근처, 캅사의 북쪽)일 것으로 추정되었다. 하지만 이 추정은 자의적이다. 또 오늘날에도 탈라라고 불리는 지역(캅사의 동쪽)은 충분히 입증되지 않았다.

획물들을 파괴했다. 그 사이 유구르타왕이 자식들을 데리고 금고를 끌고 달아나버렸다. 누미디아는 완전히 로마군의 손에 들어온 것이나 다름없었다. 하지만 이로써 종전에 이르는 대신, 전쟁은 점점 더 넓은 지역으로 확대되기만 하는 것처럼 보였다.

남쪽에서 자유 사막 부족인 가이툴리아 사람들이 유구르타의 부름에 따라 로마에 맞서는 민족 전쟁에 가담하기 시작했다. 서쪽에서 마우레타니아의 보쿠스왕이 나타났다. 로마는 보쿠스왕과의 친교를 오래전에 저버렸고, 이제 보쿠스왕은 그의 사위와 함께 로마에 맞서 공동전선을 펼치는 것을 주저하지 않았다. 그는 유구르타를 그의 왕궁에 받아주었을 뿐만 아니라, 그의 수많은 기병대를 유구르타 군대와 하나로 묶어, 메텔루스의 겨울 숙영지가 있는 키르타 지역으로 행군했다. 협상이 시작되었다. 분명한 것은, 보쿠스왕이 유구르타 본인을 확보함으로써 이 전쟁의 실질적인 보상을 벌써 손에 거머쥐었다는 것이다. 그의 의도가 무엇인지, 로마인들에게 사위를 비싼 가격에 팔아넘기는 것인지 혹은 사위와 함께 공동으로 민족 전쟁을 벌이려는 것인지, 로마인들은 물론 유구르타도 알 수 없었고, 아마도 보쿠스 자신도 그러했을 것이다. 보쿠스는 전혀 서두르지 않고, 그의 모호한 입장을 유지했다.

마리우스의 부임

그러는 동안 메텔루스가 속주를 떠났다. 그는 민회 의결에 따라 그의 과거 부관, 현재의 집정관 마리우스에게 자리를 물려주어야 했고, 마리우스는 곧 있을 원정(로마 건국 648년, 기원전 106년)의 최고 명령권을 넘겨받았다. 혁명이 마리우스를 어느 정도 도운 것이었다. 그는 그가 거둔 공헌과 다른 한편 그가 받은 신탁을 믿고 집정관 후보자로 입후보하기로 결심했다. 만약 귀족계급이 전혀 야당 기질이 없는 유능한 사내의 국헌에 따라 완벽하게 정당한 입후보를 지지했다면, 집정관 명부에 새로운 집안이 이름을 올리는 정도밖에 다른 일은 일어나지 않았을 것이다. 귀족혈통이 아닌 사내는 공동체의 최고 관직에 도전했다가 배타적 지배계급에게 건방진 개혁가와 혁명가로 조롱받았다. 이는 일찍이 상민 출신 집정관 후보가 귀족혈통 출신 집정관 후보에게 받던 취급과 완벽히 일치했는데, 이제는 전혀 어떤 형식적 법적 근거도 없는 일이었다. 용감한 장교는 메텔루스에게 신랄한 말로 모욕을 당하기도 했는데, 지금은 입후보하지 말고 기다렸다가 메텔루스의 아들, 수염도 안 난 소년과 함께 나중에 동료 집정관으로 입후보하라는 것이었다. 로마 건국 647년(기원전 107년)의 집정관에 입후보하기 위해 수도 로마에 가야 했지만, 아주 무자비하게도 그는 마리우스를 마지막 순간에야 겨우 놓아주었던 것이다. 수도에서 마리우스는 사령관에게 당한 부당한 처사에 충분히 복수했다. 그는 하품하는 대중 앞에서 메텔루스의 아프리카 전쟁 수행과 행정 관리를 비(非)군사적이고 지독하게 부당한 방식으로 비판했다. 심지어 그는 친애하는 상민들에게—늘 귀족 출신 고위직의 비밀스러운, 전혀 들어보지 못한, 전혀 의심할 수 없는 음모를 수군거리곤 하는 이들에게—말도 안 되는 이야기를 안줏거리로 던져주었다. 메텔루스가 전쟁을 고의적으로 질질 끌고 있는데, 그것은 가능한 한 오랫동안 최고 명령권 자리를 유지하기 위해서라는 것이었다. 하지만 거리의 악동들에게 이는 아주 명백한 사실이었다. 좋은 이유든 나쁜 이유든 정부에 불만을 가진 수많은 사람들은, 특히 정당한 불만을 가진 상인계급은 귀족계급에게 아주 민감한 부분에 상처를 입힐 기회만을 노리고 있었다. 마리우스는 절대 다수에 의해 집정관에 선출되었다. 그뿐만 아니라, 다른 경우라면 가이우스 그락쿠스의 법률에 따라 집정관들의 권한에 대한 결정은 매번 원로원에 있었고(제5권 170쪽) 이때 메텔루스를 유임시킨다는 결정이 원로원에서 내려졌지만, 이를 뒤집고 주권 민회 의결에 따라 아프리카 전쟁의 최고 명령권이 마리우스에게 주어졌다.

끝없는 갈등

그렇게 마리우스는 로마 건국 647년(기원전 107년)에 메텔루스의 후임을 맡고 이듬해의 출정에서 최고 명령권을 행사했다. 전임자보다 훨씬 잘할 수 있으며 유구르타의 손발을 묶어 서둘러 로마로 압송할 수 있다는 낙관적인 약속은 쉬웠으나 충족되지는 않았다. 그는 가이툴리아 사람들과 좌충우돌하며 아직 정복되지 않은 도시들을 하나씩 정복했다. 그는 왕국의 동남쪽 외곽에 위치한 캅사(오늘날의 카프사)로 원정을 감행했다. 이 원정은 탈라 원정보다 훨씬 어려운 원정이었고, 캅사를 무조건 항복으로 점령했다. 그는 협정과 달리 모든 성인 남성을 죽이도록 명령했는데, 이것은 물론 멀리 떨어진 이 사막 도시가 다시 반란을 일으키지 못하게 할 유일한 수단이었다. 마리우스는 누미디아와 마우레타니아를 가르는 말바강(혹은 몰로카트강)에 위치한 요새를 공격했는데, 이곳은 유구르타가 그의 금고로 삼은 곳이었다. 포위 공격이 성공하지 못하리라 여기며 철수하려고 할 때, 과감한 암벽 등반부대의 성공적 기습으로 정복 불가능한 절벽 성채를 정복했다. 만약 단순히 대담한 약탈로 군대를 단련시키고 병사들에게 노획물을 만들어주는 것이 이 원정의 목적이었다면, 혹은 메텔루스의 사막 원정을 훨씬 더 넓은 지역의 원정으로 무색하게 만드는 것이 목적이었다면, 이 전투로 소기의 목적은 이루어졌다고 할 수 있다. 하지만 모든 것이 달린 중심적인 목표는—메텔루스는 분명한 결과로 눈앞에 두고 있던 목표였다—유구르타의 체포였는데, 이는 이때 완전히 부차적인 것으로 밀려났다. 메텔루스의 탈라 원정이 그래도 합목적적인 무모함이었다면, 마리우스의 캅사 원정은 무목적적인 원정이었다. 나아가 몰로카트강을 따라 펼쳐진 원정은—물론 마우레타니아 영토로 들어가진 않았지만—실로 반(反)목적적인 원정이었다. 전쟁을 로마에 유리하게 끝맺느냐 아니면 전쟁을 끝없이 이어가느냐를 좌우할 보쿠스왕은 마침내 유구르타와 협정을 맺었다. 유구르타는 보쿠스에게 왕국의 일부를 떼어주고, 보쿠스는 로마와 싸우는 사위를 적극적으로 지원하기로 했다. 로마군은 몰로카트강에서 돌아오던 중, 어느 날 밤 갑자기 자신들이 굉장히 많은 마우레타니아 기병과 누미디아 기병에 포위되었다는 것을 깨달았다. 로마군은 각 대대별로 현재 위치에서 어떻게든 싸워야 했고, 본격적인 전투 대열이나 명령 지휘 체계를 제대로 갖출 수도 없었다. 다행스러운 일이라고 여길 수 있는 것은, 서로 거리가 멀지 않은 두 언덕 위에서 임시로 나마 은신하며 크게 병력이 줄어든 로마군이 밤을 보낼 수 있었다는 것이다. 승리에 취한 지독한 태만 때문에 아프리카인들은 승리의 결실을 놓쳤다. 밝아오는 아침 그들은 깊은 잠에 빠져 있었고, 밤새 어느 정도 조직을 재정비한 로마군에게 기습공격을 당했고, 다행히도 흩어졌다. 곧이어 로마군은 전열을 좀 더 잘 정비하고 좀 더 주의를 기울이며 퇴각을 이어갔다. 하지만 다시 한 번 로마군은 사방에서 기습공격을 받았고 커다란 위험에 빠졌다. 때마침 기병대장 루키우스 코르넬리우스 술라는 우선 눈앞에 닥친 적의 기병대를 물리쳤고, 도망가는 적을 추격하다 급하게 기수를 돌려 유구르타와 보쿠스를 공격했다. 이들은 그때 로마 보병의 후미를 공격하고 있었다. 그리하여 이 공격도 다행히 막아냈다. 마리우스는 군대를 데리고 키르타로 돌아왔고 그곳에서 겨울 숙영에 들어갔다(로마 건국 648/649년, 기원전 106/105년).

보쿠스와의 협상

이상한 일이지만, 그럼에도 납득할 수 있는바, 로마 측은 처음에 보쿠스와의 화친을 가볍게 여겼고 그래서 전에는 조금도 이를 구하지 않았지만, 이제 그가 전쟁에 개입하기 시작하자, 더없이 열심히 그와 화친을 맺으려고 노력하기 시작했다. 로마에게 유리하게 작용한 것은,

마우레타니아가 공식적으로 로마에 전쟁을 선언하지 않았다는 사실이다. 보쿠스왕도 다시 원래의 모호한 태도를 취하길 마다하지 않았다. 유구르타와의 협정을 파기하거나 그를 버리지 않은 채로, 그는 로마와 동맹을 맺는 조건을 놓고 로마군 사령관과 협상을 벌였다. 합의가 이루어졌을 때거나 이루어진 것처럼 보였을 때, 보쿠스왕은 마리우스에게 요청했다. 조약의 체결을 위해서 그리고 왕에게 잡힌 로마 포로를 인수하기 위해서 루키우스 술라를 그에게 보내라는 것이었다. 왕은, 술라가 예전에 원로원 특사로 마우레타니아 왕궁을 찾아왔을 때부터 알고 있었고 마음에 들어했다. 여기에 로마에 갔던 마우레타니아 사신들의 추천도 한몫했는데, 술라가 그들을 호송했던 것이다. 마리우스는 불편한 상황에 처했다. 만약 부당한 요구를 거절한다면 협상은 깨질 것이 뻔했다. 만약 이를 받아준다면, 마리우스는 최고 귀족 가문의 최고로 용맹한 장교를 더없이 신뢰할 수 없는 사내에게 내주게 된다. 왕은 모두에게 알려진 바대로 로마인들과 유구르타를 놓고 두 길 보기를 하는 것이었고, 유구르타와 술라를 잠정적으로 양측에서 인질로 자신에게 잡아두려는 계획을 세운 것처럼 보였다. 하지만 전쟁을 끝내려는 바람이 모든 고려 사항을 압도했다. 술라는 마리우스가 그에게 무리하게 요구한 위험한 임무를 받아들였다. 그는 대담하게 출발했고, 보쿠스왕의 아들 볼룩스가 동행했다. 길 안내자가 술라를 유구르타의 진영으로 데리고 갔을 때도 술라는 단단했고 흔들리지 않았다. 동행자가 제시한 비겁한 도주의 제안을 거절했다. 왕의 아들 옆에서 그는 적진을 무사히 통과했다. 대담한 장교는 이런 단호함을 술탄과의 협상에서도 보여주었고 마침내 술탄을 신중한 선택으로 이끌었다.

유구르타의 항복과 처형

유구르타는 희생되었다. 그의 모든 요구를 받아줄 것이라는 장인의 계략에 걸려들어, 수하들은 살해되고 본인은 체포되었다. 이리하여 큰 배신자는 최측근의 배신으로 쓰러졌다. 루키우스 술라는 어찌할 줄 모르는 교활한 아프리카인을 그의 자식들과 함께 로마 사령부로 끌고 갔다. 이로써 7년을 끌어온 전쟁이 종식되었다. 승리는 우선 마리우스의 이름으로 이루어졌다. 로마 건국 650년(기원전 104년) 1월 1일 승자는 로마에 입성했고, 그의 개선 마차 뒤에는 왕의 복장을 한 채 결박된 유구르타왕이 그의 두 아들과 함께 따랐다. 며칠 뒤 사막의 아들은 마리우스의 명령으로 지하 감옥 툴리아눔에서, 다시 말해 카피톨리움 언덕 근처의 지하 우물에서, 아프리카인이 그곳에서 교수되거나 추위와 굶주림으로 죽음의 문턱을 넘으면서 '얼음 냉탕'이라고 이름 붙인 곳에서 그는 사형에 처해졌다. 하지만 부정할 수 없는 사실은 마리우스가 이 승리에 별다른 기여를 한 것이 없다는 것, 사막 끝자락까지 누미디아 점령은 메텔루스의 업적이며, 유구르타 체포는 술라의 업적이라는 것, 두 사람 사이에서 마리우스는 야심어린 출세를 위해 얼마간 타협적인 모습을 보였다는 것이다. 못마땅했지만 마리우스는 그의 전임자가 누미디아의 정복자라는 명칭을 가지는 것을 용인했다. 그는 나중에 보쿠스왕이 카피톨리움에 바친 황금

조각상을 보고 분노로 폭발했는데, 유구르타를 술라에게 인계하는 장면이었기 때문이다. 하지만 공정한 시각에서 보면 두 사람의 업적은 최고 사령관 마리우스를 압도했는데, 특히 술라의 빛나는 사막 원정이 그러했다. 사막 원정에서 그의 용기, 그의 침착함, 그의 통찰력, 그의 통솔력은 사령관과 로마 군단 전체로부터 크게 인정받았다. 사실 이런 군사적 경쟁은 크게 문제되지 않았을 것이다. 만약 정치적 당파싸움이 개입하지 않았다면, 반대당파가 마리우스를 내세워 원로원 의원 출신 사령관을 몰아내지 않았다면, 수권당파가 격분시키려는 의도를 가지고 메텔루스와 나아가 술라를 군사적 지휘관보다 크게 칭송하거나 명목상의 개선장군보다 크게 떠받들지 않았다면 말이다. 우리는 이 선동의 끔찍한 결과를 로마 내부의 역사를 기술하면서 다시 살펴볼 것이다.

누미디아의 재편

누미디아 피호국의 반란은 이렇게 흘러갔고, 전반적인 정치적 지형에서나 아프리카 속주의 정치관계에서나 이렇다 할 변화는 발생하지 않았다. 이 시기에 다른 곳에서 진행된 정책과 달리 누미디아는 로마 속주로 변경되지 않았다. 이유는 분명 누미디아가 사막의 야만인들에 맞서 국경을 지킬 군대가 있어야 지킬 수 있는 나라였기 때문인데, 로마는 아프리카에 상비군을 유지할 생각이 전혀 없었다. 때문에 누미디아 서쪽 끝에서, 아마도 몰로카트강 유역에서 항구 도시 살다이(오

늘날의 베자이아)까지를—여기는 나중에 카이사레아의 마우레타니아
(오늘날의 알제리)가 된다—보쿠스왕에게 넘겨주고, 이로써 축소된 누
미디아왕국을 유일하게 생존한 적손 가우다에게 넘겨주기로 결정한
다. 가우다는 이미 로마 건국 646년(기원전 108년)에 마리우스의 사주
로 원로원에 그의 요구를 제시한 바 있었다.[8] 동시에 아프리카 내륙의
가이툴리아 부족들은 로마와 협약을 맺은 독립적인 민족에 속한 자유
동맹으로 받아들여졌다.

정치적 결과

아프리카 피호국의 순치보다 중요한 것은 유구르타 전쟁의, 혹은 유
구르타 반란의 정치적 결과들이다. 물론 흔히 너무 크게 부각되곤 한

---

[8] 살루스티우스가 쓴 유구르타 전쟁에 관한 정치적 묘사는 다른 곳에서는 완전히 탈색되고 지워
진 당시의 전통을 유일하게 아주 생생한 색채 그대로 간직하고 있다. 그의 책은 유구르타의 몰
락을 역사적으로가 아니라, 그의 문체에 충실하게 시적으로 보고한다. 또한 달리 누미디아왕국
의 처분에 관한 종합적인 보고도 빠져있다. 가우다가 유구르타의 후계자가 되었다는 것을 살루
스티우스(64)와 디오 카시우스(단편 79, 4 Bekk.)가 암시하며, 카르타고 노바에서 발굴된 비문
(Orelli 630)은 이를 확인해주는데, 비문은 가우다를 왕이자 히엠프살 2세의 아버지라고 칭한다.
누미디아를 아프리카 속주 및 퀴레네와 구별하는 서쪽의 국경이 그대로 유지되었다는 것은 카
이사르(*civ.* 2, 38), *Bell. Afr.* 43, 77 그리고 후대의 속주체제가 말해준다. 반면 당연한 일이면서
살루스티우스도 암시한 것처럼 보쿠스의 왕국은 확대된다. 이와 연관하여 분명한 것은, 마우레
타니아가 애초 팅키스의 마우레타니아(오늘날의 모로코)에 국한되었으며, 나중에 카이사레아
의 마우레타니아(오늘날의 알제리)와 시티피스의 마우레타니아(오늘날의 콩스탕틴)까지 확장되
었다는 것이다. 따라서 마우레타니아는 두 번에 걸쳐 로마인들에 의해 확장되었는바, 일차적으
로 로마 건국 649년(기원전 105년) 유구르타를 로마에 건네준 직후에 카이사레아의 마우레타니
아가 보태어졌고, 나중에 로마 건국 708년(기원전 46년) 누미디아왕국 해체 이후에 시티피스의
마우레타니아가 추가되었다.

다. 무엇보다 정부의 모든 약점이 적나라하게 세상에 드러났다. 이제 공공연해졌고 소위 최종 판결된바, 로마의 모든 통치귀족들에게 평화 조약은 물론 거부권, 주둔 요새, 병사들의 목숨까지, 모든 것이 매매 가능했다. 아프리카 사내가 로마를 떠나면서 한 말은 꾸밈없는 진실 이었는데, 그는 그에게 돈이 충분했다면 수도 로마를 통째로 사보겠 다고 말했다. 이 시기의 내치나 외치 모두 지독한 처참함의 낙인이 똑 같이 찍혀 있었다. 다른 동시대의 군사적·정치적 사건들보다 좀 더 나은 보고들 덕분에 우연히 좀 더 많이 알려진 아프리카 전쟁과—올 바른 관점에서 멀어졌지만—동시대인들의 적나라한 폭로로 용감한 애국자들 모두가 오랫동안 실례로써 입증할 수 있던 것을 이로써 목 격했다. 복위된 원로원 정부의 비루함과 이에 균형을 맞춘 무능함을 입증할 강력하고 반박 불가능한 이 새로운 증거는, 만약 원로원 정부 가 타협해야 할 반대당파와 공적 여론이 있었다면, 매우 중요한 의미 를 가질 수도 있었다. 하지만 이 전쟁은 실제로 정부의 부패를 드러냈 을 뿐만 아니라, 반대당파의 완벽한 부재도 분명히 확인해주었다.

로마 건국 637~645년(기원전 117~109년)의 복위정부보다 더 열악 한 정부는 없었고, 로마 건국 645년(기원전 109년)의 원로원보다 무방 비의 절망적인 원로원도 없었다. 만약 실질적인 반대당파가 로마에 있었다면, 다시 말해 국체의 원칙적인 개선을 바라고 추진할 당파가 있었다면, 이 당파는 복위된 원로원을 실각시킬 최소한의 시도라도 해야 했다. 이런 시도는 없었다. 정치적 문제를 개인적 문제로 바꾸 어, 사령관을 교체하고 몇몇 쓸모없고 보잘것없는 인간들만 추방하 기 일쑤였다. 이로써 분명해진 것은, 소위 민중당파 자체는 통치할 능력도, 통치할 의사도 없다는 것이었다. 따라서 로마에서 가능한 두 가지 정부 형태는 독재정과 과두정이었다. 훌륭하지 않으나마 국가 수장을 자처할 만큼은 유명한 개인이 우연히도 나타나지 않을 경우, 최악의 국가 경영이라도 기껏해야 몇몇 귀족을 위험에 빠뜨릴 뿐 과두정 자체는 위협받지 않았다. 반면 그런 대표자가 등장할 경우, 썩을대로 썩은 고관 의자를 흔드는 것보다 쉬운 일은 없었다. 이런 관점에서 마리우스의 등장은 특별한 의미를 지닌다. 이는 그 자체로 전혀 그럴 동기를 찾을 수 없는 일이기 때문이었다. 시민들이 알비누스의 패전 직후 원로원 의사당으로 쳐들어갔다면, 이는 옳다고 할 수 없지만 자연스러운 일이었을 것이다. 하지만 메텔루스가 누미디아 전쟁에서 반전을 이룬 이후, 이런 상황에서 공동체의 위험은 물론 국정 실패도 더 이상 말할 수 없었다. 아프리카누스 이래 일찍이 정부를 위협할 만큼 성공을(제4권 211쪽) 거둔 최초의, 최고의, 야심찬 장교는 이제 정부의 명확히 표현된 의지에 맞서는 최고 군사 명령권 가운데 하나를 장악했다. 소위 민중당파의 손에서는 쓸모가 없던 시민 여론은 로마를 다스릴 미래의 왕에게는 강력한 무기가 되었다. 물론 그렇다고 마리우스가 적어도 인민 앞에서 아프리카의 최고 명령권에 도전했을 당시에는 국가 수장을 맡을 의도를 가지고 있었다고 말할 수는 없다. 하지만 마리우스가 자신이 하고 있는 일이 무엇인지를 알았건 몰랐건 간에, 군사령관을 선출하기 위해 선거가 시작되었을 때, 혹은 거의 같은 말이지만, 모든 친(親)민중파 장교가 합법적으로 군사령관직을 얻을 수 있게 되었을 때, 복위된 귀족정부는 분명히 종식되었던 것이다.

이런 일시적인 위기 동안 유일하게 등장한 새로운 요소가 있다. 그것은 군사적 능력자들과 군사적 권력이 정치혁명에 개입했다는 것이다. 마리우스의 등장이 직접적으로 과두정을 몰아내고 독재정을 세우려는 시도의 계기가 되었는지, 혹은 여러 유사한 사례들처럼 그저 권력의 특권을 향한 개별적 공격이었으며 이렇다 할 결과 없이 지나가버린 사건이었는지는 아직 분명하지 않다. 하지만 예견할 수 있었던 것은, 두 번째 독재정의 씨앗이 싹을 틔울 때, 그 독재정의 수장은 가이우스 그락쿠스처럼 정치가가 아니라 군인이 될 것이라는 점이었다. 동시대에 일어난 군대 재편은, 제일 먼저 마리우스가 아프리카로 파병될 군대를 조직할 때 이제까지 중요했던 재산 규정을 무시하고 아무리 가난한 시민이라도 쓸모가 있으면 자유의사로 로마 군단에 들어올 수 있게 허용되면서 시작되었는바, 물론 그 주창자는 이를 순전히 군사적 고려에 의해 그렇게 했지만, 그로 인한 파장은 무척 큰 정치적 사건이었다. 군대는 더 이상 예전처럼 잃을 재산이 많은 사람들이나, 혹은 최근처럼 잃을 재산이 있는 사람들로 구성되지 않고, 가난밖에, 사령관이 그들에게 희사하는 것밖에 가진 것이 없는 자들의 무리들로 변질되기 시작했다. 귀족계급은 로마 건국 620년(기원전 134년)처럼 로마 건국 650년(기원전 104년)에도 절대적 권력을 휘둘렀다. 하지만 임박한 파국의 신호들이 늘어났고, 정치 지평에 왕관과 함께 칼이 떠오르고 있었다.

제5장
북방 민족들

로마와 북방의 관계

로마 건국 600년 말 이래로 로마 공동체는 지중해 북측 대륙에서 지중해로 뻗은 세 개의 반도를, 적어도 전반적으로는 지배하고 있었다. 물론 반도들 내부에, 그러니까 히스파니아의 북부와 서부에, 아펜니노산맥의 리구리아와 알프스 계곡들에, 마케도니아와 트라키아의 산악지대에, 완전히 혹은 절반 정도 자유로운 민족들이 소홀한 로마 정부에 계속해서 도전하고 있었다. 나아가 히스파니아와 이탈리아, 이탈리아와 마케도니아의 대륙 연결망은 다만 아주 낮은 수준에 머물렀고 퓌레네산맥 너머, 알프스산맥 너머, 발칸반도 내륙, 로다누스강 유역, 레누스강 유역, 다누비우스강 유역은 대부분 로마인들의 정치적 관심 밖에 머물렀다. 우리는 여기서, 로마 쪽에 무슨 일이 있었기에 로마가 제국을 이 지역들로 확장하고 통합하려 했는지, 동시에 저 엄청난 산악 장벽을 계속해서 오르내리던 거대한 민족들이 왜 북쪽 산맥의 문을 두드리기 시작했으며, 어떻게 로마-희랍 세계에, 지구에 그들만이 살고 있다는 잘못된 생각을 버리라고 다시 한 번 강력하게 경고하게 되었는지를 기술하고자 한다.

알프스와 퓌레네 사이의 지역

우선 서부 알프스와 퓌레네 사이의 지역을 살펴보자. 로마인들은 이 지역의 지중해 연안을 그들의 피호 도시 마살리아를 통해 오래전부터 지배했다. 마살리아는 아주 오래된, 아주 충직한, 아주 강력한, 로마에 종속된 연맹 공동체들 가운데 하나였다. 연맹 공동체들은—해안선을 따라 마살리아 서쪽으로 아가타(오늘날의 아그드), 로다(오늘날의 로사스), 마살리아 동쪽으로 타우로엔티움(오늘날의 시오타), 올비아(오늘날의 예르?), 안티폴리스(오늘날의 앙티브), 니카이아(오늘날의 니스)—퓌레네와 알프스 사이의 연안 항로와 육로를 보장했고, 공동체들의 상업적이고 정치적인 연결망은 내륙 깊숙이까지 이어져 있었다. 로마 건국 600년(기원전 154년) 마살리아의 간청으로, 부분적으로는 로마의 이익 때문에 니카이아와 안티폴리스 위쪽 알프스인 리구리아의 옥시비이족과 데키에테스족을 치려고 로마인들은 원정을 감행했다. 격렬한 싸움과 부분적으로 큰 손실을 입은 전투 끝에 로마는 알프스의 이 지역을 복속시켰다. 리구리아의 두 부족은 마살리아인들에게 이후로 계속 인질들을 보내고 해마다 공물을 바치게 되었다. 개연성이 없지 않은바, 같은 시기에 마살리아에 종속된 알프스 저쪽 지역 전체에서 마살리아의 모범에 따라 번창하던 포도주와 올리브 재배가 이탈리아 토지 소유자들과 상인들의 이익 때문에 금지되었다.[1] 재정적 고려라는 유사한 성격을 가진 전쟁은, 빅투물라이(오늘날의 베르첼리와 바르드 지역, 도라발테아강 상류의 계곡 전체)의 금광과 사금 채취 때문에 집정관 아피우스 클라우디우스가 이끄는 로마군이 로마 건국 611년(기원전 143년)에 살라시 부족과 벌인 전쟁이다. 사금 채취의 커다란 확대는 저지대의 농업용수 부족을 야기했고, 로마인들의 중재 시도에 이어 무장 개입이 벌어졌다. 로마인들은 이 시대의 모든 전쟁에서처럼 이때도 패전으로 전쟁을 시작했고, 마침내 살라시 부족의 정복으로 끝을 맺었다. 금광 지대는 로마 국고에 귀속되었다. 몇십 년쯤 뒤에 (로마 건국 654년, 기원전 100년) 이때 획득한 지역에 식민지 에포레디아 (오늘날의 이브레아)가 건설되는데, 주요 목적은, 아퀼레이아 건설이 알프스 동쪽 통로를 확보하기 위한 것과 마찬가지로, 알프스 서쪽 통로를 확보하는 것이었다.

---

[1] 키케로가 이를 아프리카누스로 하여금 로마 건국 625년(기원전 129년)에 말하게 했지만(*rep*. 3, 9), 키케로가 시대착오의 우를 범하지 않은 것이라면, 이 책에 기술된 견해는 가능성으로만 남는다. 이 처분은 북부 이탈리아와 리구리아를 가리키는 것이 아니다. 게나우테스 부족의 포도 재배가 로마 건국 637년(기원전 117년)(제2권 368쪽 각주)이라는 것이 이를 증명한다. 마찬가지로 마살리아 인접 지역을 가리키는 것도 아니다(Just. 43, 4; Poseid. 단편25 Müller; Strab. 4, 179). 이탈리아에서 로다누스강 유역으로 큰 규모의 올리브와 포도 수출은 로마 건국 700년에 널리 알려진 사실이다.

알프스 저쪽 지역과의 관계

이런 알프스 전쟁들이 중요해지는 것은, 가이우스 그락쿠스의 충실한 동맹자였던 마르쿠스 풀비우스 플라쿠스가 로마 건국 629년(기원전 125년)의 집정관으로 이 지역에 대한 최고 명령권을 넘겨받으면서부터였다. 그는 최초로 알프스 저쪽의 정복을 위한 길을 놓았다. 여러 개로 나뉜 켈트족 가운데 이 시기에 비투리게스 부족은 실질적인 패권을 상실한 채 다만 명예 의장직을 유지하고 있었고, 퓌레네에서 레누스강까지, 지중해에서 북대서양까지의 지역을 이끄는 부족은 아르베르니 부족[2]이었다. 이들은 과장으로 보이지 않는바 18만 명까지의 병사를 전쟁에 동원할 능력을 가지고 있었다고 한다. 이들과 비교할 수 없지만 그래도 패권을 놓고 경쟁하던 부족은 하이두이 부족(오늘날의 오툉 부근)이다. 반면 갈리아 북동부에는 수에시오네스 부족(오늘날의 수아송)의 왕들이 종주권을 쥐고 브리타니아까지 뻗어나간 벨가이 부족을 통합했다. 이 시대의 희랍 여행자들은 아르베르니 부족의 왕 루에리우스의 화려한 궁정 생활에 관해 많은 이야기를 남겼다. 루에리우스왕은 빛나는 부족 수행원들에 둘러싸여, 목줄을 맨 사냥개들을 데리고, 방랑 음유시인들과 함께, 은박을 입힌 마차를 타고 왕국의 여러 도시들을 돌아다녔으며, 금을 한 움큼씩 군중을 향해 던져주었고, 무엇보다 시인의 마음을 황금비로 즐겁게 해주었다. 길에서 오가는

---

[2] 오늘날의 오베르뉴 지역. 아르베르니 부족의 주도는 네메툼 혹은 네모수스이며, 이는 오늘날의 클레르몽-페랑이다.

모두가 초대된 사방 1,500보의 넓은 공간에서 펼쳐진 연회의 묘사는 카마초의 결혼식을 연상시킨다. 실제로 수없이 많이 전해지는 당대의 아르베르니 황금 주화들은 아르베르니 부족이 흔하지 않은 부와 상대적으로 굉장히 높은 문화를 누렸음을 말해준다.

알로브로게스와 아르베르니에 맞선 로마의 전쟁

플라쿠스의 공격 대상은 우선 아르베르니 부족이 아니라 알프스와 로다누스강 사이의 지역에 자리잡은 좀 더 작은 부족이었다. 이 지역은 원래 리구리아 거주민이 나중에 이주한 켈트족과 섞여, 켈티베리아 종족과 비교되는 켈토리구리아 종족이 생겨난 곳이었다. 플라쿠스는 로마 건국 629년과 630년(기원전 125년과 124년)에 성공적으로 살뤼에스(혹은 살루비이) 부족을 엑스 지역과 뒤랑스강 계곡에서 공격했고, 그 북쪽의 보콘티이 부족(오늘날의 보클뤼스와 드롬므 지역)을 공격했다. 그의 후임자 가이우스 섹스티우스 칼비누스(로마 건국 631년과 632년, 기원전 123과 122년)는 알로브로게스 부족을 공격했다. 이들은 이사라강의 넓은 계곡에 살던 강력한 켈트계 부족으로, 살뤼에스 부족의 왕 투토모툴루스가 망명하여 그의 나라를 되찾는 데 힘을 보태줄 것을 요청하자 이에 응해 참전했지만, 엑스 지역에서 참패했다. 하지만 알로브로게스 부족이 살뤼에스 부족의 왕을 로마에 인도하기를 거부했기 때문에, 칼비누스의 후임자 그나이우스 도미티우스 아헤노바르부스는 알로브로게스 부족의 영역으로 직접 진입했다(로마 건국 632

년, 기원전 122년). 당시까지 켈트계의 패권 부족은 이탈리아 이웃 부족들의 침략에 대해 방관자적 입장이었다. 아르베르니 부족의 왕 베투이투스는—그는 루에리우스의 아들이다—동부 부족들과 맺었으나 느슨해진 피호 관계 때문에 위험천만한 전쟁에 관여하기를 그다지 원하지 않았다. 하지만 로마인들이 알로브로게스 부족을 직접 공격하려는 기색을 보이자, 베투이투스는 중재를 제안했고, 로마가 이를 거절하자 그는 있는 힘을 다해 알로브로게스 부족을 돕기 위해 참전했다. 반면 하이두이 부족은 로마 편에서 힘을 보태었다.

로마도 아르베르니 부족의 참전을 전해 들었을 때 로마 건국 633년 (기원전 121년)의 집정관 퀸투스 파비우스 막시무스를 파견했다. 그는 쳐들어오는 적군과 대적하기 위해 아헤노바르부스 군대와 합류했다. 알로브로게스 관구의 남쪽 국경에서, 이사라강과 로다누스강이 합류하는 지점에서, 로마 건국 633년(기원전 121년) 8월 8일에, 남부 갈리아의 패권을 결정하는 전투가 벌어졌다. 베투이투스왕은, 그의 종속 부족들의 수많은 병사들이 로다누스강 위에 놓인 배다리를 지나 달려가고, 이들을 향해 그의 1/3밖에 안 되는 로마군이 정렬하는 것을 보면서, "켈트족의 개들을 배불리 먹일 적군이 부족하다"고 외쳤다고 한다. 하지만 퓌드나 전투 승자의 손자 막시무스는 결정적인 승리를 거두었고, 이때 도망치는 적병들의 무리가 무너지는 배다리와 함께 강에 빠지면서 아르베르니 병력의 대부분이 사라졌다. 알로브로게스 부족은 아르베르니 부족의 왕이 그들을 도울 수 없게 되었다고 선언하고, 왕이 직접 그들에게 막시무스와 평화협정을 맺으라고 조언하자, 집정관에게 항복했다. 이제 알로브로기쿠스라는 이름을 얻은 막시무스는 로마로 귀환했고, 아르베르니 전쟁의 머지않은 종결은 아헤노바르부스에게 넘겨준다. 아헤노바르부스는 베투이투스왕에게 개인적으로 격분했는데, 베투이투스가 알로브로게스 부족에게 그가 아니라 막시무스에게 항복하도록 조언했기 때문이었다. 그래서 그는 속임수를 써서 왕의 신병을 확보한 후에 그를 로마로 보내버렸고, 로마의 원로원은 맹세의 파기를 비난하면서도 속임을 당한 왕을 구금한 채, 왕의 아들 콩고네티아쿠스도 로마로 보내라고 명령을 내렸다. 이것이 거의 끝나버린 아르베르니 전쟁이 다시 한 번 불타오른 이유였으며, 빈달리움(오늘날의 아비뇽 북부)에서, 소르그강과 로다누스강이 합류하는 지점에서 두 번째 결정적인 전투가 벌어진 이유였다. 두 번째 전투는 첫 번째와 다르지 않았다. 이때 핵심적으로 켈트족 군대를 파괴한 것은 아프리카 코끼리 부대였다. 이어 아르베르니 부족은 평화협정을 맺었고 켈트족 땅에 다시 평화가 찾아왔다.[3]

나르보 속주

이 군사 작전의 결과는 지중해 연안 알프스와 퓌레네산맥 사이에 새

---

[3] 빈달리움의 전투를 리비우스 요약자와 오로시우스는 이사라 전투 앞에 놓는다. 하지만 플로루스와 스트라본(4, 191)은 반대로 놓는다. 후자를 부분적으로 증명하는 근거는, 막시무스가 리비우스 요약과 플리니우스(*nat.* 7, 50)에 따르면 갈리아를 집정관으로서 정복했다는 것이다. 또 부분적으로 칼피톨리움의 연보에 의해 증명되는데, 이에 따르면 막시무스는 아헤노바르부스 이전에 개선식을 거행했고, 전자는 알로브로게스 부족과 아르베르니 부족의 왕(베투이투스)을, 후자는 다만 아르베르니 부족을 점령한 공로였다. 알로브로게스 부족과 베투이투스왕과의 전투가 아르베르니 부족과의 전투보다 먼저 일어난 사건이어야 함은 명백하다.

로운 로마 속주가 건설된 것이었다. 알프스와 로다누스강 사이의 모든 부족은 로마에 종속되었고, 이들은 마살리아에 조세를 내지 않은 한, 추측컨대 이제 로마에 조세를 바치게 되었다. 로다누스강과 퓌레네산맥 사이의 지역에서 아르베르니 부족은 자유를 누렸고 로마에 조세를 바칠 의무는 없었다. 하지만 그들은 로마인들에게 직간접적으로 그들 영토의 최남단 지역을 양도했다. 이는 케벤나 산괴 남쪽에서 지중해까지, 가룸나강(오늘날의 가론) 상류에서 톨로사(오늘날의 툴루즈)까지의 지역이었다. 이런 점령의 최우선 목적은 이탈리아와 히스파니아 사이의 육로를 확보하는 것이었으므로, 점령 직후 바로 해안도로의 포장에 진력했다. 포장을 마무리하고 알프스에서 로다누스강에 이르는 해안지대는—폭이 1.5~2.2킬로미터였다—이미 이 해안지대에 여러 항구들을 가지고 있던 마살리아 사람들에게 넘겨, 해안도로의 유지보수를 책임지도록 했다. 반면 로다누스강에서 퓌레네산맥에 이르는 지역에 로마인들이 직접 군사도로를 놓았으며, 이를 발기인 아헤노바르부스의 이름을 따서 도미티우스대로라고 불렀다.

로다누스강 유역의 로마 정착

흔히 그러하듯 새로운 주둔지들은 도로로 연결되었다. 로다누스강의 동쪽 주둔지는 가이우스 섹스티우스가 켈트족을 물리친 곳으로 아름다운 경치와 비옥한 땅은 물론 수많은 샘과 온천이 정착을 유혹했다. 여기에 로마 정착지가 생겨났는데, '섹스티우스의 온천'이라는 뜻의 아콰이 섹스티아이(오늘날의 엑스)였다. 로다누스강의 서쪽에서 로마인들은 나르보에 정착했다. 나르보는 켈트족의 오래된 도시로서, 배가 다닐 수 있는 아탁스강(오늘날의 오드강)이 인접하며, 바다에서 멀리 떨어져 있지 않고, 로마인들이 도시를 점령하기 이전부터 브리타니아산 주석 무역에 참여하던 생기 넘치는 무역거점으로 마살리아와 경쟁 관계에 있었다. 아콰이 섹스티아이는 도시 자격이 아니라, 겨우 영구 주둔지 자격을 가졌다.[4] 반면 로다누스강 서쪽에서 켈트족에 맞서는 경계 및 전초기지로 건설된 나르보는 '마르스의 도시'로서 로마 시민의 식민지였으며, 알프스 저쪽 켈트 땅에 새롭게 세워진 속주, 흔히 나르보 속주라고 불리는 곳을 다스리는 총독의 관저가 위치한 도시였다.

복고정부에 의한 확장 중단

알프스 저쪽 지역의 획득을 이끈 그라쿠스 당파는 분명 이때 그들의 식민지 건설 계획에 맞추어 새로운 광대한 지역을 개척하려고 했다. 시킬리아, 아프리카와 동일한 이점들을 제공하면서도 이탈리아 자본가들로부터 시킬리아와 리뷔아 농지를 뺏는 것보다 훨씬 쉽게 원주민

---

[4] 아콰이 섹스티아이는 리비우스가 말하는 것처럼(*ep.* 61) 식민도시가 아니라, 주둔지였다(Strab. 4, 180; Vell. 1, 15; J. N. Madvig. *Opuscula academica*, Bd. 1, Kopenhagen 1834, 303쪽). 이는 이탈리카(제5권 4쪽) 등 많은 다른 지역도 마찬가지다. 예를 들어 빈도니사는 법적으로는 갈리아의 어느 마을과 전혀 다르지 않았지만, 견고한 로마 주둔지로서 매우 대단한 도시였다.

들로부터 빼앗을 수 있었다. 가이우스 그락쿠스의 몰락은 물론 당연히 가시적으로 정복 활동의 위축을 가져왔고, 더욱 분명하게 도시 건설의 제약으로 이어졌다. 하지만 계획은 완전히 진행된 것이 아니었기에 완전히 좌절되지도 않았다. 정복 지역과 나아가 나르보의 건설은—원로원은 이 정착 도시가 카르타고와 같은 운명을 밟도록 시도했지만 허사였다—완결되지 않았지만, 그락쿠스를 이을 미래의 후임자에게 건설 사업을 계속해서 이어나가도록 일깨울 단초는 되었다. 겨우 나르보뿐이지만 여기서라도 갈리아–브리타니아 무역을 두고 마살리아와 경쟁할 수 있었던 로마 상인계급은 분명 귀족들의 공격에 맞서 이 전초기지를 지켜냈다.

일뤼리아

이탈리아 북서부와 비슷한 임무가 이탈리아 북동부에서도 제시되었다. 이탈리아 북동부는 북서부만큼 완전히 외면당하지는 않았지만, 북서부보다 훨씬 더 미해결된 상태였다. 아퀼레이아의 건설(로마 건국 571년, 기원전 183년)과 함께 히스트리아반도는 로마인들의 소유가 되었다(제3권 287쪽). 에페이로스와 지난날 스코드라의 왕이 다스리던 땅은 상당 부분 이미 아주 오래전부터 로마가 다스렸다. 하지만 로마의 지배권은 결코 내륙에 미치지 못했다. 해안지역에서도 로마는 히스트리아와 에페이로스 사이의 호전적인 해안지대를 명목상으로조차 지배하지 못했다. 이 해안지대는 거칠게 얽힌, 계곡도 평지도 없이 비늘처럼 겹겹이 쌓인 분지들로 구성되어 있고 해안을 따라 길게 바위섬들이 늘어서 있기 때문에, 이탈리아와 희랍을 연결한다기보다 단절시키고 있었다. (오늘날 체티나강의 좌안, 프릴리 근처의) 델미니움이라는 도시를 중심으로 델마티아(혹은 달마티아) 동맹들이 주변에 흩어져 있었고, 이들의 관습은 이들의 산악만큼이나 거칠었다. 주변 민족들은 이미 풍성한 문화 발전을 이룬 반면, 달마티아 사람들은 동전을 보지도 못했고, 사유재산을 알지도 못했다. 그들은 8년마다 공동체 구성원들끼리 토지를 재분배했다. 산적질과 해적질이 그들에게 익숙한 유일한 산업이었다. 이 민족들은 일찍이 스코드라의 통치자들에게 느슨한 종속관계를 유지하고 있었고, 따라서 어느 정도 '여왕 테우타'(제3권 103쪽)와 파로스의 데메트리오스(제3권 104쪽)에 맞선 로마 원정의 영향을 받았다. 하지만 겐티오스왕의 등극과 함께 그들은 독립했고, 마케도니아왕국이 몰락할 때 남부 일뤼리아에 개입하여 그곳의 독립을 상당 기간 로마로부터 지켜냈다(제4권 137쪽). 로마인들도 매력적이지 않은 지역을 기꺼이 스스로 넘겨주었다. 하지만 로마령 일뤼리아 사람들, 특히 다오르시 부족의—이들은 달마티아 남쪽에, 나렌타강 유역에 살던 부족이다—탄원과 이싸섬(오늘날의 리싸섬) 주민들의—이들이 대륙에 세운 도시 트라귀리온(오늘날의 트로기르)과 에페티온(오늘날의 스플리트 근처)은 원주민들로부터 크게 고통을 당해야 했다—탄원은 로마 정부로 하여금 이 지역에 대표단을 파견하게 만들었다. 대표단이 달마티아 사람들은 이제까지 로마를 염려한 적도 없으며 앞으로도 염려하지 않을 것이라는 답을 가져왔기 때문에, 로마 건국 598년(기원전 156년) 집정관 가이우스 마르키우스 피굴루스가 이끄는 군단이 그곳에 파병되었다. 그는 달마티아로 쳐들어갔다. 하지만 그는 다시 로마 지역으로 돌아오지 못했다. 그의 후임자 푸블리우스 스키피오 나시카가 로마 건국 599년(기원전 155년) 거대하고 견고한 도시 델미니움을 비로소 함락했다. 이에 동맹이 맺어졌고 그들은 스스로를 로마의 신하라고 선언했다. 하지만 다만 표면적으로 굴복한 가난한 나라는 독립적 속주가 될 만큼 충분히 중요하지는 않았다. 그래서 로마는 앞서 에페이로스의 훨씬 더 중요한 소유지들에 대해 그랬던 것처럼 달마티아를 알프스 이쪽 갈리아와 묶어 이탈리아에서 통치하도록 했다. 이런 규칙은 적어도 로마 건국 608년(기원전 146년) 마케도니아 속주가 설치되고 그 북서부 국경이 스코드라 북쪽으로 정해질 때까지 유지되었다.[5]

마케도니아와 트라키아의 로마인들

그런데 마케도니아가 로마에 직접적으로 종속된 지방으로 변경된 일은 마케도니아 북동부의 민족들과 로마의 관계에 심대한 의미를 가졌다. 이들을 위해 로마는 사방으로 열린 북부 국경과 동부 국경에 인접한 야만 민족들에 맞서 지켜야 하는 의무를 짊어지게 되었기 때문이다. 그리고 이와 유사하게 머지않아(로마 건국 621년, 기원전 133년) 있

---

[5] 제5권 62쪽. 드린강 계곡의 피루스타이 부족은 마케도니아 속주에 귀속되었지만, 그들은 인접한 일뤼리쿰까지 넓게 분포했다(카이사르, 《갈리아 전기》5, 1).

었던 일인바, 이제까지 아탈로스왕국에 속하던 트라키아 케르소네소스(갈리폴리반도)를 획득함으로써, 이제까지 트라키아에 맞서 희랍 도시를 지켜야 하는 페르가몬 왕들의 의무도 이제 로마로 넘어왔다. 파두스강과 마케도니아라는 이중적 발판을 딛고 로마는 이제 레누스강과 다누비우스강의 수원 지역을 향해 진지하게 전진했고, 적어도 남부 지역의 안정이 요구되는 한에서 북부 산악지대를 장악했다.

레누스강과 다누비우스강 상류의 민족들

이 지역에서도 당시 제일 강력한 민족은 켈트족이었다. 이들은 고유의 신화(제2권 126~127쪽 주석)에 따르면 대서양 연안의 고향 땅에서 같은 시기에 알프스 본령의 남쪽으로는 파두스강 계곡으로, 알프스 본령의 북쪽으로는 레누스강 상류와 다누비우스강 유역으로 쏟아져 들어왔다. 이들 켈트족 가운데 강력하고 부유한 부족, 로마인들과 한 번도 직접적으로 접촉한 바 없기에 로마인들과 협정을 맺고 평화롭게 살아가는 헬베티이 부족이 레누스강 상류의 양안에 자리잡았고, 당시 레만호에서 마인강까지 세력을 펼치며 오늘날의 스위스, 슈바벤, 프랑켄을 차지한 것으로 보인다. 헬베티이 부족과 인접한 부족으로 보이이 부족이 있었고, 보이이 부족의 영토는 오늘날의 바이에른과 보헤미아였을 것이다.[6] 이들의 남동쪽에서 우리는 또 다른 켈트족을 만

---

[6] 타키투스(*Germ.* 28)가 말하는바 "헬베티이 부족은 헤르퀴니아 산악(오늘날 아마도 슈바벤쥬라

난다. 이들은 스튀리아와 카린티아에서 타우리스키 부족, 혹은 나중에 노리키 부족이라고 불렸고, 프리울리와 크란스카와 히스트리아에서 카르니 부족이라고 불렸다. 그들의 수도 노레이아(오늘날의 상트파이트 근처, 클라겐푸르트의 북쪽)는 당시 이미 이 지역에서 크게 운영되던 철광산 때문에 유명했고 번영을 누렸다. 하지만 이 시점에 이탈리아 사람들을 끌어들인 것은 그곳에서 발견된 풍부한 금광이었는데, 이탈리아 사람들은 원주민들을 배제하고 당대의 캘리포니아를 독점했다. 이렇게 알프스의 이쪽과 저쪽으로 쏟아져 들어온 켈트족 집단은 그들의 방식에 따라 오로지 평지와 구릉지만을 차지했다. 알프스 본령이나 아디제강과 파두스강 하류는 그들이 버려두었기에 그전부터 살던 토착민들이 그대로 지배했다. 이들 토착민들에 관해서는 지금까지 확실한 것이 알려지지 않았는데, 이들은 라이티 부족이라는 이름으로 동부 스위스와 티롤 지방에 살았고, 에우가네이족과 베네티족이란 이름으로 파도바와 베니스에 들어왔다. 이 마지막 지점에서

산맥)과 레누스강과 마인강 사이에 살고 있다. 또한 이어서 보이이 사람들이 살고 있다." 포세이도니오스(Strabo 7, 293)도 전하는바, 보이이 부족은 그들이 킴브리족을 몰아내던 시점에 헤르퀴니아 산악에, 다시 말해 슈바벤쥬라산맥과 보헤미아 산악 사이의 산지에 살고 있었다. 카이사르(Gall. 1, 5)는 보이이 부족을 레누스강 저쪽으로 옮겨놓았는데, 이는 위에서 설명한 것과 모순된다. 카이사르는 이때 헬베티이인들의 관점에서 기술하는 것이므로, 보덴호의 북동쪽 지역을 생각한 것이다. 이는 스트라보(2, 292)가 과거의 보이이인들은 보덴호 옆에 살고 있었다는 것과 일치한다. 다만 스트라보는 아주 정확한 것은 아니지만 보덴호의 주민을 빈델리키인들이라고 했는데, 이들은 보이이인들이 이 지역을 떠난 후에 들어와 정착한 것이다. 보이이 사람들이 이 옛 거주지에서 마르코마니 부족 등 다른 게르마니아족들에게 밀려난 것은 포세이도니오스 이전, 따라서 로마 건국 650년(기원전 104년)경이다. 보이이 사람들의 일파가 카이사르 때에 카린티아를 떠돌아다녔고(Caes. Gall. 1, 5), 거기서 헬베티이 부족과 갈리아 서부로 오기도 했다. 또 다른 보이이 무리는 벌러톤호에 새로운 보금자리를 찾았는데, 이들은 그곳에서 게타이족에게 전멸당한다. 하지만 이곳은 '보이이인들의 옛 터전'이라는 뜻의 '보헤미아'라는 지명을 가지고 있고, 모든 켈트족 가운데 가장 고통을 당한 부족의 이름을 지니고 있다. 제3권 289쪽 주석을 보라.

양 갈래의 켈트족 이주 흐름은 거의 서로 합류하는데, 다만 띠 모양으로 분포한 토착민들이 브레시아 근처에 살던 켈트족 케노마니 사람들과 프리울리에 살던 켈트족 카르니 사람들을 나누고 있었다. 에우가네이족과 베네티족은 오랫동안 로마의 평화로운 예속민이었다. 반면 알프스 본령의 민족들은 자유민으로 그들의 산악에서 알프스와 파두스강 사이의 평야지대로 주기적으로 내려와 노략질을 했다. 그들은 약탈과 방화에 만족하지 못하고 약탈 지역에서 지독한 잔인함을 보이기도 했는데, 드물지 않게 모든 남성을 어린아이까지, 심지어 젖먹이까지 살해했다. 추측건대 알프스 계곡으로 로마인들이 침략한 것에 대한 실천적 회답이었을 것이다. 라이티 사람들의 침략들이 얼마나 위험한 것이었는지는 로마 건국 660년(기원전 94년) 무렵 한 번의 침략으로 대단한 규모의 공동체 코뭄(Comum)이 완전히 파괴되었다는 사실이 말해준다.

일뤼리아의 부족들

알프스산맥과 알프스 너머에 거주하던 켈트족과 비(非)켈트족이 이렇게 서로 다양하게 뒤섞여 있었다고 할 때, 민족 혼합은 주지하다시피 훨씬 더 복잡다단하게 다누비우스강 하류에서 일어났다. 이곳에는 서부 다누비우스 지역과 달리 자연적 장벽이 될 만한 높은 산지가 존재하지 않았다. 원래의 일뤼리아 민족은—이들의 마지막 순수 혈통은 오늘날의 알바니아 사람들로 추정된다—적어도 내륙의 경우 켈트족과 크게 섞였고 켈트족의 무장 방법과 전쟁 방식을 널리 도입했다. 우선 타우리스키 부족과 인접하여 살던 이아퓌데스 부족은 아마도 원래의 일뤼리아 부족인데, 오늘날의 크로아티아에 속한 율리우스 알프스에서 피우메 자유국(오늘날의 리예카)과 셍*Senj*까지 내려오는 지역에 살았으며, 켈트족과 크게 섞였다. 이아퓌데스족과 연접하여 해안지대에, 앞서 언급한 달마티아인들이 사는데, 이들의 거친 산악지대로 켈트족이 침입하지 않은 것으로 보인다. 반면 그 내륙에는 켈트족인 스코르디스키 부족이 있었는데, 예전에 여기서 다른 무엇보다 강력했던 트리발리 부족이 그들에게 복속되었다. 스코르디스키 부족은 켈트족의 델포이 원정에서 중요한 역할을 맡았다. 이들은 사부스강(오늘날의 사바강) 하류에서 마르구스강(오늘날의 모라바강)까지 오늘날의 보스니아와 세르비아를 지배하는 당시의 주도적 민족이었다. 이들은 멀리 모이시아, 트라키아, 마케도니아까지 원정을 다녔으며, 사람들은 끔찍한 일을 이야기할 때 이들의 거친 용맹성과 사나운 풍속을 언급했다. 이들의 주요 전쟁 집결지는 콜라피스강(오늘날의 쿠파강)과 사부스강의 합류 지점에 위치한 세게스티카 혹은 시스키아(오늘날의 시사크)였다. 당시 오늘날의 헝가리, 트란실바니아, 루마니아, 불가리아에 살던 민족들은 로마 역사 밖에 머물렀다. 다만 트라키아인들은 마케도니아의 동부 국경인 로도페산맥에서 로마인들과 부딪쳤다.

국경지대의 충돌: 알프스

당시의 로마 정부보다 강력한 정부가 있었더라도 이렇게 넓은 야만 지역에 대해 효과적이고 조직적인 국경 방어 체계의 수립은 결코 쉬운 과제가 아니었을 것이다. 복위정부의 주도 아래 이 중요한 목표를 위해 행해진 일들은 최소한의 요구에도 부합하지 않았다. 알프스 부족들을 향한 원정도 없지 않았던 것으로 보인다. 로마 건국 636년(기원전 118년) 베로나 외곽 알프스 산속에 정착했던 것으로 보이는 스토이니 부족에 대한 승전이 있었다. 로마 건국 659년(기원전 95년) 집정관 루키우스 크라수스는 알프스 계곡 부족들을 샅샅이 수색하여 주민들을 없애라고 명령했지만, (작은 개선식을 열 만큼의) 성공을 거두지 못했고, 연설가의 명성에 전승의 월계관을 더하는 데 실패했다. 하지만 토착민들을 제압하지 못하고 다만 자극하는 데 그친 이런 일제 단속에 만족하고, 아마도 이런 침공 직후 군대를 철수시켰기 때문에, 파두스강 저쪽 지역은 근본적으로 예전 그대로였다.

국경지대의 충돌: 트라키아

트라키아의 국경지대에서 로마인들은 이웃들을 걱정하지 않은 것으로 보인다. 다만 언급할 만한 것으로, 로마 건국 651년(기원전 103년) 트라키아인들과 벌어진 분쟁과, 로마 건국 657년(기원전 97년) 마케도니아와 트라키아의 접경 산악에 살던 마이디 부족과 벌어진 분쟁이 있었다.

국경지대의 충돌: 일뤼리아

일뤼리아 땅에서는 좀 더 심각한 전쟁들이 벌어졌다. 소란스러운 달마티아 사람들에 대해 아드리아해의 이웃들과 항해자들이 계속해서 불만을 표했다. 그리고 완전히 열린 마케도니아 북쪽 국경에서, 어떤 로마인의 의미심장한 표현에 따르면 "로마의 창칼이 도달한 곳에서 이들과의 전쟁이 멈추지 않았다." 로마 건국 619년(기원전 135년) 나렌타강 하구의 북쪽 해안지대에 사는 달마티아 민족에 속한 아르뒤아이이(혹은 바르다이이) 부족과 플레라이이(혹은 파랄리이) 부족에 대한 원정이 있었다. 이들은 바다에서 그리고 맞은편 해안에서 불법행위를 멈추지 않았다. 로마인들의 명에 따라 이들은 해안을 벗어나 내륙에, 오늘날의 헤르체고비나에 정착했고, 농업에 종사하기 시작했다. 그러나 익숙하지 않은 생업으로 거친 땅에서 위축되어 버렸다. 동시에 마케도니아 방면에서 스코르디스키 부족에 대한 공격이 시작되었는데, 이들은 아마도 앞서 공격받은 해안 부족들과 공동으로 불법행위를 벌였던 것이다. 곧이어(로마 건국 625년, 기원전 129년) 집정관 투티타누스는 히스파니아의 칼라이키아인들을 제압한 유능한 데키무스 브루투스와 함께 이아퓌데스 부족을 굴복시켰고, 초반의 패전을 이겨내고 마침내 달마티아 깊숙이 케르카강까지, 아퀼레이아에서 185킬로미터 떨어진 곳까지 로마의 무력을 관철시켰다. 이아퓌데스 부족은 이후 평화로운, 로마와 우호관계를 유지하는 민족으로 등장한다. 하지만 10년 후(로마 건국 635년, 기원전 119년) 달마티아인들은 새롭게, 하지만 이번에는 스코르디스키 부족과 연합하여 일어났다. 스코르디스키 부족에 맞서 집정관 루키우스 코타가 싸우고 이때 아마도 시스키아까지 진군하는 동안, 동료 집정관 루키우스 메텔루스는—그는 누미디아 정복자의 형이었다—달마티아인들을 공격하여 물리쳤고—이후 그는 달마티아의 정복자로 불린다—살로나(오늘날의 스플리트 근처)에서 겨울 숙영을 했다. 살로나는 이후 이 지역의 주요 로마 주둔지로 부상한다. 아마도 이 시기에 가비니우스대로가 놓인 것으로 보이는데, 이 대로는 살로나에서 동쪽으로 안데트리움(오늘날의 클리사 근처)까지, 거기서 다시 내륙으로 들어간다.

동부 알프스 저쪽의 원정

로마 건국 639년(기원전 115년)의 집정관인 마르쿠스 아이밀리우스 스카우루스의 원정은 정복 전쟁의 성격이 좀 더 컸는데, 이는 타우리스키 부족[7]에 대한 전쟁이었다. 그는 로마인들 가운데 최초로 테르게스테(오늘날의 트리에스테)와 에모나(오늘날의 루블랴나) 사이에 있는 동부 알프스산맥의 제일 낮은 고갯길을 넘었고, 타우리스키 부족과 호혜관계를 맺었는데 이로써 매우 중요한 무역로가 확보되었다. 하지만 로마인들은—공식적인 복속이었다면 휘말렸을지도 모르지만—동부 알프스의 북방으로 야만족들의 민족적 반발에 휘말리지 않았다.

---

[7] '켈트족 카르니 부족*Galli Carni*'이라고 승전 연보에 기록되어 있다. Victor에 '리구리아의 타우리스키 부족*Ligures Taurisci*'이라고 기록되어 있다(전승 사본에 전해진 *Ligures et Caurisci*보다 이렇게 읽는 것이 옳다).

로마가 다누비우스강에 도달하다

알려진 것이 거의 없는 스코르디스키 부족과의 전쟁은 최근 테살로니케 근처에서 발견된 로마 건국 636년(기원전 118년)의 기념비를 통해 파편적이긴 하지만 분명하게 드러나는 한 장면을 볼 수 있다. 이에 따르면 이 해에 마케도니아 총독 섹스투스 폼페이우스는 아르고스(악시우스강 상류, 스토비에서 멀지 않은 곳)에서 이 켈트족과의 전투에서 사망했다. 폼페이우스의 재무관 마르쿠스 안니우스는 군대를 이끌었고 적을 어느 정도 제압했다. 하지만 곧이어 같은 켈트족은 (스트뤼몬강 상류의) 마이디 부족의 왕 티파스와 연합하여 훨씬 더 큰 규모로 다시 한 번 공격했고, 로마인들은 간신히 몰려드는 야만족에 맞서 스스로를 지켜냈다.[8] 사태는 곧 매우 급박하게 진행되었고, 집정관이 이끄는 군대의 마케도니아 파병이 요구되었다.[9] 몇 년 후에 로마 건국 640년

---

8 마케도니아 속주의 재무관, 푸블리우스 안니우스의 아들 마르쿠스 안니우스는 더 이상 알려진 것이 없다. 그에게 레테(오늘날의 아이바티, 테살로니케로부터 북서쪽으로 걸어서 4시간 떨어진 곳)는 속주 건설 29년, 로마 건국 636년(기원전 118년)에 이 기념비를 세웠다(SIG 247). 여기서 언급된 속주 총독 섹스투스 폼페이우스는 카이사르와 싸운 폼페이우스의 할아버지 말고 다른 사람일 수 없다. 시인 루킬리우스의 매형이기도 하다. 그와 싸운 적들은 Γαλατῶν ἔθνος라고 적혀 있다. 강조되는 바는, 안니우스가 속주민을 아끼는 마음에서 속주 분담 병력의 소집을 중단하고, 로마 병사들만으로 야만족을 물리쳤다는 내용이다. 짐작건대 마케도니아는 이미 당시 사실적으로 상설화된 로마 주둔군을 필요로 했다.

9 만약 퀸투스 파비우스 막시무스 에부르누스가 로마 건국 638년(기원전 116년)의 집정관으로 마케도니아에 갔다면(CIG 1534; A. Zumpt, *Commentationes epigrahpicae*, Bd. 2, Berlin, 1854, 167쪽), 그는 거기서 큰 패전을 겪었음이 분명하다. 키케로는 이렇게 말한다(*Pis.* 16, 38). "마케도니아로부터 재무관 군령권을 가진 몇몇은 돌아와 개선식을 거행했지만, 집정관 군령권을 가진 자는 누구도 무사히 돌아와 개선식을 거행하지 못했다." 이 시기의 승전자 목록 전체는 오직 세 번의 승전을 기록했는데, 로마 건국 643년(기원전 111년)의 메텔루스, 로마 건국 644년(기원전 110년)의 드루수스, 로마 건국 648년(기원전 106년)의 미누키우스다.

(기원전 114년)의 집정관 가이우스 포르키우스 카토는 세르비아 숲속에서 스코르디스키 부족에게 기습공격을 당했다. 병사들을 모두 잃은 그는 창피스럽게도 몇몇 병사들을 데리고 도망쳤다. 총독 마르쿠스 디디우스는 힘겹게 로마 국경을 지켜냈다. 그의 후임자들은 성공적인 전과를 거두었다. 그들은 가이우스 메텔루스 카프라리우스(로마 건국 641년과 642년, 기원전 113년과 112년), 다누비우스강에 도달한 최초의 로마군 사령관인 마르쿠스 리비우스 드루수스(로마 건국 642년과 643년, 기원전 112년과 111년), 마르구스강[10]을 따라 진군하여 스코르디스키 부족에게 인상적인 패배를 안긴 퀸투스 미누키우스 루푸스(로마 건국 644~647년, 기원전 110~107년) 등이다. 하지만 그럼에도 불구하고 스코르디스키 부족은 곧 다시 마이디 부족, 다르다니 부족과 연합하여 로마 속주를 공격했고 심지어 델포이 신탁소까지 약탈했다. 마침내 루키우스 스키피오는 32년의 스코르디스키 전쟁을 끝냈고, 생존자들을 다누비우스강 좌안으로 몰아냈다. 그 이후 이들을 대신하여 방금 언급한 다르다니 부족(오늘날의 세르비아)이 마케도니아와 다누비우스강[11] 사이의 국경지대에서 제일 중요한 역할을 한다.

---

10 프론티우스(*grom.* 2, 4, 3), 벨레이우스와 에우트로피우스에 따르면, 미누키우스에게 패한 부족은 스코르디스키 부족이기 때문에, 플로루스가 마르구스강 대신에 헤브로스강(마리차강)을 언급한 것은 다만 실수일 것이다.

11 마이디 부족과 다르다니 부족이 로마와 협정을 맺은 반면, 스코르디스키 부족이 이렇게 섬멸된 것을 아피아노스(*Ill.* 5)는 보고한다. 실제로 그 이후 스코르디스키 부족은 이 지역에서 사라진다. 마침내 전쟁 32년째에 드디어 '켈트족들의 첫 지역에서ἀπὸ τῆς πρώτης ἐς Κελτοὺς πείρας' 마지막 공략이 있었다면, 이것은 32년 동안 로마인들과 스코르디스키 부족 간에 벌어진 전쟁으로 이해되어야만 한다. 전쟁의 시작은 추측건대 마케도니아 속주의 설치 시점에 멀지 않으며(로마 건국 608년, 기원전 146년), 앞서 언급한 무력 충돌 사건들(로마 건국 636~647년, 기원전 118~107년)도 이 전쟁의 한 부분이다. 최종 정복은 이탈리아 내전이 발발하기 직전, 적어도 로마 건국

킴브리인들

이 승리들은 승리자들이 전혀 생각하지도 못한 결과를 가져왔다. 이미 아주 오래전부터 '떠돌이 민족'이 다누비우스강 양안에서 켈트족이 점유한 지역의 북쪽 변두리를 돌아다니고 있었다. 그들은 스스로를 킴브리인이라고 불렀는데, 이는 전사, 용사, 혹은 그들의 적이 번역하는 대로는 도적을 뜻했고, 아마도 그들의 민족 이동 이전부터 그이름으로 불렸을 것이다. 그들은 북쪽에서 내려왔고, 알려진 한에서 켈트족 가운데 우선 보이이 부족과 충돌했는데, 아마도 보헤미아 지역에서였을 것이다. 그들의 민족 이동이 어디로 왜 시작되었는지를 동시대인들도 정확하게 기록하기를 주저했고[12], 어떤 추측으로도 보충할 수 없다. 보헤미아의 북쪽, 마인강 북쪽, 레누스강 하류의 당시 상황은 우리의 가시 범위를 완벽하게 벗어나 있기 때문이다.

킴브리인들과 그들보다 나중에 합류한 테우토네스인들이 본질적으로—로마인들이 처음에 그렇게 생각했다—켈트족이 아니라 게르마니아 민족이었다는 것을 다음의 분명한 사실들이 말해준다. 같은 이름의 작은 두 부족이 등장하는데, 이들은 추측건대 이주 이전의 원래

663년(기원전 91년) 이전에 일어났음은 아피아노스의 설명에서 드러난다. 여기에 개선식이 뒤따랐다면, 최종 정복은 로마 건국 650년(기원전 104년)에서 로마 건국 656년(기원전 98년)이다. 앞뒤로 개선식은 빠짐없이 기록되었기 때문이다. 하지만 가능한 것은, 어떤 이유에선가 개선식이 거행되지 않았다는 것이다. 승리자는 더 이상 알려지지 않았다. 아마도 로마 건국 671년(기원전 83년)의 집정관 말고 다른 사람일 수는 없는바, 그는 킨나~마리우스의 분쟁으로 인해 뒤늦게 공식적으로 집정관직에 취임할 수 있었다.

12 북해의 해안지대들이 해일에 의해 크게 유실되었고 이것이 킴브리인들의 대규모 이주를 유발했다는 보고(Strb. 7, 293)는 이 보고를 기록한 사람들과 달리 우리에게는 동화처럼 보이진 않지만, 이것이 전승된 것인지 혹은 추측된 것인지는 판단할 수가 없다.

자리에 그대로 남은 나머지 부족민으로, 킴브리인들은 오늘날의 덴마크, 테우토네스인들은 발트해 근처의 독일 북동부에 살았고, 알렉산드로스대왕의 동시대인 퓌테아스는 호박(琥珀) 무역을 언급하여 이 두 부족을 상기한다. 또 킴브리인들과 테우토네스인들이 게르마니아 민족 목록에서 카우키인들과 함께 잉가이보네스 민족에 포함된다. 또 로마인들에게 게르마니아 민족과 켈트족의 차이를 알려준 카이사르는 킴브리인들을—그는 킴브리인들 가운데 몇몇을 직접 눈으로 보았음이 분명하다—게르마니아 민족에 넣었다. 마지막으로, 킴브리인들의 이름 자체와 신체 등의 특징 등은 북방 민족들에 전반적으로 나타나지만 특히 게르마니아 민족에 제일 부합한다.

다른 한편 당연한 일인바, 아마도 수십 년 동안 떠돌아다니며 켈트족의 땅에서 합류하는 동맹자들을 기꺼이 받아들인 이런 집단은 분명 상당 부분 켈트족의 생활상을 받아들였다. 그래서 켈트족 이름을 가진 자들이 킴브리인들을 이끌거나 로마인들이 그들의 정보를 알아보기 위해 켈트족 언어를 쓰는 첩자를 기용한 것도 낯선 일이 아니었다. 로마인들은 한 번도 목격한 적이 없는 놀라운 특징인데, 그들은 무장한 사람들의 약탈 원정도 아닌, 낯선 곳으로 들어간 젊은이들로 구성된 '신성한 봄ver sacrum'도 아닌, 아내와 아이들을 데리고 재산과 살림을 챙겨서 새로운 고향을 찾기 위해 이주하는 민족이었다. 아직 완전히 정착하지 못한 북방 민족들에게 희랍 민족이나 이탈리아 민족과 다른 중요한 의미를 가지는 수레는—켈트족도 군영에까지 끌고 다녔는데—킴브리인들에게 집과 같았다. 그 위로 가죽 덮개를 덮었고 가재도구를 놓고 아내와 아이들과 심지어 키우는 개를 위한 자리도 마련했다. 남쪽 사람들은 금발머리 푸른 눈의 크고 날씬한 몸의 사내들과, 이런 사내들에 몸집과 강인함이 결코 뒤지지 않는 당당하고 건장한 여인들과, 은발의 아이들을 놀라움의 눈으로 바라보았다. 이탈리아인들은 북방 아이들의 머리색을 '아마포색'이라고 부르며 경탄했다.

　이들의 전투 방식은 본질적으로 이 시대의 켈트족이 쓰는 방식이었고, 일찍이 이탈리아 방식처럼 머리에 아무것도 쓰지 않고 단순히 칼과 단검으로 싸우는 방식이 아니라, 화려한 장식이 달린 청동 투구를 쓰고 독특한 투척 무기인 '마테리스'를 사용했다. 또한 긴 칼과 길고 좁은 방패를 선호했는데, 갑옷을 걸치기도 했다. 기병대도 없지 않았지만, 이는 로마가 그들을 압도했다. 전투 대형은 과거처럼 가로세로 같은 수로 대열을 짠 원시적인 밀집방진이었고, 그 첫 번째 열은 아주 위험한 전투에서 드물지 않게 끈으로 엮은 금속 복대를 착용했다. 생활 풍습은 야만적이었다. 종종 날고기를 그대로 집어삼켰다. 가장 용감하고 제일 큰 남자가 집단의 왕을 맡았다. 드물지 않게, 켈트족과 야만족 일반의 방식대로, 전투의 날짜와 장소를 사전에 적과 조율했고, 때로 전투 개시 직전에 양편에서 한 명씩 2인의 맞대결이 요구되었다. 전투 개시는 꼴사나운 몸짓과 경악스러운 소음으로 적을 조롱하면서 이루어진다. 이때 남자들은 전투 함성을 높이고 여자들과 아이들은 수레의 가축 덮개를 맹렬히 두들기면서 이를 돕는다. 킴브리 전사는 용감하게 싸웠다. 그들에게는 전사(戰死)만이 자유민 사내에게 어울리는 죽음이었다. 전승 뒤에 그들은 더없이 사납고 잔인한 행동으로 보상을 챙겼고, 전투 전에는 전투의 신들에게 승전이 승자에게 가져다주는 것을 바치겠다고 약속하기도 했다. 그렇게 그들은 장비를 박살내고, 말을 죽이고, 포로들을 목매달았다. 포로들을 살려두는 것은 오직 신들에게 희생 제물로 바치기 위해서일 뿐이었다. 스퀴티아 땅의 이피게니아처럼 희생 제물을 바치고 희생된 포로들이나 범죄자들이 흘리는 피에서 미래를 예언하는 것은 여사제들, 흰색 아마포 의복을 입고 맨발인 백발의 여자들이었다. 이런 풍습들 가운데 얼마만큼이 북방 야만족의 일반적 관례인지, 얼마만큼이 켈트족에게서 배운 것인지, 얼마만큼이 게르마니아 민족의 고유한 것인지는 정확하게 구분할 수 없다. 남자 사제가 아니라 여자 사제가 군대와 함께하며 군대를 이끄는 방식은 명백하게 게르마니아 풍습이라고 말할 수 있다.

이렇게 킴브리인들은 미지의 땅, 민족들의 혼돈 속으로 들어갔고, 이내 발트해에서 출발한 게르마니아의 알맹이는 다양한 민족성으로 에워싸였다. 이는 오늘날 우리 시대에 맹목이나 진배없는 목표를 품고 바다를 건너 쌓이고 섞이는 이민자 무리와 닮았다. 그들은 오랜 방랑 생활 덕분에 생긴 노련한 솜씨로 묵직한 수레를 강과 산을 넘어 끌고 갔다. 문명 민족들에게 파도와 폭풍처럼 위험천만한 그들은 멋대로 움직여 예측 불가능했으며, 곧 빠르게 전진하다가, 곧 갑자기 멈추어 서고, 옆으로나 뒤로 방향을 바꾸기도 했다. 그들은 번개처럼 들이닥쳤다가 번개처럼 홀연히 사라졌다. 그들이 나타난 시대는 유감스럽게도 이 놀라운 별똥별의 정확한 관측을 가치 있는 일로 여긴 관찰자가 하나도 없던, 활기를 잃은 시대였다. 뒤늦게 사람들이 고대 문명권을 두드린 이 첫 번째 게르마니아 민족의 집단 이주가 연쇄작용의 한 고리일 뿐이라고 생각하기 시작했을 즈음에, 그들에 대한 직접적인 생생한 전승들은 이미 오래전에 사라지고 없었다.

킴브리인의 움직임과 갈등

킴브리인들이라는 떠돌이 민족은 이제까지 켈트족에게, 특히 보이이 부족에게 막혀 다누비우스강을 넘어오지 못했다가 마침내 이 장벽을 뚫었다. 다누비우스 유역의 켈트족이 쳐들어오는 로마 군단에 맞서 적인 킴브리인들에게 도움을 요청했기 때문이거나, 혹은 로마인들의 공격 때문에 그들이 여태까지 지켜온 북쪽 국경을 더 이상 수비할 수 없기 때문이었다. 스코르디스키 지역을 통과하여 타우리스키의 땅으로 들어왔고, 로마 건국 641년(기원전 113년) 카르니 알프스의 고갯길로 접근했다. 이곳을 지키기 위해 집정관 그나이우스 파피리우스 카르보는 아퀼레이아에서 멀지 않은 고지에 주둔했다. 70년 전에도 여기를 지나 켈트계 부족은 알프스 이쪽으로 이주를 시도했다가, 로마의 명에 따라 이미 차지한 땅을 아무런 저항 없이 비워주었다(제3권 288쪽). 지금도 알프스 저쪽 민족들에게 로마라는 이름이 주는 두려움은 강력했다. 킴브리인들은 공격하지 않았다. 카르보가 그들에게 로마의 친구인 타우리스키의 땅에서 떠나라고—타우리스키 부족과의 협약이 그에게 그런 의무를 부여한 것은 아니지만—명했을 때, 그들은 이를 따랐다. 카르보는 그들에게 국경 밖으로 그들을 데려갈 길잡이들을 내주었고, 그들은 길잡이들을 따라갔다. 하지만 길잡이들은 킴브리인들을 함정으로 유인하도록 집정관의 지시를 받았고, 그곳에서 집정관이 이들을 기다렸다. 오늘날의 캐른텐주에서 멀지 않은 노레이아에서 전투가 벌어졌고, 유인당한 자들이 유인한 자들을 물리쳤고 집정관에게 심각한 피해를 입혔다. 다만 악천후가 전투 중인 자들을 갈라놓았고 덕분에 로마 군단은 전멸을 면했다. 킴브리인들은 곧바로 이탈리아인들에게 공격을 가할 수도 있었다. 하지만 그들은 서쪽으로 방향을 틀어 계속 나아가기를 선택했다. 무력보다는 헬베티이 부족 및 세콰니인들과의 협정을 통해 그들은 레누스강의 좌안으로 가는 길을 열었고 쥐라산맥을 넘어갔다. 그곳에서 그들은 카르보의 패전 몇 년 뒤에 다시 한 번 아주 가까이 로마 영역을 위협했다.

레누스강의 국경과 직접적으로 위협을 받은 알로브로게스족의 영역을 방어하기 위해, 로마 건국 645년(기원전 109년) 남부 갈리아에 마르쿠스 유니우스 실라누스가 이끄는 로마 군단이 나타났다. 킴브리인들은 그에게 그들이 평화롭게 정착할 수 있는 땅을 제공해달라고 요청했다. 집정관은 대답 대신 그들을 공격했으나 그는 완벽하게 패전했고 로마 군영은 정복되었다. 이 사고를 계기로 이루어진 새로운 징병은 커다란 어려움에 봉착했는데, 가이우스 그락쿠스에서 시작된 의무 군복무 기간 제한 정책의 일환으로 아마도 원로원에서 일련의 병역법(제5권 161쪽)을 철폐했기 때문이다. 그런데 킴브리인들은 로마에 맞선 그들의 승리를 이어가는 대신 다시 한 번 토지 요구를 청할 사신을 로마의 원로원으로 파견했고, 아마도 그사이에는 주변의 켈트족 관구를 정복하는 데 힘을 쏟은 것으로 보인다.

이 게르마니아 부족을 마주한 로마 속주와 새로 징집된 로마 군단들은 잠깐 동안 휴식을 취했다. 그런데 갑자기 켈트족의 땅에서 새로운 적이 출현했다. 북동쪽의 이웃들과 지속적으로 싸우는 고통을 당할 수밖에 없었던 헬베티이 부족은 킴브리인들의 사례를 통해 자신들도 마찬가지로 서부 갈리아에 정착하여 좀 더 비옥한 토지를 얻을 수 있을 것이라고 생각했던 것이다. 헬베티이 부족은 아마도 킴브리인들이 자신들의 땅을 통과할 때 그들과 동맹을 맺었던 것으로 보인다. 이제 디비코의 주도 아래 투게니 부족(지역 불명)과 티구리니 부족(오늘날 무르텐호수 근방)이 쥐라산맥[13]을 넘어, 니티오브로게스 부족(가론강의 아쟁 부근)의 땅에 이르렀다. 여기서 헬베티이 부족과 충돌한 집정관 루키우스 카시우스 롱기누스 휘하의 로마 군단은 헬베티이 부족이 세운 계략에 걸려들었고, 이때 사령관은 물론 부사령관을 맡은 집정관 역임자 루키우스 피소는 대부분의 병사들과 함께 죽음을 맞았다. 군영으로 몸을 피한 병사들을 이끈 임시 지휘관 가이우스 포필리우스는 적에게 항복했고, 병사들이 몸에 지니고 있던 소유물의 절반을 바치고 인질을 제공하는 조건으로 풀려날 수 있었다(로마 건국 647년, 기원전 107년). 로마인들에게 상황은 안 좋게 진행되었고, 로마 속주에서 가장 중요한 도시 가운데 하나인 톨로사가 로마에 반기를 들었고, 로마 주둔군은 포로가 되었다.

하지만 킴브리인들이 다른 곳에서 바쁘게 보내는 동안, 그리고 헬베티이 부족도 잠정적으로 로마 속주를 더 이상 괴롭히지 않았기에,

---

13 투게니 부족과 티구리니 부족이 킴브리인들과 동시에 갈리아로 들어갔다는 일반적인 전제는 Strabon 7, 293으로 입증될 수 없으며, 헬베티이 부족의 부분적인 이동과 부합하지 않는다. 더군다나 이 전쟁에 관한 전승은 단편적이라, 종합적인 역사 서술은, 삼니움 전쟁의 경우와 전적으로 마찬가지인바, 대략적인 정확성만을 주장할 수 있을 뿐이다.

새로운 로마 사령관 퀸투스 세르빌리우스 카이피오는 톨로사를 기만 전술로 다시 정복하고 켈트족 아폴로의 오래되고 유명한 신전에서 그곳에 보관된 보물들을 여유를 갖고 약탈했다. 어려움에 처한 국고에 바라마지 않던 수입이었다. 하지만 유감스럽게도 황금 그릇들과 은그릇들은 톨로사에서 마살리아로 옮기는 동안 허술한 호위 때문에 도적떼에 의해 흔적도 없이 사라졌다. 사람들의 추측처럼 이 기습을 교사한 자는 집정관 본인과 그의 참모였을 것이다(로마 건국 648년, 기원전 106년). 그러는 동안 로마는 주적(主敵)에 대해 매우 엄격한 방어에 주력하면서 세 개의 로마 군단을 동원하여 로마 속주를 지켰다. 이는 킴브리인들이 다시 공격을 시작할 때까지 계속 이어졌다.

아라우시오 전투

킴브리인들은 로마 건국 649년(기원전 105년) 그들의 왕 보이오릭스가 지휘하는 가운데 로마로 다가왔다. 이번에는 진지하게 이탈리아 침공을 염두에 두고 있었다. 이들에 맞서 로다누스강의 우안에서 대리집정관 카이피오가 군대를 지휘했고, 좌안에서 집정관 그나이우스 말리우스 막시무스가 지휘를 맡았다. 그의 옆에서 부사령관인 집정관 역임자 마르쿠스 아우렐리우스 스카우루스가 특임대를 이끌고 있었다. 킴브리인들의 첫 번째 공격은 특임대를 향했다. 특임대는 철저하게 분쇄되었고 스카우루스 본인도 포로가 되어 적의 사령부로 끌려갔다. 거기서 킴브리인들의 왕은 포로가 된 로마 장군의 건방진 경고에 분노하여, 감히 로마로 군대를 이끌고 가지 말라고 하는 로마인을 죽여 버렸다. 막시무스는 카이피오에게 군대를 이끌고 좌안으로 건너오라고 명령했다. 내키진 않았지만 카이피오는 명령에 따라 마침내 로다 누스강 좌안의 아라우시오에 도착했고, 그곳에서 로마 병력 전체는 킴브리인들의 군대와 마주섰다. 로마인들은 압도적인 숫자가 킴브리인들에게 협상을 시작해야겠다는 생각을 불러일으키리라고 생각했다. 하지만 두 지휘관은 격한 불화를 보여주었다. 집안도 좋지 않고 무능한 인사였던 막시무스는 집정관이었기 때문에, 자부심 강하고 집안은 좋으나 마찬가지로 무능한 대리 집정관 동료 카이피오에게 법적으로 상급자였다. 그런데 카이피오는 공동으로 군영을 꾸리고 공동으로 작전을 수행하는 것을 거부했고, 내내 독자적인 명령권을 주장했다. 로마 원로원 의원들이 갈등을 조정하려고 시도했으나 허사였다. 장교들이 억지로 성사시킨 두 사령관의 개인적 면담은 오히려 갈등만 키웠을 뿐이다.

카이피오는 막시무스가 킴브리인들의 사절단과 협상하는 것을 보았을 때, 막시무스가 킴브리인들을 제압하는 명예를 독식하려는 것으로 생각했고, 이내 독자적으로 그의 휘하 부대를 이끌고 서둘러 적을 공격했다. 카이피오의 부대는 전멸당했고 군영마저 적의 손에 떨어졌다(로마 건국 649년, 기원전 105년 10월 6일). 그의 패전은 거기서 그치지 않고 나머지 로마 군단의 완전한 괴멸을 가져왔다. 8만 명의 로마 병사들과 그 절반에 이르는 속수무책의 엄청난 종군 민간인들이 사망했고, 겨우 10명이 살아남았다고 전한다. 확실한 것은 두 사령관 휘하의 병사들 가운데 겨우 몇 명만이 탈출했다는 것인바, 당시 로마군은 강을 등지고 싸웠기 때문이다. 이는 칸나이 패전의 날을 정신적으로나 물질적으로나 크게 능가하는 참사였다. 카르보, 실라누스, 롱기누스 등의 패전은 이탈리아인들에게 그다지 큰 인상을 남기지 않았다. 로마는 모든 전쟁을 이렇게 재난으로 시작하는 데 익숙했다. 로마 군사력의 막강함은 늘 추호의 흔들림도 없이 건재했다. 굉장히 많은 예외를 언급하는 것은 다만 시간 낭비일 뿐이다. 하지만 아라우시오 전투, 무방비의 알프스 고갯길을 지나 끔찍한 모습으로 접근해오는 킴브리인들의 군대, 알프스 저쪽 로마 영역만이 아니라 루시타니아에서도 다시 한 번 더욱 거세게 일어난 반란, 이탈리아의 무방비 상태는 사람들을 깨우는 끔찍한 악몽이었다. 사람들은 절대 잊을 수 없는 켈트족의 침공, 로마 건국 400년의 어느 날 알리아 강가, 로마를 집어삼킨 화염을 떠올렸다. 아주 오랜 기억과 새로운 두려움이라는 이중의 힘으로 갈리아 공포가 이탈리아를 엄습했다. 서쪽 땅 모두가 로마의 패권이 흔들리기 시작하는 것을 보았다. 칸나이 전투 직후처럼 원로원 결의로 애도 기간이 단축되었다.[14] 새로운 징병으로 인해 매우 심각한 병력 자원 부족이 초래되었다. 무장 가능한 모든 이탈리아인은 이탈리아를 떠나지 않겠다고 맹세해야 했다. 이탈리아의 모든 항구에 정박한 함선의 선장들에게 병역 의무자를 일체 배에 태우지 말라는 지시가 내려졌다. 만약 킴브리인들이 두 번의 승전에 이어 알프스 관문을 통과하여 이탈리아로 진군했다면 어떤 일이 벌어졌을지는 말할 필요도 없다. 하지만 킴브리인들은 아르베르니 부족의 강토로 쳐들어갔

[14] 이에 대해 디오도로스의 단편(*Vat.* 122)이 분명하게 증언한다.

다. 힘겹게 적에 맞서 요새를 지키는 아르베르니 부족에 대한 포위 공격에 지쳐 그들은 곧 그곳을 떠나, 이탈리아가 아니라, 서쪽으로, 퓌레네 산지로 떠나갔다.

로마의 반대당파

로마 정치라는 경직된 조직이 건강하게 되살아나는 출발점에 닿을 수 있으려면, 바로 지금, 로마 역사에 수없이 넘치는 기적 같은 행운들 가운데 하나 덕분에 시민들의 열정과 애국심을 모두 깨울 수 있을 만큼 커다란 위험이 가까이 다가오는 바로 이때, 로마는 발을 내딛어야 했다. 하지만 너무 갑작스럽게 일이 벌어졌기 때문에 그들에게는 힘을 끌어 모을 충분한 시간적 여유가 없었다. 다만 4년 전 아프리카 패전 뒤에 일어난 것과 똑같은 일들이 벌어졌다. 사실 아프리카 재난이나 갈리아 재난이나 본질적으로 같은 것이었다. 어쩌면 전자의 사건은 크게 보면 과두정의 책임이 크고, 후자의 사건은 개별 정무관의 책임이 클지도 모른다. 하지만 공공 여론은 정당하게 두 사건 모두의 책임은 무엇보다 정부의 파탄이라는 점은 인정했다. 정부는 먼저는 국가의 명예를, 이제는 벌써 국가의 존립을 위태롭게 하는 지경으로 나아가고 있었다. 사람들은 이번처럼 지난번에도 병의 진정한 자리를 모르지 않았지만, 지난번처럼 이번에도 정확한 자리를 치료하려는 시도조차 하지 않았다. 문제는 체제라는 것을 모두 알고 있었다. 하지만 이번에도 개인에게 책임을 묻기는 마찬가지였다. 물론 과두정의 수뇌부에게 이

두 번째 날벼락은 더욱 큰 충격을 남겼다. 그만큼 로마 건국 649년(기원전 105년)의 파국은 그 규모와 위중함에서 로마 건국 645년(기원전 109년)의 파국을 능가했던 것이다. 과두정을 물리칠 이제 남은 유일한 수단은 독재뿐이라는 인민의 본능적인 믿음이 다시 등장했다. 인민은 기꺼이 정부의 손을 묶고 이런저런 방식으로 독재를 통해 과두정 정부를 무너뜨리려는 유명한 사령관들의 모든 시도에 동조했다.

공격이 향한 곳은 우선 퀸투스 카이피오였다. 개연적으로 보이는, 하지만 입증되지는 않은 톨로사 노획물 착복은 고려하지 않더라도, 우선 아라우시오의 패전이 그의 불복종 때문이라는 것은 정당했다. 반대당파가 그를 향해 촉발시킨 인민의 분노는 특히 집정관이 자본가들에게서 법정 심판인 자리를 빼앗으려 했기 때문에 더욱 확대되었다(제5권 194쪽). 그의 입장에서는 제아무리 무능한 담당자일지라도 정무관의 신성함은 존중되어야 한다는 명예로운 옛 원칙이 무너졌다. 칸나이 패배의 원흉에 대한 비난은 모두의 가슴속에 조용히 묻힌 반면, 아라우시오 패배의 원흉은 민회 의결로 대리 집정관직이 박탈되었고, 왕정이 무너진 이래 단 한 번도 벌어지지 않은 사태인바, 그의 재산이 국고로 몰수되었다(로마 건국 649년?, 기원전 105년?). 머지않아 그는 두 번째 민회 의결로 원로원에서 축출되기까지 했다(로마 건국 650년, 기원전 104년). 하지만 이것으로 끝이 아니었다. 사람들은 희생물을 더 요구했고 무엇보다 카이피오의 피를 원했다. 반대당파를 지지하는 호민관들 가운데 일부가—이들을 이끄는 우두머리는 루키우스 아풀레이우스 사투르니누스와 가이우스 노르바누스였다—로마 건국 651년(기원전 103년) 갈리아에서 자행된 횡령과 반역

사건을 다루는 특별재판을 개최할 것을 제안했다. 미결 구류의 사실적 철폐와 정치적 위법에 대한 사형제의 사실적 철폐에도 불구하고, 카이피오는 체포되어 투옥되었고, 사형을 선고하고 이를 집행하려는 의도가 노골적으로 언급되었다. 정부 여당은 호민관 거부권 행사를 통해 이 제안의 기각을 시도했다. 하지만 중재하는 호민관들은 폭력적으로 민회에서 쫓겨났고 격렬한 소요 가운데 원로원의 최고 지도자들은 돌에 맞아 상처를 입었다. 재판은 방해받지 않았고 고소 고발 전쟁이 로마 건국 651년(기원전 103년) 6년 전에 그랬던 것처럼 다시 발발했다. 카이피오, 그의 동료 최고 정무관 그나이우스 말리우스 막시무스 등 수많은 명망 있는 사내들이 유죄 판결을 받았다. 사형 판결을 받은 카이피오는 친분이 있던 어떤 호민관 덕분에 시민권을 포기하고 목숨만은 구할 수 있었다.[15]

15 재산 몰수와 연계되어 일어난 대리 집정관 카이피오의 관직 박탈은 (Liv. ep. 67) 아마도 아라우시오 전투(로마 건국 649년, 기원전 105년 10월 6일) 직후 민회를 통해 언급되었다. 파면과 실질적인 몰락 사이에는 얼마간의 시간차가 있음을 로마 건국 650년(기원전 104년)에 제출된, 카이피오를 겨냥한 법안이 분명하게 말해준다. 법안은 관직 박탈이 원로원직의 상실을 수반해야 한다는 내용이다(Ascon. Corn. 78). 리키니아누스의 단편(p. 10: Cn. Manilius ob eandem causam quam et Caepio L. Saturnini rogatione e civitate est cito eiectus; 이는 분명 키케로 De oratore 2, 28, 125에 암시되어 있다)은 루키우스 아풀레이우스 사투르니누스에 의해 제안된 법이 이런 실질적인 몰락의 결과를 가져왔다는 사실을 알려준다. 이는 분명 다름이 아니라 로마 국격 훼손에 관한 아풀레이우스 법률(키케로, De oratore 2, 25, 107; 49, 201)을 가리키거나, 혹은, 동일한 법률의 내용이 진작 확인된 것처럼(Bd. 2, 제1판, 193쪽), 사투르니누스가 킴브리인들의 소요 사태 동안 발생한 국가 반역을 조사할 특별위원회의 설치를 제안한 법안을 가리킨다. 톨로사의 금 때문에 세워진 조사위원회(키케로, Nat. deor. 3, 30, 74)는 아풀레이우스 법률에 따라 만들어진 것인데, 이는 앞서의 사례들과 정확히 일치한다. 로마 건국 613년(기원전 141년) 무키우스 법률에 따라 심판인 매수라는 불쾌한 사건을 담당하는—앞서 해당 대목에서 언급한—특별재판부가 설치되었고, 로마 건국 641년(기원전 113년) 페두카이우스 법률에 따라 베스타 여사제들의 음란 행위를 다룬 특별재판부가 설치되었고, 로마 건국 644년(기원전 110년) 마밀리우스 법률에 따라 유구르타 전쟁을 다룬 특별재판부가 설치되었다. 이런 사례들과

최고 사령관 마리우스

이런 복수의 조치보다 중요한 문제는 알프스 저쪽에서의 위험한 전쟁을 어떻게 수행할 것이며, 우선 누구에게 최고 명령권을 부여할 것인가였다. 공평무사하게 처리한다면 적절한 선택은 어렵지 않았다. 로마는 선대와 비교했을 때 군사적 명망가들이 많지 않았지만, 그럼에

의 비교를 통해, 이런 유의 특별위원회는 정규 재판부와 달리 목숨이 달린 형벌을 내릴 수 있으며, 실제로 내렸음이 확인된다. 카이피오에 대한 재판을 시작하고 나중에 이에 대해 책임을 추궁당한 사람으로 다른 곳에서 호민관 가이우스 노르바누스가 언급될 때(Cic. De orat. 2, 40, 167; 48, 199; 4, 200; part 30, 105 등), 이는 앞의 사실과 모순되지 않는다. 흔히 고발은 여러 명의 호민관에 의해 이루어지기 때문인데(Rhet. Her. 1, 14, 24; Cic. De orat. 2, 47, 197), 귀족 당파가 보복 행위를 생각할 수 있었을 때 이미 사투르니누스는 사망했기 때문에, 사람들은 그의 동료 호민관을 물고 늘어진 것이다. 카이피오에 대한 두 번째이자 최종적인 유죄 판결의 시점에 관해, 일반적인, 하지만 부주의한 전제라고 할 것인바, 이를 아라우시오 전투의 10년 뒤인 로마 건국 659년(기원전 95년)으로 잡은 것은 이미 오래전에 반박되었다. 이 전제는 다만 집정관으로서 크라수스가, 그러니까 로마 건국 659년(기원전 95년) 카이피오를 두둔했다는(Cic. Brut. 44, 162) 언급에서 출발한다. 크라수스의 두둔은 분명 카이피오의 변호가 아니라, 노르바누스가 카이피오 재판 때문에 로마 건국 659년(기원전 95년)에 푸블리우스 술키피오 루푸스에 의해 고발당했을 때였다. 과거 이 두 번째 기소가 로마 건국 650년(기원전 104년)이라고 가정되었다. 우리가 이것이 사투르니누스의 고발로 시작되었음을 알게 된 이후, 이제 우리의 고민은 그것이 사투르니누스가 처음 호민관직에 오른 로마 건국 651년(기원전 103년)인지(Plut. Mar. 14; Oros. hist. 5, 17; App. 1, 28; Diod. p. 608, 631), 혹은 두 번째 호민관직 때인 로마 건국 654년(기원전 100년)인지에 있다. 확실한 시점을 결정할 수는 없지만, 매우 높은 개연성은 전자에 있다. 왜냐하면 이 시점이 갈리아의 대참사에 좀 더 가깝기 때문이고, 또 사투르니누스의 두 번째 호민관직을 굉장히 상세히 보고한 것에는 아버지 퀸투스 카이피오와 그에게 행해진 잔혹 행위들에 대한 언급이 없기 때문이다. 톨로사의 전리품을 착복한 것의 유죄 판결로 국고에 반납한 총액을 사투르니누스가 그의 두 번째 호민관직에서 식민지 건설 자금으로 요구했다는 사실은(Vir. ill. 73, 5; Orelli ind. legg. p. 137) 그 자체로 결정적인 증거는 아니다. 게다가 간단히 착각 때문에 첫 번째 아프라카누스 농지법을 두 번째 일반적인 사투르니누스 농지법과 혼동한 것일 수도 있다.

나중에 노르바누스가 고발당했을 때 이는 그가 법률 제안에 참여했다는 이유 때문이라는 사실은 당시의 로마 정치 과정에 흔히 일어난 역설이다(Cic. Brut. 89, 305). 그렇지만 이렇더라도 아풀레이우스 법률이 이미, 나중의 코르넬리우스 법률처럼, 일반적인 반역 처벌법이었던 것 같다는 믿음으로 이어져서는 안 된다.

도 아직 갈리아에서 퀸투스 막시무스, 다누비우스 지역에서 마르쿠스 아이밀리우스 스카우루스와 퀸투스 미누키우스, 아프리카에서 퀸투스 메텔루스와 푸블리우스 루틸리우스 루푸스와 가이우스 마리우스가 전장을 지휘하며 뛰어난 업적을 보여주었다. 사실 이는 퓌로스 혹은 한니발을 치는 것이 아니었고, 겨우 북방의 야만족에 대항하여 여러 차례 입증된 바 있는 로마 군사력과 로마 전술의 우수성을 다시 한 번 입증하는 일이었다. 따라서 이에 천재적인 군인이 아니라, 다만 용맹하고 강인한 군인이 필요할 따름이었다. 하지만 통치 업무의 편견 없는 처분을 제외한 다른 모든 것이 가능한 시대였다. 정부는 달리 어떻게 될 수 없을 만큼 이미 유구르타 전쟁에서 드러난 것처럼 완벽하게 망가져 여론에 휘둘렸고, 어떤 명망 있는 장교는 인민 앞에서 사령관을 깎아내리면서 반대당파에게 업무 책임자로 자신을 뽑아달라면서 반대당파의 후보로서 자신을 추천할 정도였다. 이로 인해 완전한 승전 경력을 쌓은 가장 탁월한 사령관들도 사라져가야만 했다. 따라서 메텔루스의 승전 후에 있었던 일들이 더 큰 규모로 그나이우스 말리우스와 퀸투스 카이피오의 패전 이후 다시 한 번 반복된 것도 놀랄 일은 아니었다. 다시 한 번 가이우스 마리우스가 집정관직의 중임을 금하는 법률에도 불구하고, 최고 정무관직에 출마했다. 아프리카 주둔군을 지휘하고 있으면서도 그는 집정관으로 지명되었을 뿐만 아니라, 갈리아 전쟁의 최고 명령권이 주어졌다. 이제 나아가 그는 연달아 5년 동안(로마 건국 650~654년, 기원전 104~100년) 내리 집정관직을 맡았다. 이는 마치 이 사내와 비교할 때 어리석음과 단견에 빠진 귀족들의 배타적인 정신을 향한 의도된 조롱처럼 보였다. 이는 로마 연보에서 유일무이한 일이었고, 사실 로마라는 자유 국가의 정신과 배치되는 일이었다. 특히 로마의 군사제도를 징병제에서 모병제로 수정하는 일을 마리우스는 5년 동안 내리 집정관직을 맡은 동안—그가 임명 조건이 아니라 시대적 요구였던 무제한적 최고 명령권을 쥐고 있을 때에—착수하여 완성했는데, 이는 민중당파의 장군이 가진 비(非)국헌적 최고 명령권이 남긴 깊은 상흔으로 영원히 지워지지 않았다.

로마의 방어전략

새로운 최고 사령관 가이우스 마리우스는 로마 건국 650년(기원전 104년)에 알프스 저쪽에 모습을 나타냈다. 상당수의 검증된 장교들이 그를 따랐고, 이들 중에서 유구르타를 잡은 과감한 사냥꾼 루키우스 술라가 다시 한 번 두각을 나타냈다. 또 상당수의 이탈리아 병사들과 동맹국 병사들도 있었다. 우선 그는 그의 파견 목표인 적을 발견하지 못했다. 아라우시오강에서 승리한 놀라운 사람들은 그사이 앞서 말한 바와 같이 로다누스강의 서안을 약탈한 후에 퓌네레산맥을 넘었고, 이어 히스파니아에서 북부 해안과 내륙의 용감한 원주민들과 맞붙어 싸웠다. 역사의 무대에 등장하자마자 게르만족은 종잡을 수 없는 모습을 보였다. 그리하여 마리우스는 충분한 시간을 가지고 반기를 든 텍토사게스인들을 복종하게 만들었고, 종속된 갈리아와 리구리아 관구들의 흔들리는 충성심을 확고히 했으며, 로마 속주 안팎에서 로마인들과 마찬가지로 킴브리인들에게 위협을 당한 동맹들에게, 예를 들어 마살리아인들, 알로브로게스인들, 세콰니인들에게 원조 물자와 병력을 지원했다. 다른 한편, 엄격한 규율과 위아래 구분 없는 공평한 정의로써 그를 따르는 군대를 훈련시켰고, 행군과 이에 이어진 진지 구축 작업으로—특히 이탈리아에서 군대로 보내지는 군수물자를 좀 더 쉽게 실어나르기 위한 목적으로 행해진 (나중에 마살리아인들에게 인계되는) 로다누스 운하 건설을 통해—병사들을 훨씬 더 힘든 군사 작전에 숙달되도록 만들었다. 또한 그는 엄격한 방어전략을 유지했고, 로마 속주의 경계를 넘지 않았다.

북방 민족 연합군의 이탈리아 원정

마침내 로마 건국 651년(기원전 103년)의 중간에 킴브리인들의 폭풍이 나타났다. 히스파니아에서 시작된 폭풍은 공격받은 민족들, 특히 켈티베리아인들의 용감한 저항에 부딪혀 막혔다가 다시 퓌레네산맥을 넘어 거기로부터 대서양 연안을 따라 북상했고, 퓌레네산맥에서 세콰나강(오늘날의 센강)에 이르는 모든 것들이 이 무서운 인간들에게 굴복되었다. 여기 용맹한 벨가이 연맹의 국경에서 최초로 킴브리인들은 실질적인 저항과 마주했다. 하지만 바로 여기 벨로카스인들의 지역(오늘날의 루앙)에 머무는 동안, 킴브리인들은 상당한 지원군을 확보했다. 아마도 이때쯤으로 보이는데, 헬베티이 부족의 4분의 3이 그들과 합류했을 뿐만 아니라—이들 가운데 티구리니인들과 투게니인들은 지난날 가룸나강(오늘날의 가론강)에서 로마와 싸웠던 사람들이다—

또한 같은 민족에 속하는 테우토네스인들이 그들의 왕 테우토보드에 이끌려 킴브리인들에게 왔다. 테우토네스인들은 우리에게 전해지지 않는 어떤 이유로 그들의 고향인 발트해를 떠나 세콰나강으로 쫓겨와 있었다.[16] 하지만 이들의 연합 군대도 벨가이인들의 용감한 저항을 돌파할 수는 없었다. 따라서 그들의 우두머리는 이렇게 팽창한 병사들을 이끌고 이미 여러 번 밟았던 길을 걷기로 결정했고 이탈리아 원정에 진지하게 임했다. 지금까지 약탈한 재산 때문에 지체되지 않도록 재산은 여기에 남겼고, 6,000명의 병력을 뽑아 이를 지키도록 했는데, 이들은 나중에 여러 번의 방랑을 거친 후에 사비스강(오늘날의 상브르강)의 아두아두키라는 부족으로 성장한다.

알프스 도로의 어려운 여건 때문이었는지, 아니면 다른 어떤 이유들 때문이었는지, 북방 연합군은 다시 두 개의 군대 무리로 나누어졌다. 하나는 킴브리인들과 티구리니인들이었는바, 이들은 레누스강을 다시 건너, 이미 로마 건국 641년(기원전 113년)에 탐색해놓은 동부 알프스 통로를 통해 이탈리아로 들어왔다고 하며, 다른 하나는 새로 도착한 테우토네스인들과 투게니인들, 앞서 아라우시오 전투를 겪은 킴브리인들의 핵심인 암브로네스인들이었는데, 이들은 로마령 갈리아와 서부 알프스 통로들을 지나 이탈리아를 침공했다고 한다. 이 두 번

---

16 이는 상대적으로 신뢰할 만한 리비우스 요약본에 들어있는 내용이다(67; 여기를 이렇게 읽을 수 있다. *reversit in Galliam in Vellocassis se Teutonis coniunxerunt*). 또한 옵세퀜스에서도 확인된다. 다만 테우토네스인들이 이미 일찍이 노레이아 전투 때부터 킴브리인들과 함께 등장하게 만드는 소수의 전거는 배제한다(예를 들어 App. *Celt.* 13). 이와 관련하여 카이사르의 기록들도 연관되는데(*Gall.* 1, 33; 2, 4; 2, 29 등), 킴브리인들이 로마 속주로 들어와 이탈리아로 이동한 것은 오직 로마 건국 652년(기원전 102년)의 원정과만 연결될 수 있다.

째 무리는 로마 건국 652년(기원전 102년) 여름에 다시 한 번 방해받지 않고 로다누스강을 건넜고, 강의 좌안에서 로마군과 거의 3년 동안의 휴전 이후 다시 전투를 벌였다. 마리우스는 로다누스강과 이사라강의 합류 지점에 보급에 유리한 지점을 골라 군영을 설치하고 그들을 기다렸다. 여기서 그는 이탈리아에 이르는 당시 유일한 두 군사도로를 —하나는 작은 성 베른하르트 통로였고, 다른 하나는 해안도로였다 —야만인들로부터 동시에 차단했다. 테우토네스인들은 그들의 원정을 막아선 로마 군영을 공격했다. 3일 동안 연이어 야만인들의 폭풍이 로마 요새에 몰아쳤다. 하지만 야만적 용기는 로마 방어전의 탁월성과 사령관의 신중함 앞에 무너졌다. 심각한 손실을 당한 끝에 세 부족의 야만인 연합군은 공격을 멈추고 로마 군영을 지나쳐 이탈리아로 진군하기로 결정했다. 6일 내내 행렬이 로마 군영 옆으로 이어졌다. 이는 야만인들의 엄청난 수보다는 그들을 뒤따르는 보급부대들의 느림을 증명한다. 로마 사령관은 이들이 지나가게 두고 공격하지 않았다. 그가 집에 있는 아내의 허락을 못 받은 것이냐는 적들의 조롱에 흔들리지 않은 것은 분명하다. 하지만 그가 적군의 저돌적인 행렬이 병력이 집결된 로마군 진지 앞을 지나가게 두고 공격의 기회로 활용하지 않은 것은 그가 훈련되지 않은 그의 군대를 신뢰하지 않았음을 말해준다.

아콰이 섹스티아이 전투

적군의 행렬이 다 지나가자 마리우스도 군영을 벗어나 적군의 걸음을 뒤따랐다. 엄격한 군율을 유지했고 밤마다 세심하게 방어물을 설치했다. 테우토네스인들은 해안도로를 향하여 로다누스강을 따라 하류로 내려가다 아콰이 섹스티아이 지역에 이르렀고, 로마인들도 그들을 쫓았다. 여기서 물을 긷던 도중 로마의 경무장 리구리아 부대가 적의 후위인 암브로네스인들과 충돌했다. 전투는 순식간에 확대되었다. 격렬한 전투 끝에 로마는 승리했고 도망치는 적을 그들의 마차 군영까지 추격했다. 이 첫 번째 승리가 사령관은 물론 병사들의 사기를 높여주었다. 이 승리 이후 3일째 되던 날 마리우스는 로마 군영이 있는 언덕 위에 결정적 전투를 위한 전열을 세웠다. 테우토네스인들은 참지 못하고 자웅을 겨루기 위해 벌써 언덕 위로 달려들었고 전투가 시작되었다. 전투는 오랫동안 심각하게 지속되었다. 정오까지 게르만족은 성벽처럼 버티고 서 있었다. 하지만 속주의 태양이 내뿜는 익숙하지 않은 열기는 그들의 열의를 꺾어놓았다. 그리고 그들의 후방에서 어디서인지 모를 함성이 들려왔다. 이는 로마 보급부대의 한 무리가 숲 속에 몸을 감추고 엄청나게 내지른 고함이었다. 마침내 적의 동요하던 전열이 무너졌다. 적군 전체는 흩어졌고, 낯선 땅에서 당연한 일인 바 살해되거나 사로잡혔다. 포로들 가운데 그들의 왕 테우토보드가 있었고, 죽은 자들 가운데 상당수의 여인들이 있었다. 여인들은 그들이 노예로서 받게 될 취급을 익히 알고 있었기 때문에, 일부는 그들의 마차가 있는 곳에서 절망적인 방어 가운데 스스로 목숨을 버렸고, 일부는 붙잡혀와서 신들과 베스타 여사제들을 모시게 해달라는 탄원이 받아들여지지 않자 스스로 목숨을 끊었다(로마 건국 652년, 기원전 102년 여름).

이탈리아의 킴브리인들

이렇게 갈리아는 게르만족으로부터 해방되었다. 그리고 때가 되었다. 게르만족의 동맹자들은 알프스 이쪽에 이미 당도했다. 헬베티이인들과 연합하여, 킴브리인들은 어려움 없이 세콰나강으로부터 레누스강 상류로 이동했다. 이들은 브렌너 고개를 통해 알프스산맥을 넘었고, 거기로부터 아사루스강과 아테시스강의 계곡을 지나 이탈리아 평원에 이르렀다. 이곳은 집정관 퀸투스 루타티우스 카툴루스가 고갯길들을 지키고 있었다고 한다. 하지만 그 지역의 지형을 완전히 숙지하지 못했고, 적이 그를 우회하는 것이 두려워 그는 알프스 고지로 진군하기를 주저했다. 대신 트렌토 아래쪽, 아테시스강 좌안에 주둔했고, 만일의 사태를 대비하여 다리를 건설하여 우안으로의 후퇴를 준비했다. 하지만 킴브리인들이 고지로부터 새까맣게 내려오자, 공포와 두려움이 로마 군대를 덮쳤고, 군단병과 기병은 도주했다. 후자는 곧장 수도 로마로, 전자는 근처의 고지로 달아나 안전을 확보했다. 간신히 집정관 카툴루스는 적어도 그의 주력부대를 기지를 발휘하여 강으로 퇴각시켰고, 이어서 다리를 건너보냈다. 아테시스강 상류를 장악하고 통나무 등 목재들을 다리를 향해 흘려보내던 적들이 다리를 부수는 데 성공하고 군대의 후퇴를 저지하기 전이었다. 사령관은 로마 군단 하나를 강 건너에 남겨두고 후퇴해야 했고, 그 군단을 이끌던 군사대장이 겁을 먹고 항복하고자 할 때, 아티나 출신의 백인대장 그나이우스 페트레이우스는 군사대장을 죽이고, 적의 한가운데를 돌파하여 아테시스강의 우안에 있는 본대에 이르렀다. 그리하여 군대와 군사적 명예를 어느 정도 구하게 되었다. 하지만 고갯길 수비의 태만과 성급한 후퇴의 결과는 매우 가혹했다. 카툴루스는 파두스강의 우안까지 후퇴해야 했고, 파두스강과 알프스 사이의 평원은 이제 킴브리인들의 수중에 있었다. 그리하여 아퀼레이아에 이르는 길은 바닷길밖에 남지 않았다. 이것이 로마 건국 652년(기원전 102년) 여름의 일이었다. 같은 시각, 테우토네스인들과 로마인들은 아콰이 섹스티아이에서 승부를 겨루고 있었다.

만약 킴브리인들이 쉬지 않고 공격을 이어갔다면 수도 로마는 매우 위태로운 처지에 놓이게 되었을지도 모른다. 하지만 이번에도 그들은 겨울에는 휴식을 취하는 그들의 관습에 충실했다. 더군다나 풍요로운 땅, 담과 지붕이 있는 새로운 숙소, 따뜻한 목욕, 넘치는 신기한 음식과 음료가 그들을 잠깐 동안 안락하게 지내도록 유혹했기 때문이다. 이에 로마인들은 시간을 확보했고, 이탈리아에서 힘을 충전한 후에 이들을 대적할 수 있었다. 때문에 민중당파의 사령관이 다른 때 같으면 그렇게 했을 법한 일, 그러니까 가이우스 그락쿠스가 구상했으나 중단된 계획인 갈리아 정복을 재개할 시점은 아니었다. 아콰이 섹스티아이(오늘날의 엑스) 전투 직후 승리한 군대를 파두스강으로 이끌었고, 수도 로마에서 짧은 휴식을 마치고—그에게 제안된 개선식을 야만족의 완전한 격퇴 뒤로 미루면서—마리우스는 이제 하나로 뭉친 군대를 이끌었다. 로마 건국 653년(기원전 101년) 5만 명에 이르는 로마 군단은 집정관 마리우스와 대리 집정관 카툴루스의 지휘를 받으며 파두스강을 다시 건너, 세찬 강물을 상류에서 도하하기 위해 상류로 이동한 것으로 보이는 킴브리인들을 향해 갔다.

라우디우스평원의 전투

베르켈라이 아래, 세시테스강(오늘날의 세시아강)이 파두스강으로 합류하는 합수부에서 멀지 않은 곳에,[17] 지난날 한니발이 이탈리아 땅에서 첫 번째 전투를 치른 곳에서 양쪽의 군대는 마주섰다. 킴브리인들은 전투를 원했고, 그들 땅의 관습에 따라 시간과 장소를 합의하기 위해 전령을 보내왔다. 마리우스는 기꺼이 응했고, 다음 날, 그러니까 로마 건국 653년(기원전 101년) 7월 30일과 라우디우스평원을 지목했다. 라우디우스평원은 로마 기병의 장점을 십분 발휘할 수 있는 넓은 평야였다. 여기서 로마군은 그들을 기다리는 적을 만났다. 하지만 크게 놀랐다. 왜냐하면 아침 안개 속에서 킴브리인들의 기병이 훨씬 더

---

17 사람들은 전승에서 벗어나 전장을 베로나로 옮기는 일은 아직 하지 않았다. 이때 다음과 같은 사실이 간과된다. 아테시스강의 전투들과 결정적인 조우 사이에 온전한 한 번의 겨울과 다양한 군대 기동들이 있었다는 점, 명확한 전거에 따르면(Plut. *Mar.* 24) 카툴루스가 파두스 우안까지 철수했다는 점이다. 또 파두스강에서 킴브리인들이 격퇴되었다는 전거와, 나중에 스틸리코가 게타이족을 공격한 곳, 다시 말해 타나로강의 케르스코에서 킴브리인들이 격퇴되었다는 전거는 둘 다 부정확하지만, 그럼에도 베로나보다는 베르켈라이로 좀 더 기운다.

강력한 로마 기병을 공격했고, 공격을 예상하지 못한 로마 기병은 보병 쪽으로 후퇴했다. 이때 마침 보병은 한창 전열을 정비하던 중이었다. 로마군은 작은 희생을 치르고 완벽한 승리를 쟁취했고 킴브리인들은 전멸했다. 전장에서 전사한 대부분의 킴브리인들은 행복하다고 할 수 있을지 모른다. 그 중에는 용감한 그들의 왕 보이오릭스도 있었다. 적어도 나중에 절망 가운데 스스로 목숨을 끊거나 혹은 로마의 노예시장에서 주인을 찾아야 했던 사람들보다는 행복했다. 새로운 주인들은 북방인들 각각에게 아름다운 남녀을 갈구했던 그들의 방자함에 대해 그들이 죽을 때까지 대가를 치르게 했다. 알프스의 산기슭에 남아 있다가 킴브리인들을 뒤따르기로 했던 티구리니인들은 패전 소식을 듣고 고향으로 돌아갔다. 13년 동안 다누비우스강에서 히베루스강(오늘날의 에브로강)에 이르는, 세콰나강에서 파두스강에 이르는 곳의 여러 민족들을 놀라게 만든 인간 사태는 땅속에 잠들거나 노예의 멍에 아래 혹사당했다. 게르마니아 이주민들의 희망은 그 소임을 다하고 사라졌다. 떠돌이 민족인 킴브리인들과 그 친구들은 더 이상 세상에 존재하지 않았다.

전승과 당파들

로마의 정치당파들은 시신들을 두고 우려스러운 정쟁의 수위를 더욱 높여갔다. 그들은 이제 막 그 첫 장이 열린 세계사의 위대한 단락에 전혀 관심을 두지 않았으며, 이날에 로마의 귀족당파는 물론 민중당파가 그들의 의무를 다했다는 순수한 감정에 조금의 여지도 주지 않았다. 정치적으로 적수일 뿐만 아니라 지난해 두 전쟁의 상이한 결과 때문에 군사적으로도 팽팽하게 맞선 두 사령관의 경쟁은 전투 직후 매우 공격적으로 폭발했다. 카툴루스는 정당하게 그가 지휘한 주력부대가 승리에 결정적인 역할을 했고, 그의 병사들이 가져온 적군기는 31개인데 반해 마리우스의 병사들이 가져온 것은 겨우 2개뿐이며, 그의 병사들이 파르마시의 대표들을 이끌고 시체더미를 헤치고 나가 확인한바, 마리우스가 1,000명의 적을 죽이는 동안 자신은 1만 명의 적을 죽였다고 주장했다. 그럼에도 불구하고 마리우스는 킴브리인들의 실질적 정복자로 인정받았고 이는 정당했다. 마리우스가 더 높은 지위를 가지고 결판의 날에 최고 지휘권을 행사했고, 군사적 재능이나 경험도 이론의 여지없이 동료 카툴루스를 압도했기 때문이다. 무엇보다 베르켈라이의 두 번째 승리는 사실상 오직 아콰이 섹스티아이의 첫 번째 승리 덕분이었던 것이다. 하지만 당시 마리우스의 이름에 완벽하게 킴브리인들과 테우토네스인들로부터 로마를 구했다는 명성이 부여된 것은 이런 고려들보다는 정치 당파적 고려가 강하게 작동했다. 카툴루스는 섬세하고 영리한 사내였고, 듣기 좋은 목소리가 마치 달변처럼 들리는 품위 있는 연설가였다. 그런대로 괜찮은 작가이자 시인이었으며, 뛰어난 예술적 감식안을 가진 예술 비평가였다. 하지만 그는 그저 인민과 무관한 사람이었고, 그의 승리는 귀족당파의 승리였다. 반면 일반 백성에서 사령관에 올라 일반 백성을 승리로 이끈 투박한 농부인 가이우스 마리우스의 전투들은 단지 킴브리인들과 테우토네스인들의 패망만이 아니라, 복위정부의 패망을 의미했다. 이것은 사람들이 다시 알프스 저쪽에서 한적하게 상업 거래를 계속할 수 있겠다는 기대, 혹은 알프스 이쪽에서 농토를 일굴 수 있겠다는 기대와는 전혀 다른 기대로 연결된다. 가이우스 그락쿠스의 피 묻은 시신이 티베리스강에 던져진 것이 벌써 20년 전이었다. 복위한 과두정부를 사람들은 20년 동안 견뎌내고 저주했다. 하지만 그락쿠스를 위한 복수자는 없었고, 그락쿠스가 시작한 건설을 이어받을 제2의 건설자도 전혀 나타나지 않았다. 이를 많은 사람이 비판하고 희망했다. 국가의 최악자들 중에서도, 국가의 최선자들 중에서도 많았다. 이런 복수와 희망을 완성시켜 줄 수 있는 사람을 마침내 아르피눔에서 태어난 날품팔이의 아들에서 발견한 것인가? 사람들은 실제로 많이 두려워도 하고 많이 기대도 했던 새로운 두 번째 혁명의 문턱에 서게 된 것인가?

제6장
마리우스의 혁명 시도와 드루수스의 개혁 시도

마리우스

가이우스 마리우스는 로마 건국 599년(기원전 155년) 당시 아르피눔에 속한 마을 케레아타이에서 가난한 날품팔이의 아들로 태어났다. 이 마을은 나중에 도시 자격을 얻어 케레아타이 마리아나이라고 불리게 되며, 오늘날도 여전히 '마리우스의 고향'(Casamare)이라는 이름을 가지고 있다. 농부로 키워졌으며, 매우 곤궁한 환경은 그를 아르피눔 공동체의 관리가 되는 것조차 일찌감치 막아버렸다. 그는 어려서부터 그가 나중에 사령관으로 겪게 될 것들을 배웠다. 굶주림과 목마름, 뙤약볕과 겨울 추위를 견디고 딱딱한 땅바닥에서 잠을 잤다. 세월이 그에게 허락한 바대로 그는 군대에 들어갔고 히스파니아 전쟁이라는 고된 학교에서 고속 승진하여 장교가 되었다. 스키피오의 누만티아 전쟁에서 그는 당시 23세의 청년으로 엄격한 사령관의 눈에 들었다. 그는 그의 말과 무기를 청결하게 관리했으며, 전투에서는 용감했고 군영에서는 행동거지가 반듯했다. 그는 영광스러운 상처와 무공훈장을 가지고 고향으로 돌아왔고, 명예롭게 내딛은 경력을 통해 이름을 얻으리라는 희망어린 포부를 가지고 있었다. 하지만 당시의 사회 분위기는 군고위직에 이르는 정무관직으로 나아갈 길을 제아무리 큰 공을 세운 사내에게라도 열어주지 않았다. 그에게는 돈과 집안이 없었던 것이다. 두 가지는 젊은 장교에게 무역 투자의 성공과 혈통귀족 율리우스 집안의 여성을 통해 주어졌다. 그리하여 큰 노력을 기울여, 여러 번의 실패를 겪고 그는 로마 건국 639년(기원전 115년) 법무관에 올랐고, 또 저쪽 히스파니아의 총독으로서 그의 군사적 탁월성을 발휘할 기회를 다시 한 번 얻었다. 어떻게 그가 이후 귀족들의 반대에도 불구하고 로마 건국 647년(기원전 107년)에 집정관직을 얻었고, 대리집정관으로(로마 건국 648년과 649년, 기원전 106년과 105년) 어떻게 아프리카 전쟁을 종식시켰는지, 어떻게 그가 아라우시오의 국치일 이후 전쟁의 최고 지휘권을 얻어 게르만족에 맞서, 로마 건국 650년(기원전 104년)에서 로마 건국 653년(기원전 101년)까지 4번이나 반복해서 로마 공화정의 연보에 전무후무한 기록을 세우며 집정관직을 역임하고, 알프스 이쪽에서 킴브리인들을, 알프스 저쪽에서 테우토네스인들을 제압하고 섬멸했는지 이미 앞에서 이야기했다.

전쟁 책임자로서 그는 용감하고 올바른 모습을 보여주었고, 공평무사하게 판결을 내렸고, 전리품 처분에서도 보기 드문 정직함으로 욕심 없음을 보여주었다. 그는 매수할 수 없는 청렴결백한 사람이었다.

유능한 조직자로서 그는 상당히 녹슨 로마 군사조직을 다시 쓸 만한 상태로 돌려놓았다. 능력 있는 사령관으로서 그는 병사들을 훈련시키면서도 늘 명랑한 태도와 동료 같은 친근함으로 사랑받았다. 하지만 적 앞에서는 매서운 눈을 보여주었고 적시에 적을 공격했다. 그의 탁월한 군사적 재능은 우리가 판단할 수 있는 범위를 넘어선다. 그가 가진 매우 존경스러운 재능들은 당시 상황에 비추어 그에게 그런 명성을 가져다주기에 완벽했다. 이 재능에 기대어 그는 유례가 없을 정도로 영광스러운 방식으로 집정관직을 역임했고 개선장군이 되었다. 대단한 인물에 들기에 이보다 더 좋은 수는 없었다. 목소리는 거세고 컸고, 리뷔아인들이나 킴브리인들 혹은 행실이 바르지 못하고 향수나 뿌리는 동료를 바라볼 때처럼 눈빛은 사나웠다. 진짜 용병처럼 그는 미신을 믿었다. 그는 그의 첫 번째 집정관 선거를 위해 재능의 충동이 아니라 에트루리아 내장점의 예언을 따랐다. 테우토네스인들과의 전쟁에서 쉬리아 무당 마르타로 하여금 군사회의에 조언토록 했다. 하지만 이것들은 진정으로 비(非)귀족적인 것들은 아니었다. 언제나처럼 당시에도 사회의 최상층과 최하층은 서로 일치하는 부분이 있었다.

다만 양해되지 않는 것은 정치교육의 부재였다. 마리우스가 야만인들을 물리칠 줄 안다는 것은 칭찬받을 일이지만, 국헌적 예의를 알지 못해서 개선식 복장으로 원로원에 나타난 집정관을 사람들은 과연 어떻게 생각해야 했을까! 그는 그밖에도 촌티를 떼어내지 못했다. 그는 여전히—귀족들의 용어법에 따르자면—가난한 사람이었고, 더욱 끔찍한 것은, 검소한 데다 모든 뇌물과 결탁의 단호한 적이라는 점이었다. 일반 사병들처럼 그는 수더분했고, 기꺼이 취하도록 마셨으며 말

년에는 더욱 그러했다. 잔치를 베풀 줄 몰랐으며 형편없는 요리사를 두었다. 이런 것들과 마찬가지로 불쾌한 일은, 집정관인 그가 라티움어밖에 할 줄 모른다는 사실이었다. 그는 희랍어로 이야기하기를 꺼렸다. 희랍어로 공연되는 연극을 지루하게 여겼고 거의 죽을 지경이었다. 물론 추측건대 그가 그런 유일한 사람은 아니었겠지만, 지루해서 죽을 지경임을 드러내놓고 말한다는 점은 세련되지 못했다. 이렇게 그는 평생 동안 귀족들 틈에 표류하는 농부로 살았다. 조롱은 물론 동료들의 동정에도 그는 상처 입었다. 그는 그의 동료들처럼 이를 가볍게 여기며 속으로 삭이지 못하는 사람이었다.

마리우스의 정치적 지위

마리우스는 사회적으로 이방인이었을 뿐만 아니라 정치적으로도 정파 밖에 머물렀다. 그가 호민관(로마 건국 635년, 기원전 119년) 역임 시에 관철시킨 조치들, 그러니까 당시 발생하던 못된 속임수를 방지하기 위해 투표 표찰 관리의 좀 더 엄격한 통제나 인민에게 선심성으로 제공되던 낭비적 공여의 금지는 당파적 인상을 띠지 않았고, 적어도 민중당파적인 것은 아니었다. 이는 다만 그가 부당함과 비합리는 싫어한다는 인상을 주었을 뿐이다. 출신은 농부이고 천성은 군인인 마리우스 같은 사내가 어떻게 처음부터 혁명적일 수 있겠는가? 귀족계급의 적대적 태도가 그를 점차 반정부 진영으로 몰아붙였으며, 여기서 그는 우선 반대당파의 사령관으로서 선출된 자신을 발견했고, 이어 아마도 더 큰 것을 지향하는 자신을 보았을 것이다. 하지만 이것은 그 자신의 성과라기보다는 오히려 관계의 불가피한 강제가 가져온 결과이자, 자신들의 수장을 요구한 반대당파의 필요가 빚은 결과였다. 로마 건국 647~648년(기원전 107~106년) 그는 아프리카 전출 이래 지나가다가 잠깐이라도 수도에 머물 틈이 없었다. 로마 건국 653년 후반에 이르러서야 드디어 그는 킴브리인들과 테우토네스인들을 물리친 개선장군으로 로마에 돌아왔다. 이때 미루어두었던 개선식을 두 배나 성대하게 치렀을 때 그는 단연코 로마의 제1인자였다. 물론 정치 초보이긴 했지만 말이다. 논쟁의 여지가 없는 분명한 사실은 그가 로마를 구했다는 것이며, 나아가 그가 로마를 구할 수 있는 유일한 사람이라는 것이었다. 모두가 그의 이름을 입에 올렸다. 귀족들은 그의 업적을 인정했다. 인민에게도 그는 전무후무한 인기를 누렸다. 그는 장점은 물론 단점으로도 인기를 얻었는바, 귀족들과 다른 공평무사함 때문이기도, 농부 같은 투박함 때문이기도 했다. 그는 인민에게 제3의 로물루스요 제2의 카밀루스였다. 신들에게 헌주하듯 사람들은 그에게 헌주했다. 농부의 아들이 온갖 영화에 휘둘려 현기증을 느낀 것도, 그가 아프리카에서 갈리아에 이르는 원정길을 저쪽 대륙에서 이쪽 대륙으로 이어진 디오뉘소스의 정복 원정에 비유하며, 그가 사용할 술잔을—아주 작지는 않았을 것인데—박쿠스의 술잔을 원형으로 삼아 만들게 한 것도 놀랄 일이 아니었다. 혼이 빠질 정도의 열망 가운데 인민이 그에게 보여준 희망과 감사는 냉철하고 오랜 정치 경험으로 단련된 사람도 정신을 못 차릴 정도였다. 그의 숭배자들에게 마리우스의 업적은 아직 완성되지 않은 것으로 보였다. 야만인들보다 무겁게 조국을 괴롭히는 것은 형편없는 정부였다. 마리우스에게, 로마의 1인자에게, 인민의 총아에게, 반대당파의 우두머리에게 로마를 다시 한 번 구할 기회가 찾아왔다. 농부이자 병사인 그에게 수도 로마의 정치적 절차는 낯설고 불쾌했다. 그는 군대를 지휘하는 만큼 말을 잘하지는 못했다. 환호하는 혹은 쑥덕거리는 대중 앞에서 적의 방패와 칼 앞에서만큼의 당당한 모습을 보여주지는 못했다. 하지만 그의 소질은 문제가 되지 않았다. 사람들의 희망이 그를 구속했다. 그의 군사적·정치적 위치는, 그의 명성 가득한 과거와 결별하지 않으려면, 그의 정파와 실로 민족의 여망을 배신하지 않으려면, 그 자신의 양심을 속이지 않으려면, 이제 공공업무의 실책을 바로잡고 복위정부를 끝장내는 일을 그가 맡지 않을 수 없는 상황이었다. 그에게 만약 인민 지도자의 내적 자질이 있기만 했다면, 인민 지도자로서 그에게 부족한 것들은 없이도 그는 잘 해나갈 수 있었을 것이다.

새로운 군사조직

그가 손에 쥔 가공할 만한 무기는 새로 조직된 군대였다. 그의 시대까지 사람들은 세르비우스 국제의 기본 철학에 따라 징집은 다만 재산이 있는 시민들에 제한했고, 무장 종류는 오직 재산 정도에 따라 구분되도록 하되(제1권 127쪽, 제2권 95쪽), 몇 가지는 완화해야 했다. 군대에 참여하기 위해 요구되는 최소 재산을 1만 1,000아스(300탈러)에서 4,000아스(115탈러; 제2권 345쪽)로 내렸다. 무장 종류를 구분하는 재산 등급을 과거의 여섯 단계에서 세 단계로 축소했다. 세르비우스 법에 따라 기병은 가장 높은 재산 등급에서, 경무장 보병은 가장 낮은 재산 등급에서 선발하며, 그 중간의 전열 보병으로 이제 더 이상 재산이 아니라 연령에 따라 선두부대, 주력부대, 후위부대 등 셋으로 구분했다. 로마인들은 이미 오래전부터 매우 광범위한 수준까지 이탈리아 동맹들에게 참전 의무를 부여했고, 이들도 로마 시민들처럼 병역 의무를 주로 유산자계급에 부여했다. 그럼에도 불구하고 로마의 군사제도는 근본적으로 마리우스 때까지 고래의 시민군 제도를 유지하고 있었다. 하지만 변화된 시대 상황에 시민군 제도는 더 이상 부합하지 않았다. 생활이 괜찮은 사회계급은 점점 더 군복무를 기피했기 때문이고, 또 부분적으로 로마와 이탈리아에서 중산층이 전반적으로 사라져버렸기 때문이다. 반면 이탈리아 밖의 동맹들과 복속 공동체들이 제공하는 가용 전쟁 수단은 괄목할 만큼 성장했고, 다른 한편 이탈리아 무산자계급은 적절히 사용한다면 적어도 군사적으로는 매우 잘 활용할 수 있는 자원이었다. 넉넉한 살림의 계급으로 구성된 시민 기사계급(제4권 157쪽)은 이미 마리우스 이전에 사실상 더는 군복무에 참여하지 않았다. 기사계급이 사실적 전투 조직으로 마지막으로 언급된 것은 로마 건국 614년(기원전 140년)의 히스파니아 전쟁 때였는데, 이때 이들은 경멸스러운 자만과 불복종으로 사령관을 난처하게 만들었고, 기사계급과 사령관 사이에 이들 모두의 공통된 불성실 때문에 모종의 전쟁이 일어났다. 유구르타 전쟁에서 기사계급은 다만 사령관과 이방의 귀빈들을 위한 일종의 귀족 근위대와 같은 역할을 했다. 이때부터 기사계급은 전투조직의 의미를 완전히 상실했다. 이와 같이 알맞은 자질을 갖춘 의무 복무자들로 군단을 편성하기는 일반적인 경우에 힘들어졌음이 드러났고, 아라우시오 전투 이후 밝혀진 것처럼 군복무 의무에 관한 기존의 법령을 준수하면서 노력을 경주해도 그 노력이 실질적으로 보람 없을 지경에 이르렀다. 다른 한편 마리우스 이전에 벌써 특히 기병대와 경무장 보병의 경우, 이탈리아 밖의 복속 공동체 병사들이, 그러니까 트라키아의 막강 기병, 아프리카의 경기병, 리구리아의 기민한 경무장 보병, 발레아레스의 투석병 등이 점점 더 많은 수로 해당 속주의 밖에서도 로마 군단을 위해 기용되었다. 이와 동시에, 자격을 갖춘 시민 군지원자는 부족해진 반면, 자격이 안 되는 가난한 시민들이 부르지 않았는데도 군대에 들어가기 위해 몰려들었다. 일자리가 없거나 일하기 싫은 시민 무리들 가운데 로마의 군복무가 가져다주는 상당한 이득 때문에 자원자들을 구하는 것은 어렵지 않았다. 군대 편성에서 시민 징집체계가 모병체계와 동맹 지원군 체계로 바뀐 것, 기병대와 경무장 보병이 상당 부분 복속 공동체의 지원군으로 편성된 것은 사회적·정치적 국제 변화의 필연적 결과였다. 킴브리인들과의 전쟁을 위해 비튀니아까지 지원군을 요청했다. 또 전열보병을 위해 지금까지와 같이 의무 복무제도가 사라진 것은 아니지만, 마리우스가 로마 건국 647년(기원전 107년)에 처음으로 도입한 것인바, 모든 자유 시민들이 군대에 자원해서 입대하는 것이 허용되었다.

이에 덧붙여 전열보병 내부의 평준화가 이루어졌고, 이 또한 마리우스에서 시작되었다. 로마 군단 내부에 당시까지만 해도 귀족주의적 차등이라는 로마적 방식이 지배적이었다. 경무장부대, 선두부대, 주력부대, 후위부대라는 4단위, 혹은 이렇게 말할 수도 있는바 전위부대와 1, 2, 3열 부대는 당시까지만 해도 각 단위 부대별로 재산 정도 혹은 복무 기간에 따라 고유한 자격 기준을 두었으며, 상당 부분 각 단위 부대별로 무장 종류도 상이했다. 또 각 단위 부대는 전투 대형 내부의 영구적 지정 자리를 가지며, 각 단위 부대는 특정한 군인계급과 고유 군기도 가지고 있었다. 이런 모든 차별과 구분이 이제 사라져 버렸다. 누구든지 일단 군단병으로 받아들여지면 그에게 어떤 다른 자격 기준은 필요하지 않았다. 그는 어느 자리에서든 복무할 수 있었다. 배치는 오로지 장교의 평가에 따라 결정되었다. 무장 종류의 모든 차이는 사라졌고 이와 함께 모든 신병은 동일하게 훈련을 받았다. 의심할 여지없이 이와 연관하여 무장 및 군장 등의 다양한 개선이 이루어졌고, 이는 마리우스에서 기원하는바, 전쟁 대가 마리우스의 실제적인 섬세함과 통찰력, 병사를 아끼는 그의 염려를 증명하는 대단한 증거라고 하겠다. 새로운 군사훈련 방식이 특히 그러한데, 이는 마리우스의 동료 푸블리우스 루틸리우스 루푸스(로마 건국 649년, 기원전 105년 집정관)가 아프리카 전쟁 중에 고안한 것이다. 눈여겨볼 점은, 이 군사훈련 방식이 개별 병사의 군사적 능력을 놀라울 정도로 향상시켰고 상당 부분 당시 미래의 검투사들을 키우던 검투사 학교에서 널리 쓰이던 훈련 방식을 차용했다는 사실이다.

로마 군단의 조직체계는 완전히 달려졌다. 이제까지 전술적 단위를 구성하던 30개의 중무장 보병중대(manipuli)를 10개의 대대(cohortes)로 재편했다. 각 중대는 두 개의 백인대로 구성되며, 백인대는 앞의 두 열에 60명이, 마지막 열에 30명이 배치되는 체계였다면, 각 대대는 6개의 백인대, 혹은 때로 5개의 백인대로 구성되며, 대대별로 군기를 따로 가지고 있었다. 따라서 동시에 경무장 보병 1,200명의 감축이 있었음에도 불구하고, 군단병의 수는 4,200명에서 5,000명으로, 최대 6,000명까지 늘었다. 3개의 전열로 전투를 벌이는 전통은 그대로 보존되었으며, 다만 이제까지 각 전열이 각각 하나의 부대를 형성했다면, 미래에는 사령관에게 전권이 위임되어, 사령관은 그의 생각에 따라 대대를 단위별로 3개의 전열 중에 하나에 배치하게 된다. 군인계급은 오직 병사와 소속부대의 일련번호에 따라 정해졌다. 로마 군단의 하위 단위에는 네 개의 군기가 있었고, 늑대, 사람 머리의 황소, 말, 돼지로 이제까지는 아마도 기병대에 하나, 3개의 중무장 보병 전열에 3개가 주어져 있었는데, 이제 이것들이 모두 없어졌다. 대신 새로운 대대 깃발이 만들어졌고, 군단 전체를 상징하는 군단 표식으로 은독수리 표식을 마리우스가 제정했다. 따라서 군단 내부에서 이제까지 시민과 귀족의 구분을 보여주던 모든 흔적이 사라졌고, 군단병들에게 향후 오로지 순수 군사적 구분만이 존재하게 되었다. 그럼에도 이런 조치가 있기 30년 전에 우연한 계기로 생겨난 부대는 군단 내부에서 특권을 가졌는바 최고 사령관의 경호부대였다. 그때까지는 동맹 지원군 가운데 선발된 병력이 최고 사령관의 개인적 엄호를 맡았다. 로마 군단병이나 자원한 병력이 최고 사령관을 위한 개인적 임무에 투입되는 것을 권력을 가진 공동체가 엄격하게 제한했었다. 하지만 누미디아 전쟁이 전례 없이 기강이 무너진 부대를 양산해내고 스키피오 아이밀리아누스가 정부로서는 도저히 감당할 수 없는 이런 타락한 패거리를 통제하여 완전히 새로운 군대로 무장시키는 임무를 맡았을 때, 적어도 그에게는 종속 왕국들이나 외국의 자유도시들이 그에게 보내온 병력들 이외에 자발적으로 모인 로마 시민 가운데 개인 엄호부대로 500명을 차출할 수 있도록 허락되었다(제5권 23쪽). 좀 더 높은 신분의 사람들로 혹은 사령관의 피호민 신분인 낮은 신분의 사람들로 구성된 이 대대는 단순히 친구들의 대대 혹은 본부대대(praetoriani)로 불렸고 본부(praetorium)에서 임무를 수행했다. 그들은 군영 과업이나 참호 작업이 면제되었고, 일반 군단병들보다 높은 봉급과 커다란 명예를 누렸다.

마리우스 군대 재편의 정치적 의미

로마 군사제도의 이 완전한 혁명은 무엇보다 실질적으로 군사적 동기들에 의해 기인한 것으로 보인다. 한 개인의 업적이나 적어도 계산적 명예심의 발로는 아닌바, 상황적 압박이 요구하는 변화를 더 이상 방치할 수 없기 때문이었다. 분명한 것은, 마리우스가 도입한 내국 모병제는 국가를 군사적인 몰락에서 구해냈다는 것으로, 이는 몇백 년 후 아르보가스트 장군이나 스틸리코 장군이 외국 모병제의 도입을 통해 국가의 수명을 다만 얼마간이라도 연장시킨 일과 흡사하다. 하지만 군사제도의 혁명에는, 물론 아직 드러나지는 않았지만, 완전한 정치적 혁명도 담겨 있었다. 공화정 국제는 무엇보다 시민이 병사요, 병사가 시민이라는 사실에 기초한다. 이것이 군사제도의 혁명과 함께 사라졌고, 이제 병사 신분이 형성되었다. 여기에 새로운 군사훈련 교본이 직업적 검투사 교본에서 빌려온 군사훈련과 함께 도입되었다. 전쟁 복무가 점차 전쟁 직업으로 바뀌었다. 제한적이지만 무산자계급의 군복무는 매우 급격한 변화를 가져왔는데, 이는 특히 아주 오래된 법령과 연관되어 일어났다. 이에 따르면 사령관은 매우 견고한 공화정 제도와 모순되지 않는 범위 내에서 자의적으로 병사들에게 보상할 권리를 가지고 있었으며, 유능하고 성공적인 병사는 노획한 전리품 중의 일부를 사령관에게 요구할 권리와 국가에게 획득한 토지 가운데 일부를 요구할 권리를 가졌다. 징집된 시민과 농부가 전쟁 복무를 공동체의 복리를 위해 짊어져야 할 부담으로 여기고, 전쟁 승리에서 그가 복무를 위해 입은 손실의 일부를 보전할 매우 적은 양의 보상을 요구했다면, 이와 달리 모병된 무산자계급은 현재를 위해 오직 그의 봉급만을 바라보며, 미래를 위해 그들은 그들을 받아줄 상이군인 요양소나 빈민구제소도 없는 상황에서 먼저 대대 깃발 아래 머물러 있고, 앞으로도 사회적 존립의 기반을 확보하지 않는 한 대대 깃발을 떠나지 않으려 했다. 무산자계급의 유일한 고향은 군영이었고, 그들의 유일한 전공은 전쟁이었고, 그들의 유일한 희망은 사령관이었다. 이것이 의미하는 바는 분명했다. 마리우스가 라우디우스평원에서 전투를 벌인 후 이탈리아 동맹시의 두 대대에게 그들의 무공을 이유로 집단적으로 시민권을 전투 현장에서 국헌에 위배하여 수여했을 때, 그는 이를 나중에 이렇게 정당화했다. 전장의 소음 때문에 법의 목소리를 구별할 수 없었노라고 말이다. 이렇게 만약 좀 더 중요한 문제에서 군대와 사령관의 이해관계가 반(反)국헌적 욕망에서 서로 일치할 경우, 어떤 법률이 전장의 소음 때문에 들리지 않는 일이 또다시 벌어지지 않으리라고 과연 누가 장담할 수 있을까? 상비군이 생겨났고, 병사

신분이, 경호부대가 만들어졌다. 사회제도에서처럼 이제 군사제도에서도 미래의 독재정을 위한 기둥들이 이미 세워졌다. 유일하게 빠진 것은 독재자뿐이었다. 열두 마리의 독수리들이 지난날 팔라티움 언덕을 맴돌며 날았을 때, 사람들은 왕을 외쳐 불렀다. 이제 가이우스 마리우스가 군단들에게 수여한 새로운 독수리들이 제국의 황제들을 외치고 있었다.

마리우스의 정치적 구상

의심의 여지없이 분명한 사실은 마리우스에게 찬란한 미래가 열렸다는 것이다. 그의 군사적 지위와 정치적 위치가 그에게 이를 마련해주었다. 시대는 암울하고 힘겨웠다. 사람들은 평화를 찾았지만, 평화에 기뻐하지 않았다. 지금은 지난번 북방 민족이 로마에 최초의 강력한 충격을 가했을 때와는 달랐다. 위기를 극복하고 회생의 신선한 느낌 속에 모든 활력이 새롭게 솟아났고, 넘쳐나는 활력은 지난날 잃었던 것들을 급속하고 풍부하게 대체했다. 하지만 유능한 장군들이 거듭해서 다시 한 번 직접적인 몰락을 막아내더라도, 공동체는 복위된 과두정정부 아래서는 그만큼 더욱 확실하게 몰락할 것임을 온 세상은 잘 알고 있었다. 온 세상이 알고 있던 또 한 가지는, 시대가 이제 더 이상 시민이 스스로를 구제할 수 있는 때가 아니라는 것, 가이우스 그락쿠스의 자리가 공석으로 남아있는 한 희망은 없다는 것이었다. 대중은 혁명의 문을 열어젖혔던 두 고귀한 젊은이들의 상실 이후에 그들에게 남은 공허함을 얼마나 절실하게 느끼고 있었던가를, 어린아이처럼 대중이 그들을 대신할 그림자라도 잡으려 했다는 사실이, 그락쿠스 형제의 친누이가 공개된 광장에서 사칭이라고 외쳤음에도, 자신을 티베리우스 그락쿠스의 아들이라고 내세운 자를 인민이 그가 사칭한 이름 때문에 로마 건국 655년(기원전 99년)의 호민관으로 선출한 사실이 증명한다. 똑같은 이유에서 대중은 가이우스 마리우스에게 환호했다. 어떻게 그렇지 않을 수 있겠는가? 아무라도 나타나면 그들에게는 적격자처럼 보였는데, 그는 당대 최고의 사령관이고 가장 인기 있던 인물로서, 용감하고 정의롭다고 인정받았고, 정파적 성향과 멀리 떨어진 위치 때문에 국가를 부활시킬 사람이라고 추천되었다. 과연 민중이 그를, 과연 마리우스 자신이 자신을 거기에 딱 맞는 사람이라고 여기지 않을 수 있었을까? 대중 여론은 더 이상이 불가능할 정도로 민중당파를 지지했다. 이를 보여주는 분명한 증거는, 공석이 된 최고 사제직 자리를 보충하는데, 사제직 동료들의 의견이 아니라 민회가 이를 결정한다는 법이 로마 건국 650년(기원전 104년)에 그나이우스 도미티우스의 제안으로 통과되었고—로마 건국 609년(기원전 145년)에도 정부는 종교적 불길함을 이유로 이를 민회에서 부결시켰던 것인데—원로원은 이에 변변한 반대조차 감히 제기하지 못했다는 것이다. 다만 반대당파에게 확고한 구심점과 실천적인 목표를 제공할 수장이 없었을 뿐인데, 사람들은 이제 마리우스에게서 수장을 발견했다.

그의 과업을 수행하기 위해 그에게 주어진 길은 둘이었다. 마리우스는 군 수뇌부의 최고 사령관으로서 과두정을 몰아낼 수도 있었고, 아니면 체제 변경을 위해 국헌이 명시하는 길을 따를 수도 있었다.

하나는 마리우스 본인의 과거가 가리키는 길이었고, 다른 하나는 그락쿠스의 선례가 알려주는 길이었다. 첫 번째 길을 걷지 않은 이유, 어쩌면 결코 그 길을 걸을 가능성조차 생각하지 않은 이유는 매우 분명하다. 원로원은 너무나 무기력하고 희망이 없는 것처럼 보였으며, 너무나 조롱받고 미움받았다. 그래서 원로원을 대적하는 데 마리우스에게는 엄청난 인기 외에 달리 아무런 무기도 필요하지 않았다. 또 필요하다면, 군대 해산에도 불구하고, 제대하여 보상을 기다리는 병사들의 지지를 얻을 수도 있었다. 마리우스가 그락쿠스의 거의 완벽에 가까운 손쉬운 승리를 바라보면서, 그리고 그락쿠스의 수단을 크게 뛰어넘는 그의 수단을 바라보면서, 복잡한 위계질서로 만들어진 국가조직과 아주 다양한 관례들과 이해관계들로 복잡하게 얽히며 4백 년을 이어온 국헌의 전복을 실제보다 훨씬 가볍게 생각했음이 분명하다. 하지만 마리우스가 했던 것보다 과업의 어려움을 좀 더 깊이 숙고해본 사람이라면, 군대가 비록 시민 징집에서 용병 모병으로 이동하는 단계였지만, 이런 변화 과정의 군대가 정변의 맹목적 도구로 활용하기에 적합하지 않았다는 것과, 반동적인 요소를 군사적인 수단으로 제거하려는 시도는 적들의 저항을 어쩌면 더욱 강화시켜주는 꼴이 될 수도 있다는 것을 생각해봐야 했을 것이다. 훈련된 무장 세력을 전투에 끌어들이는 것은 첫 눈에도 분명 과도해 보였고, 다시 생각해보면 위험해 보였다. 위기는 아직 초입 단계에 머물렀고, 대립들도 최종 단계, 그러니까 가장 간명하고 단순한 표출에 이르기에 아직 멀었다.

민중당파

따라서 마리우스는 실정법에 따라 개선식을 거행한 후 군대를 해산했고, 가이우스 그락쿠스가 선보인 길을 따라, 국헌에 따라 국가 관직을 인수함으로써 국가 최고 수장을 차지했다. 그는 이때 소위 민중당파에 의존했으며, 무적의 장군에게 길거리 패권에 필요한 재능과 경험이 딸리는 만큼 많은 민중당파의 당시 지도자들을 그의 동지로 삼았다. 민중당파는 오랜 허송세월 끝에 갑자기 다시 정치적 힘을 얻게 되었다. 그들은 가이우스 그락쿠스에서 가이우스 마리우스까지의 긴 과도기 동안 상당히 약화되어 있었다. 아마도 원로원 정부에 대한 불만은 당시만큼이나 지금도 줄지 않았을 것이다. 하지만 그락쿠스 형제에게 더없이 충성스러운 지지자들이 그들에게 걸었던 희망들 가운데 일부는 그사이 이미 허상임이 확인되었고, 그사이 일부 사람들은 그락쿠스의 선동이 불만 세력들의 거의 대부분이 결코 기꺼이 따를 수 없는 곳에 목표를 두었다는 생각을 가지게 되었다. 사실 지난 20년의 좌충우돌 가운데, 혁명의 초창기를 장식하던 싱그러운 열정, 바위처럼 굳건한 믿음, 분투의 도덕적 순수성도 많이 낡고 닳아버렸던 것이다. 민중당파가 이제 더 이상 가이우스 그락쿠스 시대의 민중당파가 아니라고 할 때, 과도기의 민중당파 지도자들은 가이우스 그락쿠스가 민중당파의 앞에 서 있었던 만큼 멀리 민중당파의 뒤에 서 있었다. 이는 사물의 본성이라 하겠다. 가이우스 그락쿠스처럼 국가 수장 자리를 차지하려는 사람이 다시 나타날 때까지, 임시방편들이 지도자를 맡을 수밖에 없었다. 임시방편의 하나는 정치 신인인데, 젊은이다운 반골 기질을 분출하며, 폭발적인 다혈질의 연설가로 사랑받지만, 얼마간의 노련함으로 결국 정부 여당 진영에 투항하는 축이었다. 그리고 다른 하나는 재산과 영향력에서 잃을 것도 없고 명예라고는 결코 얻을 수 없는 사람들인데, 이들은 개인적 증오 때문에 혹은 단순히 난동 추구의 재미 때문에 정부를 방해하고 짜증나게 하는 것을 주업으로 삼은 자들이었다. 첫 번째 부류에 속하는 인물이 예를 들어 가이우스 멤미우스(제5권 214쪽)와 유명한 연설가 루키우스 크라수스였는데, 이들은 처음에 반대당파의 전선에서 얻은 연설가적 월계관의 명예를 나중에는 열정적인 정부 여당의 인물이 되어 팔아버린 자들이었다. 이 시대의 민중당파 지도자들 가운데 가장 유명한 인물은 두 번째 부류에 속한 사람들이다. 가이우스 세르빌리우스 글라우키아는 키케로가 '로마의 떠벌이'라고 언급한 사람으로 아주 낮은 신분의 저급한 인물이었다. 그는 파렴치한 길거리 달변가로, 활동적이었고 섬뜩한 농담 때문에 두려움의 대상이었다. 또 이 사람보다 좀 나은 인물로 루키우스 아풀레이우스 사투르니누스는 그의 정적들이 전하는바 열정적이고 강렬한 연설가였고 적어도 저급한 이기적 동기에 이끌리는 사람은 아니었다. 그가 재무관을 맡았을 때 대개의 경우 그에게 주어졌어야 할 곡물 분배 업무에서 그는 원로원 결의로써 배제되었다. 그가 업무를 제대로 수행하지 못했기 때문이라기보다, 당시 인기 높은 업무를 통치자 집안에 속하지 않는 무명의 젊은이보다는 정부 여당의 수뇌부에 속하는 마르쿠스 스카우루스에게 맡기려 했기 때문이었다. 이런 모욕은 생기 넘치고 노력하는 청년을 반대당파로 가게 만들었다. 그는 로마 건국 651년(기원전 103년) 호민관이 되어 그가 받은 것에 이자를 붙여 되갚았다. 개탄스러운 행동이 또 다른 개탄스러운 행동을 낳는 시대였다. 그는 미트라다테스왕의 사신들이 로마에서 벌인 매수 공작을 열린 광장에서 언급했다. 원로원의 명예를 굉장히 실추시킨 이 폭로 때문에 저돌적인 이 호민관은 목숨을 잃을 뻔했다. 그는 누미디아의 정복자 퀸투스 메텔루스가 로마 건국 652년(기원전 102년) 호구감찰관에 출마했을 때 메텔루스에 반대하여 소요를 일으켰고, 카피톨리움 언덕에 진을 치고 메텔루스를 억류했으며, 기사계급이 메텔루스를 구출할 때 유혈 사태를 발생시키기도 했다. 호구감찰관 메텔루스는 이에 복수했다. 그는 원로원 명부 갱신을 계기로 원로원에서 사투르니누스와 글라우키아의 창피스러운 제명을 제안했다. 다만 이는 메텔루스에게 동의한 동료 호구감찰관의 태만 때문에 좌절되었다. 사투르니누스는 주로 카이피오와 그 동지들을 처벌할 특별사문회(제5권 272쪽)를 정부 여당의 강력한 반대에도 불구하고 개최했다. 그는 정부 여당에 맞서 마리우스의 재선에 큰 논쟁이 있음에도 마리우스를 로마 건국 652년(102년)의 집정관으로 뽑았다. 사투르니누스는 원로원의 더없이 단호하고 강력한 적수였고, 가이우스 그락쿠스 이래 가장 활동적이고 가장 연설을 잘하는 민중당파 지도자였다. 그는 그 이전에 누구도 그럴 수 없을 만큼 폭력적이고 무분별했으며, 언제나 거리로 뛰쳐나갈 준비가, 언제나 적을 말이 아니라 곤봉으로 반박할 준비가 되어 있었다.

소위 민중당파의 두 지도자들은 무적의 총사령관과 이제 공동 관심을 공유할 만한 인물들이었다. 이해관계와 목표가 서로 일치했기 때문에 당연한 일이었다. 앞선 마리우스의 출마에서도 적어도 사투르니누스는 매우 단호하게 그리고 매우 성공적으로 마리우스를 지지했다. 로마 건국 654년(기원전 100년) 마리우스는 여섯 번째 집정관직에, 사투르니누스는 두 번째 호민관직에, 글라우키아는 법무관에 출마했고, 정무관직을 차지하면 목적했던 국가 혁명을 관철시키기로 그들은 뜻을 모았다. 원로원은 덜 위험한 글라우키아가 지명되도록 놓아두었다. 할 수 있는 한 원로원은 마리우스와 사투르니누스의 당선을 막으려 했고, 혹은 최소한 마리우스를 견제하기 위해 결연한 적대자로 퀸투스 메텔루스를 동료 집정관에 앉히고자 했다. 양쪽 당파는 합법적이든 비합법적이든 모든 수단을 동원했다. 하지만 원로원은 위험한 공모가 배태되는 것을 막는 데 실패했다. 마리우스는 표 구걸을, 다시 말해 심지어 표 매수도 마다하지 않았다. 호민관 선거에서 정부 여당 측의 9명이 당선되었고, 10번째 자리도 이미 같은 정치색의 주목할 만한 인물 퀸투스 닌니우스가 확실시되어 보였는데, 이 사내가 거친 패거리에 의해 공격을 받아 죽임을 당했다. 패거리는 대부분 마리우스의 제대 군인들이었다고 한다. 그리하여 공모자들은 물론 매우 폭력적인 방식이지만 목표를 이루었다. 로마 건국 654년(기원전 100년)의 정무관직 선거에서 마리우스는 집정관으로 선출되었고, 글라우키아는 법무관에, 사투르니누스는 호민관에 당선되었다. 퀸투스 메텔루스가 아니라, 중요하지 않은 인물 루키우스 발레리우스 플라쿠스가 동료 집정관으로 선출되었다. 공모했던 사내들은 이제 다음 목표를 향해 계획을 진전시킬 수 있었고, 로마 건국 633년(기원전 121년)에 중단되었던 과업을 완수할 수 있게 되었다.

아풀레이우스 법

가이우스 그락쿠스가 어떤 목표를 가졌었고, 어떤 수단으로 이 목표를 이루려 했는지를 다시 한 번 상기해보자. 그 요체는 과두정을 안팎으로 무너뜨리는 것이었다. 다시 말해 우선 원로원에 완전히 종속되어버린 정무관 권한을 원래의 주체적 권리로 회복시키는 것이었고, 통치조직이 되어버린 회의체를 다시 자문기구로 변화시키는 것이었으며, 부분적으로 통치 시민체와 이탈리아 동맹체 및 종속 공동체로 나뉜 귀족정적 요소를 점진적으로 통합하고 비(非)귀족정 정부와 충돌하지 않게 만드는 것이었다. 이런 생각을 세 공모자들은 다시 식민지 법률에 담아냈다. 이는 사투르니누스가 호민관으로서 이미 부분적으로 앞서(로마 건국 651년, 기원전 103년) 제출했던 법률이며, 부분적으로 이제(로마 건국 654년, 기원전 100년) 제출했다.[1] 이미 먼젓번의 법에 마리우스의 병사들, 그러니까 시민들은 물론 아마도 이탈리아 동맹 시민들을 위해서도 중단된 카르타고 농지 분배가 다시 시작되었는데, 아프리카 속주에서 노병들 각자에게 100유게룸의 토지 혹은 일반적인 이탈리아 농장의 5배나 되는 토지가 확약되었다. 그리고 이번 법에서 이미 확보된 속주 영토가 로마와 이탈리아의 이민자들을 위해 최대한으로 요구되

---

[1] 어느 부분이 사투르니누스의 첫 호민관 시기에 해당하고 어느 부분이 두 번째 시기에 속하는지를 구분하기는 불가능하다. 그는 두 번 모두 분명하게 그락쿠스의 경향을 따르고 있다. 아프리카 농지법은 〈De viris illustribus〉라는 문건이 결정적으로 말해주는 바 로마 건국 651년(기원전 103년)이다. 이것은 방금 전에 끝난 유구르타 전쟁의 시기와도 부합한다. 두 번째 농지법은 의심의 여지없이 로마 건국 654년(기원전 100년)에 속한다. 반역법과 곡물법은 다만 추측하건대 전자는 로마 건국 651년(기원전 103년)에 속하고(제5권 273쪽 각주), 후자는 로마 건국 654년(기원전 100년)에 속한다.

었고, 나아가 킴브리인들이 차지했던 모든 영역의 권리가 킴브리인들의 제압을 통해 로마인들에게 귀속된다는 법적 가설에 따라, 아직 종속되지 않은 알프스 저쪽 갈리아의 모든 토지도 분배를 위해 요구되었다. 토지 분배의 시행 및 이에 어느 정도 필요하다고 생각되는 몇 가지 규칙의 제정이 가이우스 마리우스가 맡은 일이었다. 착복된 톨로사 신전 재산은, 이에 책임이 있는 귀족들에 의해 배상되었거나 배상될 것인바, 새로운 토지 분배를 받은 자들의 정착 자금으로 지정되었다. 따라서 이 법은 알프스 저쪽의 정복 계획, 알프스 너머와 해외 식민지 건설 등의 계획을 세웠고, 가이우스 그락쿠스와 플라쿠스가 입안했던 바를 아주 크게 확대된 꼴로 다시 담아냈다. 뿐만 아니라 이 법은 로마인들과 함께 이탈리아인들도 이주에 포함시키고 의심의 여지없이 모든 새로운 공동체를 시민 식민지로 규정함으로써, 관철시키기는 매우 어렵지만 그렇다고 오랫동안 방치할 수 없었던바 로마인들과 이탈리아인들의 시민권 단일화를 이룰 출발점이 되었다. 하지만 우선, 법이 실행되고 마리우스가 이런 엄청난 정복 계획과 분배 계획의 집행을 독립적으로 맡게 되었을 때, 사실상 이 계획들이 실현될 때까지, 혹은 오히려 계획의 불확실성과 무제한성 때문에 종신토록 마리우스는 로마의 독재자가 되었다. 이를 위해 추측건대 그락쿠스가 호민관직을 그렇게 한 것처럼 마리우스는 집정관직을 매년 새롭게 갱신토록 할 생각이었을 것이다. 일반적으로 청년 그락쿠스와 마리우스를 위해 준비된 정치적 지위가 모든 중요한 부분에서, 혹은 토지 분배 호민관과 토지 분배 집정관이 거의 모든 부분에서 서로 일치했지만, 매우 결정적인 차이는 그락쿠스가 순수하게 민사적 지위를, 마리우스가 거기에 덧붙여 군사적 지위도 가졌다는 점이다. 이 차이는 두 사내가 국가 최정상에 서게 되기까지의 개인적 환경과 일부 연관되지만, 그렇다고 전적으로 개인적 환경 때문만은 아니었다.

마리우스와 그의 동지들이 세운 목표가 정해졌을 때, 향후 예상되는 정부당파의 끈질긴 반대를 돌파하기 위해 준비해야 할 수단이 문제로 떠올랐다. 가이우스 그락쿠스는 자본가계급, 무산자계급과 함께 전투에 임했다. 그의 후계자도 주저 없이 이들을 받아들였다. 기사계급에 법정이 개방되었고, 나아가 이들의 심판인 권한은 상당하게 강화되었는데, 이는 부분적으로 자본가들에게 무엇보다 중요한—속주에서 국가 정무관에 의해 자행된 직권남용을 다루는—상설위원회의 엄격해진 규칙 때문이었다. 이는 글라우키아가 아마도 이 해에 통과시킨 것으로 보인다. 또 부분적으로 아마도 로마 건국 651년(기원전 103년)에 사투르니누스의 제안으로 설치된, 킴브리인들의 소란 동안 갈리아에서 발생한 횡령 등 공무원 비리를 다루는 특별위원회 때문이었다. 수도 로마의 무산자계급을 돕기 위해 이제까지 곡물 분배에서 한 말의 곡물에 대해 내야 할 헐값의 곡물 가격 6과 3분의 1아스를 6분의 5아스의 공인 수수료로 바꾸었다. 기사계급과 무산자계급과의 동맹을 경시하는 것은 아니지만, 사실 동맹자들의 강력한 힘은 본질적으로 이들이 아니라 마리우스 군대에서 제대한 병사들이었다. 이들은 이 이유에서 식민지 법률 자체에서도 매우 무절제한 방식으로 배려되었다. 앞서의 혁명 시도와 이 혁명 시도를 크게 구분하는 것은 현저하게 커진 군사적 성격이었다.

폭력적 방해공작

사람들은 일에 착수했다. 곡물법과 식민지법은 정부에서 예상했던 대로 강력한 저항에 부닥쳤다. 원로원에서 사람들은 설득력 있는 숫자를 거론하며 곡물법이 정부 재정을 파산시킬 것임을 주장했다. 사투르니누스는 이를 신경 쓰지 않았다. 두 법에 반대하여 호민관 거부권이 발동되었다. 하지만 사투르니누스는 투표를 강행했다. 투표를 주관하는 정무관들에게 사람들은 천둥소리를 들었다고 알렸다. 이는 옛 신앙에 따르면 신들이 민회를 해산하라고 명령하는 신호였다. 사투르니누스는 전령들을 통해 주지시켰는바, 원로원은 조용히 있는 것이 좋을 것이라고 했고, 그렇지 않으면 천둥에 이어 우박이 쏟아질 것이라고도 했다. 마침내 도시재무관 퀸투스 카이피오는—추측컨대 3년 전에 유죄 판결 받은 총사령관의 아들인데[2] 그도 아버지와 마찬가지로 민중당파의 맹렬한 적대자였다—헌신적인 일군의 사람들을 거느리고 투표 회합을 폭력적으로 해산시켰다. 하지만 수도 로마에 투표를 위해 무리지어 모여들었던 마리우스의 거친 병사들은 빠르게 진영을 갖추어 다시 수도 로마의 무리들에게 반격을 가했다. 그리하여 성공적으로, 다시 정복된 투표 현장에서 아풀레이우스 법률에 대한 투

---

2 모든 증거가 이리로 향한다. 노(老)퀸투스 카이피오는 로마 건국 648년(기원전 106년)에 집정관을, 소(小)퀸투스 카이피오는 로마 건국 651년(103년) 혹은 654년(기원전 100년)에 재무관을 역임한다. 따라서 전자는 로마 건국 605년(기원전 149년) 전후로, 후자는 로마 건국 624년(기원전 130년) 혹은 로마 건국 627년(기원전 127년)에 태어났다. 전자가 아들을 남기지 못하고 죽었다는 전승(Strab. 4, 188)은 모순되지 않는다. 소(小)퀸투스 카이피오가 로마 건국 664년(90년)에 죽고, 노(老)퀸투스 카이피오가 스뮈르나에서 망명생활 중 생을 마감했을 때 아마도 아들을 먼저 보낸 것일 수 있기 때문이다.

표가 마무리되었다. 결과는 잔인했다. 원로원이 그 법의 조항을—법의 공포 5일 안에 원로원의 모든 사람은 원로원 자리를 걸고 법을 충실히 따를 것임을 선서토록 규정한 조항을—받아들일 것이냐가 문제가 되었을 때, 모든 원로원 의원은 이를 맹세했고 오직 한 사람만이 예외였다. 그것은 퀸투스 메텔루스였는데, 그는 고향을 떠나는 길을 선택했다. 정적들 가운데 가장 탁월한 사령관이자 가장 유능한 사내가 자진해서 망명을 택하는 것을 바라보는 마리우스와 사투르니누스는 이것이 싫지만은 않았다.

혁명 세력의 몰락

목표를 이룬 것처럼 보였다. 하지만 좀 더 날카롭게 사태를 보는 사람에게 이제 계획은 무산되었음이 분명해 보였다. 실패의 원인은 본질적으로 잘못된 만남, 정치적으로 무능한 군사령관과 능력은 있으나 무분별하게 격하고 정치적 목적보다는 격정으로 가득한 길거리 선동가의 만남이었다. 아직 계획 단계에 있을 때는 더없이 훌륭하게 화합했지만 실행 단계에 이르렀을 때, 열렬히 환영받던 군사령관이 정치에서는 무능력자였음이 곧 드러났다. 마리우스의 야심은 겨우 농부의 야심으로, 귀족에 이르고 가능하다면 귀족을 넘어서는 것에 만족하는 그런 것이었다. 그 때문에 내적으로 통치권력을 지향하는 정치가의 야심은 아니었다. 그의 정치적 개성에 기초한 모든 계획은 다른 모든 것이 유리한 상황에서도 필연적으로 그 자신 때문에 좌절될 수밖에 없음이 드러났다.

귀족당파 전체의 반대

마리우스는 정적을 이길 줄도 그의 당파를 단속할 줄도 몰랐다. 그와 그의 당파에 대한 반대는 이미 넘치도록 충분했다. 정부 여당의 다수 가 반대파였고, 로마 시민권의 특권을 위협하는 이탈리아 시민권자들 을 곱지 않은 눈으로 바라보는 시민들의 상당수도 이를 경계했다. 사 태의 흐름에 따라 부유한 사회계급 전체가 여전히 정부 쪽으로 기울 어져 있었다. 사투르니누스와 글라우키아는 원래부터 무산자계급의 주인이자 하인이었고, 따라서 천민을 동원하여 원로원을 압박하려는 것에 반대하지 않았지만, 길거리 소요와 폭력 동원은 좋아하지 않는 자본귀족과 관계가 좋지는 않았다. 앞서 사투르니누스의 첫 번째 호 민관 임기 동안 그의 패거리는 기사계급과 무기를 들고 싸움을 벌이 기도 했다. 로마 건국 654년(기원전 100년)의 호민관에 그가 당선되는 것을 저지하려던 격한 반대는 그에게 호의적인 세력이 얼마나 적었는 지를 분명하게 보여준다. 이런 동지들의 위험한 도움을 매우 조심스 럽게 사용하고 이들이 지배하기 위해서가 아니라 지배자인 그에게 복 종하기 위한 존재들임을 남자답게 이들에게 설득하는 것은 마리우스 의 책무였다. 그런데 마리우스는 이와 정반대로 행동했다. 지혜롭고 능력 있는 주인이 아니라 그저 단순한 잡놈을 군대에 받아들인 것처 럼 사태가 진행되면서, 이런 공통의 위험 때문에 물질적 이득을 추구하는 부류는 어지러운 세상에서 죽음을 두려워하게 되었고, 그래서 다시 원로원에 밀착하게 되었다. 가이우스 그락쿠스가 무산자계급 하나만으로 정부를 무너뜨릴 수 없음을 파악하고 다른 무엇보다 먼저 유산자계급을 같은 편으로 끌어들이는 데 온갖 정성을 쏟았던 반면, 그의 승계자들은 귀족계급과 유산자계급을 붙여놓는 것으로 일을 시작한 셈이다.

마리우스와 선동가들의 불화

하지만 적들의 화해보다 그들의 사업을 더욱 빨리 몰락으로 밀어넣은 것은, 모호함 이상의 애매한 마리우스의 태도가 필연적으로 불러일으킨 사업 동지들의 불화였다. 결정적인 제안들이 그의 동지들에 의해 행해지고, 그의 병사들에 의해 어렵게 관철되는 동안, 마리우스는 완벽하게 수동적인 자세를 취했다. 그는 마치 정치 지도자는 군사 지도자와 달리 본격적인 공격이 시작될 때 여기저기 모두 앞에 친히 나서지 않아도 되는 것처럼 굴었다. 이것이 전부가 아니었다. 그는 그 자신이 깨운 혼령들에 겁을 먹었고 도망쳐버리기까지 했다. 그의 동지들이 점잖은 사람이라면 손대지 못할, 하지만 그것이 없으면 지향하는 목표에 도달할 수 없는 방법을 강구했을 때, 그는 정치적으로 도덕적으로 머리가 혼란스러운 사람이 흔히 그러하듯 범죄의 참여에는 손을 씻으면서 동시에 범죄의 수익은 누리려고 시도했다. 이런 일화도 전해지는데, 장군이 한 번은 그의 집에서 각각 다른 방에서, 한 방에서는 사투르니누스와 그 동료들을, 다른 한 방에서는 귀족정의 대표들과 비밀스러운 회합을 가지곤 했으며, 한쪽에서는 원로원에 대한 공격을, 다른 쪽에서는 혁명 세력에 대한 대응을 논의했다는 것이다. 상황의 어려움에 상응하는 핑계를 둘러대며 두 회합을 이리저리 오갔다는 이 일화는, 아리스토파네스의 희극처럼 분명 가상의 것이면서도 사태에 매우 잘 부합한다. 마리우스의 이중적 태도는 맹세 문제에서도 분명했다. 이때 그는 처음에는 아풀레이우스 법이 요구한 맹세를 법의 통과 과정에서 불거진 형식 오류를 핑계로 거부하려는 태도를 보였다가, 이어 '법이 실제로 적법하게 통과된 한에서'라는 단서를 붙여 맹세를 했다. 이는 맹세 자체를 무효화하는 단서였고, 당연히 전체 원로원 의원들도 맹세하면서 같은 단서를 붙였다. 그리고 이런 방식의 맹세 때문에 법률의 효력이 확보되기는커녕 오히려 이 때문에 효력이 의문시되어버렸다.

환영받던 총사령관이 보여준 비길 데 없이 어리석은 모습의 결과는 순식간에 나타났다. 사투르니누스와 글라우키아는 혁명을 직접 수행하기보다, 마리우스를 국가 수반에 앉히는 것을 선택했던 것인데, 이제 그들을 마리우스는 부정하고 희생시켰다. 재미있는 인기인 글라우키아는 지금까지 마리우스에게 그의 재미있는 연설 가운데 가장 재미있는 꽃을 쏟아부었다면, 이제 그가 마리우스에게 씌운 화관은 더 이상 장미꽃 냄새를 풍기지 않았다. 완전히 파탄에 이르렀고 양편 모두는 길을 잃었다. 마리우스는 홀로 그 자신이 문제를 제기한 식민지 법률을 관철시키고 그에게 주어진 자리를 장악할 만큼 굳건하지 못했고, 사투르니누스와 글라우키아도 마리우스를 위해 시작한 업무를 자신들의 이익을 위해 지속해나갈 처지가 아니었다.

사투르니누스의 고립

두 선동가는 크게 당황했지만 돌이킬 수는 없었다. 양자택일의 길만
이 남았다. 관직에서 일반적인 방식에 따라 물러나 손발이 묶인 채 자
신을 분노한 적들에게 내주거나, 아니면 스스로 왕홀을 거머쥐는 것
이었다. 물론 그들은 스스로 그 무게를 견뎌낼 수 없음을 느끼고 있었
다. 그들은 후자를 택했다. 사투르니누스는 로마 건국 655년(기원전 99
년)의 호민관직에 다시 한 번 출마하고자 했고, 법무관 글라우키아는
2년 뒤에나 비로소 집정관 선거에 나갈 수 있음에도 집정관직에 출마
했다. 실제로 호민관 선거는 완전히 그들의 뜻대로 결정되었고, 가짜
티베리우스 그락쿠스가 호민관직에 출마하는 것을 막으려는 마리우
스의 시도는 다만 환영받던 사내에게 그의 인기가 어느 정도인지를
알려주는 결과만을 초래했다. 대중은 그락쿠스가 갇혀 있던 옥문을
부수었고 승리의 거리 행진을 벌였고, 그는 절대 다수의 동의로 호민
관에 선출되었다. 이보다 중요한 집정관 선거에서 사투르니누스와 글
라우키아는 지난해에 검증된 방법으로 불편한 경쟁자를 배제하려고
시도했다. 정부 여당 측의 후보자 가이우스 멤미우스는 11년 전에 정
부 여당에 대항했던 인물로(제5권 214쪽), 일군의 깡패들에게 습격을
당해 곤봉으로 맞아 사망했다. 하지만 정부 여당은 오히려 폭력을 동
원하기 위해서 이런 종류의 명백한 사건을 기다리고 있었다. 원로원

은 집정관 가이우스 마리우스에게 대응 조치를 요구했다. 마리우스는 실제로 이에 대해 칼을 뽑아들었다. 민중당파에게서 얻었고 민중당파를 위해서 뽑아들겠다고 약속했던 칼을 마리우스는 이제 보수당파를 위해 들었다. 젊은이들이 소집되었고 공공건물에서 무장을 갖추고 나와 군대처럼 전열을 가다듬었다. 원로원도 무장을 하고 광장에 도착했고 그 선두에는 노령의 원로원 일인자 마르쿠스 스카우루스가 서 있었다. 상대 당파는 거리 소요에는 탁월했으나, 이런 공격에는 준비되어 있지 않았다. 그들이 늘 하던 대로 스스로를 지켜야 했다. 그들은 감옥을 부순 뒤 노예들에게 자유를 선포하고 무기를 잡게 했다. 그들은—아무튼 이렇게 전해진다—사투르니누스를 왕 혹은 총사령관이라고 외쳤다. 새로운 9명의 호민관이 취임해야 하는 날에, 로마 건국 654년(기원전 100년) 12월 10일에, 로마광장에서 전투가 벌어졌다. 로마 건국 이래 수도 로마의 성곽 안쪽에서 벌어진 첫 번째 전투였다. 결과는 눈 깜박할 사이에 분명해졌다. 민중당파는 퇴각했고 카피톨리움 언덕으로 밀렸다. 거기서 그들은 식수가 끊어져 항복할 수밖에 없었다. 최고 지휘관을 맡았던 마리우스는 기꺼이 과거의 동맹자들이자 현재의 수감자들의 목숨만은 구해줄 수도 있었다. 그런데 사투르니누스는 대중에게, 그가 제안한 모든 것은 집정관과의 합의에 따라 일어난 일들이라고 외쳤다. 마리우스보다 형편없는 인물일지라도 그날 그가 맡은 불명예스러운 역할 때문에 몸서리치지 않을 수 없었다. 하지만 그는 더 이상 사태의 주도자가 아니었다. 명령도 없이 어떤 귀족 젊은이가 로마광장의 원로원 의사당 지붕에 기어올라갔다. 원로원 의사당은 임시 감옥으로 입구가 봉쇄된 상태였다. 젊은이는 지붕의 기와를 떼어내어 수감자들을 향해 던졌다. 그리하여 사투르니누스는 저명한 수감자들 대부분과 함께 목숨을 잃었다. 글라우키아는 은신처에서 발견되었고 즉시 살해되었다. 재판과 판결도 없이 이날 4명의 로마 정무관이 사망했다. 법무관 한 명, 재무관 한 명, 두 명의 호민관 이외에도 다른 유명한 인물들이 상당수 포함되어 있었는바, 일부는 좋은 집안에 속한 인물들이었다. 이들의 심각하고 잔혹한 잘못에도 불구하고—그들의 수장이 그들에게 이를 덮어씌웠다—우리는 이들을 애도해야 한다. 이들은 본대에게 버림받은 채 가망 없는 전투에서 무의미한 죽음을 죽도록 강요받은 전초병들처럼 쓰러져갔다.

정부 여당의 우세

정부 여당은 이날처럼 완벽한 승리를 거둔 적이 없었고, 반대당파도 이날처럼 가혹한 패배를 당한 적이 없었다. 12월 10일은 그러했다. 몇몇 불편한 선동가들을 없앨 수 있었다는 것은 아주 작은 일이었는데, 같은 성향을 가진 다른 동료들에 의해 그 자리는 언제든지 대체될 수 있었다. 좀 더 큰일은 당시 정부를 위협할 수 있었던 유일한 인물이 공개적이면서도 완벽하게 스스로를 파괴했다는 것이다. 가장 뼈아픈 일은 반대당파의 두 중요 구성원인 자본가계급과 무산자계급이 이날의 전투로 완벽하게 갈라섰다는 것이다. 이는 정부의 성과는 아니었다. 한편으로는 상황적 역학관계가, 다른 한편으로는 특히 무능력한 후계자였던 농부의 무식한 주먹이 가이우스 그락쿠스의 능란한 솜씨가 하나로 묶어놓은 것을 둘로 갈라놓은 것이다. 하지만 결과적으로 정부의 계산 혹은 행운이 승리를 도왔는지는 전혀 문제가 아니었다. 아콰이 섹스티아이와 베르켈라이의 영웅이 이날의 파탄 이후 취한 입장보다 개탄스러운 것은 생각조차 할 수 없다. 불과 몇 달 전 그를 둘러싸던 광채와 비교하지 않을 수 없기 때문에 더욱 개탄스러운 일이었다. 귀족당파에서나 민중당파에서나 누구도 정무관을 뽑아야 할 때 더는 무적의 사령관을 생각하지 않았다. 여섯 번의 집정관직을 역임한 사내는 감히 로마 건국 656년(기원전 98년)의 호구감찰관직에 출마할 엄두를 내지 못했다. 그의 말에 따르면 그는 맹세를 지키기 위해 동방으로 떠났다. 하지만 실은 그의 앙숙 퀸투스 메텔루스가 영광스러운 모습으로 귀향하는 것의 목격자가 되지 않기 위해서였다. 사람들은 그가 떠나게 두었다. 그는 다시 돌아왔고 그의 집을 개방했다. 그의 만찬장은 텅 비어 있었다. 그는 다시 전투와 전쟁이 벌어지고 사람들이 그의 검증된 능력을 다시 필요하게 되길 계속해서 희망했다. 그는 로마인들이 동방에 강력하게 개입할 충분한 여지가 있을 것이라고 생각했고, 전쟁을 일으킬 기회를 만들어낼 수 있을 것이라고도 생각했다. 하지만 이 또한 그의 다른 모든 희망들처럼 그를 비켜갔다. 지속적인 평화가 이어졌다. 그렇지만 지난날 그를 자극하던 명예욕은 그가 희망에 속임을 당할 때마다 더욱 깊이 그의 마음을 물어뜯었다. 미신을 믿던 그는 가슴속으로, 그에게 과거 일곱 번의 집정관직을 약속했던 옛 신탁을 되뇌며, 옛 신탁이 이루어지고 그는 복수한다는 암울한 생각에 빠져 있었다. 하지만 그 자신은 아니겠지만 모두는 그를 무의미하고 무기력한 존재로 여겼다.

기사계급 당파

위험한 인물의 배제보다 더 치명적인 것은, 사투르니누스가 일으킨 소요 때문에 물질적 이해관계를 지향하는 당파가 소위 민중당파에 대해 심각한 반감을 가지게 되었다는 것이다. 아주 무분별하고 강경한 태도로 정부는 반대당파의 견해를 드러내는 모든 사람을 단죄했다. 섹스투스 티티우스는 그의 농지법 때문이 아니라, 그가 사투르니누스의 초상을 집에 가지고 있었기 때문에 유죄 판결을 받았다. 가이우스 아풀레이우스 데키아누스도 호민관으로 사투르니누스에 대한 처리가 위법적이었다고 발언했기 때문에 처벌되었다. 심지어 민중당파가 귀족들에게 가한 먼 과거의 불의에 대해서까지 긍정적 기대를 가지고 기사계급 심판인들의 법정에 처벌을 요구하는 일도 있었다. 가이우스 노르바누스는 8년 전 사투르니누스와 손잡고 집정관 퀸투스 카이피오를 추방으로 몰아갔는데(제5권 272쪽), 이제(로마 건국 659년, 기원전 95년) 그가 그의 반역 처벌법에 따라 고발당했고, 심판인들은 오래 고심하다 마침내 무죄 판결을 내렸다. 그들은 피고발인이 유죄냐 무죄냐가 아니라, 그의 동지 사투르니누스가 더 미우냐 혹은 그의 정적 카이피오가 더 미우냐를 놓고 망설였던 것이다. 정부 그 자체에 대해 이전보다 더 호의를 가진 것은 아니지만, 짧은 순간이나마, 중우정치를 코앞에 두었음을 실감했을 때, 무언가 잃을 것을 가진 사람들은 현 정부를 다른 시각에서 바라보았다. 악명 높게 한심하고 국가를 타락시킨 정부에, 더욱 한심하고 더욱 국가를 위태롭게 할 무산자계급의 통치와 비교해서 상대적인 가치를 부여했다. 이제 대세는 그렇게 흘러갔고, 대중은 퀸투스 메텔루스의 귀환을 감히 늦추려는 호민관을 갈기갈기 찢어놓았다. 민중당파는 그들의 안녕을 살인자들이나 독살자들과의 연합에서 찾았는데, 예를 들어 그들은 정적 메텔루스를 독으로 제거했다. 혹은 심지어 국가의 적과도 연합했는데, 예를 들어 민중당파의 몇몇은 로마와의 전쟁을 은밀히 준비하던 미트라다테스의 궁전으로 피난했다.

외교적인 관계들도 정부에 유리하게 형성되어 있었다. 로마의 군사력은 킴브리인들과 전쟁 때부터 동맹시 전쟁 때까지 매우 드물게, 하지만 세계 곳곳에서 명예롭게 활동했다. 히스파니아에서만 심각한 전쟁이 있었는데, 로마의 힘겨운 기간 동안 루시타니아인들(로마 건국 649년, 기원전 105년 이래)과 켈티베리아인들은 전에 보지 못했던 기세로 로마에 대해 반기를 들었다. 여기서 로마 건국 656~661년(기원전 98~93년)에 집정관 티투스 디디우스가 속주 북부에서, 집정관 푸블리우스 크라수스가 속주 남부에서 용기와 행운으로 로마 군사력의 우위를 입증했을 뿐만 아니라, 봉기한 도시들을 파괴했으며, 필요하다고 생각하는 경우에 강력한 산악도시들을 평야지대로 옮겨놓기도 했다. 같은 시기에 로마 정부가 다시 한 세대 동안 방치해두었던 동방에 관심을 가지고 그 어느 때보다 열정적으로 퀴레네, 쉬리아, 소아시아에 개입한 것은 뒤에서 다시 다루어질 것이다. 혁명의 시작 이래 그 어느 때보다 복위정부는 굳건해졌고, 그 어느 때보다 큰 인기를 누렸다. 집정관 법률은 호민관 법률을 대체했고, 자유 제한은 진보적 조치를 대체했다. 사투르니누스 법률들의 폐기는 당연한 일이었다. 마리우스의 해외 식민지들은 사라졌고, 황량한 코르시카섬의 작은 정착촌이 유일하게 남았다. 희화화된 알키비아데스, 호민관 섹스투스 티티우스는 정치보다는 춤과 공놀이에 강했고, 밤이면 길거리에서 신상을 부수는 데 탁월한 재능을 보였는바, 아풀레이우스 법을 로마 건국 655년(기원전 99년) 다시 제안하고 통과시켰다. 이에 원로원은 새로운 법률을 종교적인 이유로 폐기할 수 있었고, 누구도 이 법률을 지지하려는 시도조차 하지 못했다. 제안자는 앞서 언급한 것처럼 기사계급이 그들의 법정에서 처벌했다. 이듬해(로마 건국 656년, 기원전 98년) 두 집정관에 의해 제안된 법은 법률의 제안과 통과까지 24일의 통상적 기한을 의무적으로 지키도록 규정했고, 여러 가지 상이한 규정을 하나의 법률에 담지 못하도록 금지했다. 이를 통해 법률 제안의 비이성적 기한 연장은 어느 정도 제한되었고, 새로운 법률에 의한 정부 기습이 방지되었다. 더욱 분명해지는바, 제안자보다 오래 살아남았던 그락쿠스 체제는 이제, 대중과 금권귀족이 더 이상 함께하지 못함으로 해서 기초부터 흔들리고 있었다. 이 체제가 귀족계급의 분열에 기초했다면, 반대당파의 분열은 분명 이 체제를 몰락으로 몰아넣었다. 언젠가 있을 일이라면 지금이 그때였다. 복위 정권이 미완의 작품(로마 건국 633년, 기원전 121년)을 마무리할 때가 되었다. 독재자에게 마침내 그의 체제를 뒤따라 보낼 때가, 집권귀족이 정치권력의 독점을 회복할 때가 되었던 것이다.

속주 통치에서 원로원과 기사계급의 관계

모든 것이 심판인 자리를 되찾는 것에 달려 있었다. 원로원 통치의 주요 기반인 속주 통치는 심판인 법정에, 다시 말해 착취 문제를 다루는 사문회에 종속되어 있었기에, 속주 총독은 속주를 더 이상 원로원이 아니라, 자본가들과 상인계급을 위해 통치하는 것으로 보일 정도였다. 민중당파에 반하는 통제가 문제가 되면 금권귀족은 언제든지 정부에 맞설 준비가 되어 있었고, 속주에서 그들이 누리는 자유 재량권을 제한하는 일체의 시도를 엄격하게 처벌했다. 이런 몇몇 시도가 있었다. 통치귀족은 이제 다시 스스로의 힘을 느끼기 시작했고, 그들의 최고 인물들은 최소한 개인적으로라도, 속주에서 벌어지는 과도한 이익 추구를 통제해야 할 의무를 자신들이 가진다고 여겼다. 가장 단호하게 행동한 것은 퀸투스 무키우스 스카이볼라였다. 그는 아버지 푸블리우스 스카이볼라처럼 대목교관이었고, 로마 건국 659년(기원전 95년) 집정관을 역임한 로마 최초의 법률가였고, 당대 최고의 인물 가운데 한 명이었다. 그는 모든 속주 가운데 가장 부유하고 불법행위가 가장 만연한 아시아 속주를 다스리는 총독(로마 건국 656년, 기원전 98년 경)으로서, 장교이고 법률가, 역사가이고 탁월한 친구인 대리집정관 푸블리우스 루틸리우스 루푸스와 힘을 합해, 더없이 중대하고 아주 놀라운 모범을 정립했다. 이탈리아인과 속주민, 귀족과 평민의 차별을 두지 않고 그는 모든 소송을 접수했고, 로마 상인과 국가 도급업자들을 입증된 가해 사실에 근거하여 모두를 배상하도록 강제했고, 나아가 사형에 해당하는 범죄를 저지른 행위자가 매우 존경받으면서도 매우 무분별하다는 것이 드러나면, 그 어떤 청탁에도 귀를 닫고, 정당한 일인바 십자가에 그를 매달게 했다. 원로원은 그의 처결을 승인했고 심지어 그 이후에는 아시아 총독들에게 지시하여 스카이볼라의 통치원칙을 통치의 모범으로 삼도록 시켰다. 하지만 기사계급은, 그들이 최고 귀족의 유력한 정치가를 감히 고발할 수 없었기 때문에, 그의 동료들을 법정에 세웠다(로마 건국 662년, 기원전 92년). 그 가운데는 아주 명망 높은 인물, 스카이볼라의 보좌관 푸블리우스 루푸스도 포함되었는데, 이 사람은 오로지 공적과 모두가 인정하는 정직함으로 자신을 변호했을 뿐, 가족 인맥을 동원하지 않았다. 이런 사람이 아시아에서 착취의 죄를 저질렀다는 고발은 고발 자체의 터무니없음과 아피키우스라는 고발인의 방종함으로 인해 스스로 무너졌다. 하지만 기사계급은 대리집정관을 굴복시킬 완벽한 기회를 놓치지 않았다. 피고발인은 거짓된 말재주와 슬픔의 상복과 눈물을 거부하고 짧게, 단순하게, 명료하게 자신을 변호했고, 결정권을 장악한 자본가들에게 그들이 원하던 아부를 당당하게 거부했다. 그때 그는 실제로 유죄 판결을 받았고 그의 상당한 재산이 조작된 배상책임의 이행을 위해 압류되었다. 우리의 죄인은 명목상 그가 착취한 속주로 떠났고, 그곳에서 속주의 모든 공동체는 사신을 보내 그를 받아들였고, 평생 환영받고 사랑받았으며, 문학적 여가 속에서 그에게 남은 날들을 보냈다.

이런 처참한 판결은 더없이 비열한 것으로 이는 결코 유일한 사건도 아니었다. 원로원 당파가 흠결 없는 삶과 새로운 고귀함을 보인 사내들에게 행해진 이와 같은 사법권 남용만큼이나 크게 분노한 것은, 더없이 큰 고귀함일지라도 이제 고귀함의 작은 흠결로도 처벌받게 되었다는 점이었다. 루푸스가 조국을 떠나자마자, 이번에는 귀족계급을 통틀어 가장 존경받는 사람, 지난 20년 동안 원로원의 일인자였던 70살의 마르쿠스 스카우루스가 속주 착취의 죄로 법정에 끌려나왔다. 그에게 비록 죄가 있긴 했지만, 그렇더라도 이는 귀족적 관념에 비추어 신성모독이었다. 고발인은 형편없는 기사계급 친구들로부터 조종되기 시작했고, 무결점도, 지위도, 나이도, 더없이 무도하고 더없이 위험한 공격에서 피고발인을 지켜주지 못했다. 착취 법정은 속주민의 방패에서 가장 무서운 채찍으로 변질되었다. 반면 극악한 착취자는 공범들을 만족시키고 착취 재산의 일부를 심판인들에게 내놓길 거부하지 않는 조건으로 무죄 판결을 받았다. 권리와 정의에 따라 속주민의 합당한 요구를 수용하려는 모든 시도는 매번 유죄 판결을 받았다. 로마 정부는 심판하는 법정에 이렇게 종속되어버린 것처럼 보였고, 이는 일찍이 카르타고에서 재판부가 카르타고 원로회의를 쥐고 흔들 때와 같았다. 귀족 세계가 사법관련 법률의 칼날로 스스로를 파괴하게 될 것이라는 가이우스 그락쿠스의 의미심장한 발언이 두렵게도 실현되었다.

리비우스 드루수스

기사계급 법정에 폭풍은 불가피했다. 정부 여당의 인물 가운데 통치에는 권리뿐만 아니라 의무도 포함된다고 생각하는 사람은, 실로 고귀하고 자랑스러운 자긍심을 여전히 가진 사람은, 합법적 통치의 모든 가능성을 선제적으로 차단하는 이런 강압적이고 불명예스러운 정치적 통제에 저항해야 했다. 루틸리우스 루푸스에 대한 추잡한 유죄 판결은 반격을 즉시 감행하라는 외침처럼 보였고, 로마 건국 663년(기원전 91년)의 호민관 마르쿠스 리비우스 드루수스는 특히 자신에게 외치는 소리라고 생각했다. 30년 전에 가이우스 그락쿠스를 몰락시키고(제5권 179쪽), 나중에 스코르디스키인들의 정복을 통해 장교로서 이름을 떨친 같은 이름을 가진 사내가, 그의 아버지였다(제5권 260쪽). 드루수스는 그의 아버지처럼 엄격하게 보수적인 성향으로, 이런 그의 성향을 이미 사투르니누스 소요 사태에서 여실히 보여주었다. 그는 가장 높은 귀족사회의 일원이고 놀라운 재산의 소유자였다. 하지만 성향에 비추어 그는 진정한 귀족이었다. 뜨거운 자부심을 소유한 사내는 그가 역임한 관직들의 명예훈장으로 자신을 치장하는 것도 물리쳤고, 임종 직전에는 자신과 같은 시민이 곧 다시 나타나지는 않을 것이라고도 했다. 귀족은 의무를 진다는 아름다운 말은 그에게 평생의 원칙이었다. 그는 매우 뜨거운 열정과 성심으로 천박한 귀족들의 허영과 저급함을 멀리했다. 낮은 신분의 사람들에게도 그는 도덕적으로 엄격했고 신뢰를 지켰으며, 이들에게 언제나 그의 대문과 돈주머니를 열어주었다. 사랑받는다기보다는 존경받는 사람으로 젊은 나이에도 불구하고 그의 성격이 보여준 개인적 위엄 때문에 원로원과 광장에서도 비중 있는 인물이었다. 그는 혼자가 아니었다. 마르쿠스 스카우루스는 착취 재판에서 그의 변호를 기회로 드루수스에게 심판인 관련 법률의 개혁에 착수할 것을 공개적으로 요청하는 용기를 보여주었다. 또 유명한 연설가 루키우스 크라수스와 그는 원로원에서 가장 열심인 주장자였고 공동 제안자였다. 하지만 통치귀족 다수는 결코 드루수스, 스카우루스, 크라수스처럼 생각하진 않았다. 원로원에는 자본가 당파의 결연한 지지자들도 빠지지 않았는데, 이들 가운데 이름을 남긴 당시의 집정관 루키우스 마르키우스 필립푸스는 예전에는 민중당파의 사안을 위해(제5권 199쪽), 지금은 기사계급의 사안을 위해 열정과 지혜를 가지고 싸웠다. 또 저돌적이고 무모한 퀸투스 카이피오가 있었는데, 드루수스와 스카우루스에 대한 개인적 원한 때문에 그는 반대당파에 참여했다. 하지만 이런 결연한 정적들보다 더 위험한 것은 비겁하고 어리석은 귀족 다수파였다. 이들은 속주를 혼자서 착취했을지도 모를 사람들로, 결국엔 기사계급과 전리품을 나누길 크게 반대하지 않았고, 오만한 자본가들에 맞선 전투가 주는 중압과 위험을 부담하는 대신, 좋은 말과 때로 애원 혹은 일정액으로 무죄를 매매하는 훨씬 더 저렴하고 쾌적한 길을 따랐다. 다만 성공은 오로지 이런 귀족 집단의 마음을 얼마나 빼앗느냐에 달려 있었다. 귀족 집단 없이 목표 도달은 절대로 불가능했다.

온건 귀족당파의 개혁

드루수스는 기사계급 재산 등급의 시민을 심판인 자리에서 배제하고 심판인 자리를 원로원에게 돌려주자는 제안과, 동시에 300명의 새로운 원로원 자리를 증원하여 확대 귀족정을 시행하자고 제안했다. 매수의 죄책이 있었거나 있다고 하는 심판인의 자격 박탈을 위한 특별

법정을 설치하자고도 했다. 이로써 자본가들로부터 정치적 특권을 빼앗고 그들에게 그들이 저지른 불법행위의 책임을 물으려는 가장 직접적인 목표가 달성되었다. 드루수스의 제안과 의도는 결코 여기에 국한되지 않았다. 그의 제안들은 한정적 조치가 아니라, 숙고된 포괄적 개혁 계획이었다. 그는 곡물 분배를 늘리고 늘어난 비용은 데나리우스 은화와 함께 데나리우스 동화를 형편에 맞추어 지속적으로 발행함으로써 충당할 것을 제안했고, 이어 아직 분배되지 않은 이탈리아 농지, 다시 말해 캄파니아 점령지와 시킬리아의 제일 비옥한 부분에 시민 식민지 건설도 제안했다. 마지막으로 그는 이탈리아 동맹시에 로마 시민권을 부여하는 아주 특별한 임무를 맡았다. 이로써 귀족계급 측에서 가이우스 그락쿠스의 체제가 발판으로 삼은 것과 동일한 권력 토대와 동일한 개혁 사상을 보여주었다. 매우 이례적인, 그럼에도 충분히 이해되는 결합이라고 하겠다. 독재정이 과두정에 맞서거나, 과두정이 금권귀족에 맞설 때 어느 정도 조직된, 급료를 받는 무산자계급에 의존하는 것은 다만 당연한 일이었다. 정부가 일찍이 정부 부담을 통한 무산자계급의 부양을 불가피한 악이라고 받아들였다면, 드루수스는 이제 이것을, 다만 당분간이지만, 금권귀족에 맞서 사용할 수 있다고 생각했다. 귀족계급의 상층부가 과거 티베리우스 그락쿠스의 농지법을 받아들였던 것처럼, 지금도 국가 통치권을 건드리지 않는다면, 다만 국가의 옛 상처를 치유하려는 목적의 조치들인 한에서, 이런 개혁 조치들을 모두 기꺼이 수용하는 것은 당연한 일이었다. 이민 문제나 식민지 문제에서 그들은 민중당파 만큼은 나갈 수 없었는데, 이는 이것이 과두정 지배를 본질적으로 위태롭게 했기 때문이었다. 과두정 지배는 속주에 대한 자유로운 지배, 지속적인 군사 명령권에 의존하기 때문이었다. 이탈리아와 속주들을 동등하게 만들고 알프스 저쪽을 정복하자는 생각은 보수적인 원칙과 병립하지 않았다. 단지 라티움과 캄파니아 토지 내지 시킬리아 정도는 이탈리아 농민 계층을 키우기 위해서라면 원로원도 과감히 희생할 수 있었고, 그렇더라도 정부를 예전과 다름없이 지배할 수 있었다. 여기에 덧붙이자면, 미래의 폭동을 효과적으로 예방할 수 있는 더 없이 좋은 방법은 모든 가용한 토지를 귀족계급이 스스로 분배함으로써, 드루수스의 표현을 빌리자면, 미래의 선동가들이 나누어줄 것이라고는 거리의 쓰레기와 아침노을 밖에 남기지 않는 것이었다. 또한 정부에게는—군주정 혹은 닫힌 소수의 지배 가문들에게—전체 이탈리아가 로마 시민권을 가지든 절반만 가지든 상관없는 문제였다. 따라서 양측의 개혁적 인물들은, 적절한 시기의 합목적인 시민권 확대를 통해, 프레겔라이 반란이 좀 더 큰 규모로 반복되는 위험을 줄이는 데, 그리고 이를 통해 개혁 계획을 추구하는 동맹자를 영향력 있는 많은 이탈리아인들에서 얻으려는 데 생각이 일치했다. 국가 통치 문제에서는 두 거대 정치당파들의 견해와 의도가 첨예하게 갈라졌지만, 양쪽 진영의 최고 인물들은 개혁 경향들과 동원 수단들에서 많은 접점을 가졌다. 스키피오 아이밀리아누스를 티베리우스 그락쿠스의 적대자들 가운데 하나로 거명할 수 있으며 그의 개혁 의지를 지지한 인물들 가운데 하나라고도 말할 수 있는 것처럼, 드루수스는 가이우스 그락쿠스의 적대자이면서 그에 못지않게 후계자이며 학생이었다. 최고 귀족 가문의, 최고 지성을 갖춘 두 젊은 개혁가들은 보기보다 훨씬 많은 유사점을 가지고 있었다.

편견에 사로잡힌 당파 활동의 어두운 안개 너머 개인적으로 두 사람은, 순수하고 고결한 시각에서 보면, 애국적 의지라는 본질에서 서로 일치할 법한 인물들이었다.

리비우스 법률들에 대한 토론

드루수스가 제안한 법률들의 실행은 문제였다. 제안자는 가이우스 그락쿠스처럼 이탈리아 동맹시에 로마 시민권을 부여하자는 유감스러운 제안은 잠정적으로 철회했고, 우선 오직 심판인법, 농지법, 곡물법만을 제출했다. 자본가 당파는 격렬하게 저항했고, 만약 표결에 이르렀다면, 귀족계급 대부분의 우유부단함과 민회의 유동성 때문에 의문의 여지없이 심판인법의 폐기로 귀결되었을지 모른다. 때문에 드루수스는 모든 제안을 하나의 단일안에 통합했다. 곡물 분배와 농지 분배를 통해 이득을 보는 모든 시민에게 심판인법도 표결하도록 요구되었을 때, 이들을 통해 그리고 이탈리아인들을 통해—후자는 기존 소유지를 빼앗길 위기의 대토지 소유주, 특히 에트루리아와 움브리아 토지 소유자들만 제외하고 모두 드루수스에게 붙었다—법이 성공적으로 통과되었다. 물론 드루수스가 반대하길 멈추지 않은 집정관 필립푸스를 체포하고 형리를 통해 감옥으로 압송하도록 시킨 후였다. 인민은 호민관을 그들의 시혜자로 칭송했고, 극장에서 기립박수로 환영했다. 하지만 이 표결로 싸움이 판가름 났다기보다 오히려 다른 싸움판으로 옮겨졌다고 하겠다. 드루수스의 반대파가 드루수스의 제안을 로마 건국 656년(기원전 98년)의 법률과 상충된다고 하여 이를 무효화했던 것이다. 호민관의 주적인 집정관 필립푸스는 원로원에게 이런 이유에서 리비우스 법을 절차상 하자를 이유로 파기하도록 요구했다. 하지만 원로원의 대다수는 기사계급 법정이 사라짐을 기뻐하며 집정관의 요구를 거부했다. 집정관은 이에 광장에서, 이런 원로원과 통치하는 것은 불가능하여 자신은 다른 원로원을 알아봐야겠다고 선언했다. 그는 정변을 꾀하는 것으로 보였다. 원로원은 드루수스에 의해 소집되어 폭풍 같은 토론을 거쳐 집정관에 대한 징계와 불신임을 표결해버렸다. 하지만 다수파의 상당수가 은밀히 혁명에 대한 두려움을 내보이기 시작했는데, 필립푸스뿐만 아니라 대다수 자본가들이 들고 일어날 것처럼 보였기 때문이었다. 다른 사정들도 추가되었다. 드루수스의 가장 활동적이고 가장 유명한 동지들 가운데 한 명인 연설가 루키우스 크라수스가 앞서의 원로원 회합 며칠 후 갑자기 사망했다 (로마 건국 663년, 기원전 91년 9월). 드루수스와 이탈리아인들을 연결하던 연결망들이—드루수스는 이것들을 처음에 그의 최측근 가운데 오직 소수에게만 알려주었다—조금씩 새어나갔고, 그의 적들이 외치는 국가 반역의 시끄러운 함성에 많은 이들이, 아마도 정부 여당의 대부분이 합류했다. 그가 집정관 필립푸스에게 전하라고 보낸 선한 마음의 경고가—알바롱가의 동맹 축제에서 이탈리인들이 보낸 자객을 조심하라는 전갈이었다—오히려 그를 더욱 곤란하게 만들었다. 그것이 그가 얼마나 깊이 이탈리아인들의 끓어오르는 반역에 연루되어 있는지를 보여준다는 것이었다.

리비우스 법률의 무효화

더욱 격렬하게 필립푸스는 리비우스 법의 폐기를 주장했다. 다수파는 리비우스 법의 방어에 더욱 미온적이 되었다. 곧 예전 상태로 돌아가는 것이, 소심하고 우유부단한 원로원의 상당수에게 유일한 출구로 보였고, 절차상 하자에 의한 폐기가 이어졌다. 드루수스는 특유의 침착함으로 담담히, 이로써 원로원이 가증스러운 기사계급 법정을 회복시켰다는 점을 상기시켰고, 폐기 의결에 대한 거부권 행사를 포기했다. 자본가 당파를 향한 원로원의 공격은 이로써 완전히 좌절되었고, 원하든 원하지 않든 간에, 원로원은 이제까지의 멍에를 그대로 유지했다.

리비우스의 살해

하지만 거대 자본은 승리한 것으로 만족하지 않았다. 드루수스가 어느 날 저녁 집의 현관에서 늘 그와 함께 다니던 무리들과 작별인사를 하려고 할 때, 갑자기 그는 부친의 초상 앞에 쓰러졌다. 암살자의 손이 그에게 닿았고, 불과 몇 시간 뒤에 그의 영혼은 그를 떠났다. 범인은 저녁 어스름 속으로 사라졌다. 누구도 그를 본 사람은 없었다. 법정 조사도 없었다. 여기서 귀족계급이 스스로를 찌른 단검을 발견하는 데 조사는 필요하지 않았다. 민중당파의 개혁가들을 쓸어버렸던 똑같은 폭력적인 처참한 최후가 이제 귀족계급의 그락쿠스에게도 찾아왔다. 여기에 깊고 슬픈 교훈이 놓였다. 귀족계급의 저항이든 유약함이든, 개혁의 시도가 같은 계급에서 시작되었는데도 개혁은 실패했다. 드루수스는 그의 힘과 그의 생명을 상인 지배를 넘어뜨리는 데, 이주민을 조직하는 데, 눈앞에 다가온 내전을 막는 데 쏟아부었다. 그는 상인들이 그 어느 때보다 강한 절대 권력을 휘두르는 것을 목격했고, 그의 모든 개혁사상이 수포로 돌아가는 것을 지켜보았다. 그는 그의 갑작스러운 죽음이 더없이 두려운 내전의 신호탄이 될 것임을, 내전이 결국 아름다운 이탈리아 강토를 완전히 파괴할 것임을 생각하며 눈을 감았다.

연표(기원전)

- 508/7년: 타르퀴니우스 집안의 몰락. 공화정의 시작.

- 508년: 카르타고와 첫 계약.

- 508/7년: 에트루리아의 왕 포르센나의 로마 정복

- 507년: 카피톨리움 언덕에 유피테르 신전 봉헌

- 506년: 라티움 지방을 공격하던 에트루리아인들을 아리키아에서 격퇴.

- 500년: 사르디니아와 시킬리아 서부 지역을 카르타고가 차지. 시킬리아
  에서 참주정 유행. 클라우디우스 집안의 이주.

- 496년: 레길루스 호수에서 라티움 사람들을 맞아 승리.

- 495년: 볼스키와 전쟁. 볼스키 지역에 식민지 건설.

- 494년: 상민들이 로마를 떠나 성산(聖山)으로 이탈. 호민관 제도 도입.

- 493년: 라티움 지역 도시들과 연맹 협약.

- 486년: 헤르니키인들의 연맹 가입.

- 485/84년: 볼스키 및 아이퀴에 승전.

- 483~474년: 베이이와 전쟁.

- 480년: 카르타고가 시킬리아 히메라에서 희랍인들에게 패함.

- 477년: 크레메라의 명문 파비우스 집안의 몰락.

- 474년: 퀴메 해전, 쉬라쿠사이의 히에론 1세가 카르타고−에트루리아 연합 함대를 무찌름.
- 473년: 메사피아와 이아퓌기아가 타렌툼과 레기움에게 승리.
- 471년: 푸브릴리우스 법, 호민관을 상민회를 통해 선출.
- 458년: 독재관 루키우스 큉크티우스 킹킨나투스가 아이퀴인들을 물리침.
- 451년: 12표법 제정, 450년 보강.
- 449년: 발레리우스−호라티우스 법, 호민관을 승인.
- 447년: 재무관 도입.
- 445년: 카눌레이우스 상민회 의결, 시민과 상민의 통혼 허용.
- 443년: 호구감찰관 도입.
- 438~426년: 베이이 및 피데나이와 전쟁.
- 426년: 피데나이 정복.
- 421년: 삼니움이 카푸아와 퀴메를 정복함.
- 406~396년: 베이이와 전쟁.
- 400년경: 켈트족이 알프스를 넘어옴.
- 396년: 켈트족이 파두스강을 건넘.

- 395/4년: 팔리스키와 전쟁.

- 394~92년: 아이퀴와 전쟁.

- 391년: 볼스키 정복. 클루시움에 출현한 켈트족과 첫 번째 조우.

- 388년: 카밀루스 추방.

- 387년: 에트루리아에 4개의 분구 설치. 켈트족 세노네스인들과의 알리
  아 전투에서 참패, 카피톨리움 언덕을 제외한 로마 전체가 정복당함. 켈
  트족은 상당한 전리품을 얻고 철수.

- 387~385년: 쉬라쿠사이의 디오뉘시오스 1세 아드리아 해역에 진출.

- 384년: 마르쿠스 만리우스 카피톨리누스 유죄 판결 받고 사형됨.

- 382년: 프라이네스테와 전쟁.

- 380년: 로마 재건.

- 367년: 리키니우스– 섹스티우스 법, 귀족과 평민의 평등.

- 363년: 켈트족 남부 이탈리아까지 진출. 360년 라티움 지방에 출몰.

- 362~358년: 헤르니키인들과의 전쟁.

- 358년: 로마와 라티움과 헤르니키인들 간에 연맹 결성.

- 354년: 삼니움과 동맹.

- 353년: 카이레의 굴복. 100년 동안의 평화.

- 348년: 카르타고와 제2차 협약.

- 354년: 아우룽키 정복.

- 343년: 카푸아와 공동방위조약.

- 343~41년: 제1차 삼니움 전쟁.

- 340년: 로마 패권에 반대하는 라티움 도시들의 반란.

- 338년: 라티움 복속. 카푸아와 동맹조약.

- 334년: 켈트족과 평화조약.

- 329년: 볼스키 복속. 프리베르눔 정복.

- 327/26년: 네아폴리스와 동맹. 루카니아와 동맹.

- 326년: 포이텔루스 법, 채권소송절차 완화.

- 326~304년: 제2차 삼니움 전쟁.

- 321년: 카우디움 협곡에서 로마군 무조건 항복.

- 315년: 루케리아 식민지 건설.

- 312년: 호구감찰관 아피우스 클라우디우스 카이쿠스의 개혁. 투표권 확대. 아피우스대로 건설.

- 311년: 삼니움과 에트루리아의 동맹. 전함 건조.
- 310년: 바디모니스 호수에서 에트루리아를 물리침.
- 309년: 루키우스 파피리우스 쿠르소르가 삼니움을 물리침.
- 307년: 집정관과 법무관 임기 연장.
- 306년: 카르타고와 제3차 협정. 로도스와 무역협정.
- 304년: 삼니움과의 평화. 중부와 남부 이탈리아에서의 영향력 강화.
- 303년: 타렌툼과 협정.
- 300년: 오굴니우스 법, 상민에게 사제직 개방.
- 298~290년: 제3차 삼니움 전쟁.
- 298년: 삼니움, 루카니아, 사비눔, 움브리아, 에트루리아, 켈트족 연합과 전쟁.
- 295년: 에트루리아와 켈트족과의 센티눔 전투에서 승리.
- 294년: 에트루리아와 강화조약.
- 291년: 아풀리아가 패권에 들어옴. 라티움 식민지 베누시아 건설.
- 290년: 삼니움과 강화조약. 사비눔 정복.
- 287년: 호르텐시우스 법 통과로 신분 투쟁 종식. 상민회 의결이 법적 효

력을 가짐.

- 285~282년: 켈트족과 전쟁.
- 283년: 세노네스 지역 점령. 세나 갈리카 식민지 건설.
- 282년: 바디모니스 호수에서 보이이인들과 에트루리아인들을 물리침.
- 282~272년: 타렌툼과 전쟁.
- 281년: 에피로스의 퓌로스왕과 타렌툼의 동맹. 헤라클레아에서 로마 참패.
- 279년: 아우스쿨룸에서 퓌로스에 패함. 퓌로스에 대항하기 위해 카르타고와 동맹.
- 278~276년: 퓌로스의 시킬리아 지배.
- 275년: 베네벤툼 전투. 퓌로스가 이탈리아를 떠남.
- 273년: 이집트의 프톨레마이오스 2세와 선린조약을 맺고 무역 시작.
- 272년: 타렌툼과 강화조약.
- 268년: 피케눔 정복. 베네벤툼과 아리미눔에 라티움 식민지를 건설.
- 264~241년: 시킬리아를 놓고 카르타고와 전쟁(제1차 카르타고 전쟁).
- 263년: 메사나의 쉬라쿠사이인들과 카르타고인들이 히에론 2세와 로마 동맹을 공격하다.

- 262년: 로마가 함선을 건조하여 아크라가스의 카르타고인들을 타격하다.
- 260년: 뮐라이 해전에서 로마가 카르타고를 이기다.
- 259년: 루키우스 코르넬리우스 스키피오가 코르시카섬을 정복하다.
- 256년: 에크노모스곶에서 카르타고인들을 물리치다.
  마르쿠스 아틸리우스 레굴루스 지휘하에 아프리카로 건너가다.
- 255년: 투네스에서 로마인이 타격을 입다.
  귀향하던 함대가 폭풍으로 많은 희생을 보고 전함을 새로 건조하다.
- 254년: 로마가 파노르모스를 정복하다.
- 253년: 아프리카 해안으로 원정을 떠나다.
  귀향길에 또다시 폭풍을 만나다.
- 252년: 테르마이와 리파라섬을 점령하다.
- 250년: 파노르모스에서 로마군이 승리하다.
- 249년: 드레파눔 앞바다에서 카르타고군이 승리하다.
- 246~240년: 하밀카르 바르카스가 시킬리아의 최고 명령권을 쥐다.
- 244~242년: 에뤽스산 전투.
- 241년: 헌납에 의한 로마 함대의 건조.

가이우스 루타티우스 카툴루스가 에게해섬 해전에서 승리하다.

카르타고가 시킬리아를 포기하다.

- 241~238년: 카르타고에서의 군 반란.

- 241년: 백인대민회의 개혁.

- 237년: 카르타고가 사르디니아를 먼저 로마에 양도하다.

코르시카를 다시 점령하다.

하밀카르가 히스파니아로 가다.

- 236년: 리구리아인에게로 출정하다.

- 232년: 북부 이탈리아에서 켈트족이 침입하다. 로마 시민에게 켈트 지역
이 분배되다.

- 229~228년: 제1차 일뤼리아 전쟁.

일뤼리아 강도떼와의 전투.

- 228년: 로마는 코린토스와 아테네에 사절을 보내다.

- 227년: 시킬리아와 사르디니아, 코르시카에서의 행정 개혁.

- 226년: 로마가 하스드루발과 에브로동맹을 맺다.

- 225년: 켈트족의 에트루리아 침입, 클루시움에서 로마군이 패배하고 텔

라몬에서 승리하다.

- 224년: 보이이족의 투항.
- 222년: 클리스티디움에서 인수브레스족을 무찌르다. 메디올라눔 점령.
- 219년: 제2차 일뤼리아 전쟁. 로마가 일뤼리아 해안의 주도권을 잡음.
  한니발이 사군툼을 점령하다.
  로마가 카르타고에 선전포고하다.
- 218~201년: 한니발 전쟁(제2차 카르타고 전쟁)
- 218년: 한니발이 이탈리아로 출정, 알프스산맥을 넘다.
  한니발이 티키누스에서 푸블리우스 코르넬리우스 스키피오를, 트레비아
  강에서 티베리우스 셈프로니우스 롱구스를 공격하다.
- 217년: 트라시메누스 호수에서 가이우스 플라미니우스의 패배.
  한니발 남부 이탈리아로 진군.
  로마군이 사군툼 점령.
- 216년: 칸나이에서 참패
- 215년: 한니발이 마케도니아의 필립포스 5세와 쉬라쿠사이의 히에론과
  동맹을 맺다.

- 215~205년: 제1차 마케도니아 전쟁.
- 212년: 마르켈루스가 쉬라쿠사이를 정복하다.
  한니발이 타렌툼을 함락하다.
  로마군이 아이톨리아인과 필립포스를 대항해 손을 잡다.
- 211년: 로마군이 카푸아를 점령하다.
  "성문 앞 한니발Hannibal ad portas"이란 말 유행.
  스키피오 형제가 에브로에서 패배하고 전사하다.
- 210년: 로마군이 아크라가스를 점령. 카르타고군 시킬리아를 포기하다.
  푸블리우스 코르넬리우스 스키피오가 히스파니아에서 대리 집정관으로
  사령관이 되다.
- 209~206년: 카르타고군이 히스파니아에서 퇴각하다.
- 209년: 스키피오의 신카르타고 점령.
- 208년: 바이쿨라 전투, 하스드루발 이탈리아로 진군하다.
- 207년: 하스드루발, 메타우루스 전투에서 패배하다.
- 206년: 스키피오, 일리파에서 승리.
  히스파니아에서 카르타고의 주도권이 끝나다.

아이톨리아인이 마케도니아의 필립포스와 단독 강화.

- 205년: 카르타고가 필립포스와 동맹을 갱신하다.

 카르타고의 마고가 게누아에 상륙하고 리구리아인을 선동하다.

- 204년: 스키피오의 아프리카 원정.

- 202년: 자마 전투에서 스키피오가 한니발을 이기다.

- 201년: 강화협정—카르타고가 히스파니아를 포기하고 마시니사 아래에
 있는 누미디아인들이 독립. 카르타고의 해상권이 무너지다.

- 200~197년: 제2차 마케도니아 전쟁.

- 200년: 보이이족과 인수브레스족의 봉기.

- 197년: 티투스 큉크티우스 플라미니누스가 필립포스 5세를 테살리아의
 퀴노스케팔라이에서 이기다.

 히스파니아의 두 속주가 반란을 일으키다.

- 196년: 인수브레스 정복.

 티투스 큉크티우스 플라미니누스가 희랍 도시들의 독립을 선포하다.

 안티오코스 3세가 유럽을 건너다.

- 195년: 마르쿠스 포르키우스 카토가 히스파니아로 파견되다.

한니발이 안티오코스 3세에게 피신하다.

- 194년: 로마인들이 희랍 도시들을 점유하다.
- 192~188년: 안티오코스 3세와 아이톨리아인이 로마에 대항해 싸우다.
- 191년: 안티오코스가 테르모필라이 전투에서 패하다.

  보이이족의 복속.
- 191~189년: 남부 히스파니아의 반란을 제압하다.
- 190년: 시퓔로스산의 마그네시아에서 안티오코스가 패전하다.
- 189년: 소아시아 갈라티아인들을 공격하다.

  아이톨리아인들을 암브라키아의 정복으로 물리치다.
- 188년: 아파메이아의 휴전.
- 187년: 아이밀리우스대로를 건설하다.
- 186년: 바쿠스 축제를 금하는 원로원 결의.
- 185년: 아풀리아에서 노예반란이 일어나다.
- 184년: 호구감찰관 마르쿠스 포르키우스 카토.
- 183년: 한니발과 스키피오의 사망.
- 181년: 식민지 아퀼레이아를 건설하다.

- 180년: 공직연령제한법(lex Villia Annalis).

  티베리우스 셈프로니우스 그라쿠스가 히스파니아에 부임하다.

- 171~168년: 제3차 마케도니아 전쟁.

- 168년: 루키우스 아이밀리우스 파울루스가 퓌드나에서 페르세우스를 물

  리치다.

  마케도니아를 네 개 지구로 분할하다.

  로마에서 재산세가 소멸되다.

  안티오코스 4세에게 이집트를 포기하도록 강요하다.

- 167년: 페르세우스가 소유한 희랍 예술품과 도서가 로마로 옮겨지다.

- 160년: 폼프티눔 소택지의 매립이 시작되다.

- 157~155년: 달마티아의 복속.

- 155년: 프톨레마이오스 8세의 퀴레네를 로마가 점령하다.

- 154~133년: 히스파니아의 켈티베리아인들과 루시타니아인들이 반란을

  일으키다.

- 150년: 카토는 카르타고의 파괴를 주장하다.

- 149~146년: 제3차 카르타고 전쟁.

- 148년: 위(僞)필립포스를 물리치고 마케도니아를 속주로 편입하다.

  동맹 공동체와 속주의 착취를 금하는 칼푸르니우스 법.

  마시니사의 죽음.
- 147년: 푸블리우스 코르넬리우스 스키피오 아이밀리아누스가 카르타고

  를 포위 공격하다.
- 146년: 카르타고를 정복하고 파괴하다.

  아프리카 속주를 만들다.

  아카이아 전쟁.

  코린토스를 파괴하다.
- 144~140년: 아콰 마르키아의 건설.
- 143~133년: 켈티베리아 전쟁.
- 139년: 비리아투스가 피살되다.
- 137년: 가이우스 오스틸리우스 만키누스가 누만티아에 가다.
- 136~132년: 시킬리아에서 첫 번째 노예전쟁이 발발하다.
- 133년: 스키피오 아이밀리아누스가 누만티아를 정복하다.

  아탈로스 3세가 로마에 페르가몬왕국을 유증하다.

기원전 129년에 아시아 속주가 되다.

호민관 티베리우스 셈프로니우스 그락쿠스가 농지개혁을 시도하다.

- 133~129년: 페르가몬에서 아리스토니코스의 반란이 일어나다.

- 123~121년: 호민관 가이우스 그락쿠스의 개혁.

- 122년: 발레아레스군도의 정복.

- 121년: 가이우스 그락쿠스가 내전 중에 피살되다.

  집정관 그나이우스 도미티우스 아헤노바르부스가 켈트족 알로브로게스
  족을 물리치고 새로운 속주 갈리아 나르보넨시스를 만들다.

- 118년: 나르보 식민지의 건설.

- 113년: 노레이아에서 킴브리인들과 테우토네스인들에게 패하다.

- 111~105년: 유구르타 전쟁.

- 109년: 퀸투스 카이킬리우스 메텔루스가 무툴강에서 유구르타를 물리
  치다.

- 107년: 집정관 마리우스의 군대 개혁.

- 106년: 마리우스가 유구르타를 물리치다.

- 105년: 유구르타가 술라에게 인도되었으며, 104년에 로마에서 처형되다.

킴브리인들이 아라우시오강에서 로마인들을 물리치다.

- 104~101년: 시킬리아에서 제2차 노예전쟁이 발발하다.
- 104년: 마리우스가 킴브리인들과 테우토네스인들과 싸울 최고 사령관이 되다.
- 102년: 마리우스가 킴브리인들과 암브로네스인들을 아콰이 섹스티아이에서 물리치다.

  킬리키아 속주를 만들다.
- 101년: 마리우스가 베르켈라이에서 킴브리인들을 섬멸하다.
- 101년: 희랍 도시들이 로마에 해적을 소탕해달라고 요청하다.

  루키우스 아풀레이우스 사투르니누스가 두 번째 호민관직을 수행하다.

  로마 시내에서 전투가 벌어지다.

  사투르니누스와 글라우키아의 몰락.
- 96년: 퀴레네가 프톨레마이오스 아피온의 유언에 따라 로마에 유증되다.
- 91년: 호민관 마르쿠스 리비우스 드루수스가 개혁을 시도하다.

찾아보기

【A】
ambitus 유세 108

【C】
cohortes 대대 295~298
colonia 식민도시 4, 120, 160, 183, 192, 248

【E】
equites 기사계급 126, 163~166, 168, 172, 184, 194, 200, 293, 304, 308, 311, 318, 320~323, 325, 329, 330
ergastulum 농장 막사 114

【L】
lex Sempronia agraria 셈프로니우스 법 (셈프로니우스 농지법) 6, 130, 140, 141, 146, 147, 182, 221
lex repetundarum 반환법 168

【M】
manipuli 보병중대 295

【P】
praetoriani 본부대대 297
praetorium 본부 297
provincia 속주 72, 201

【Q】
quaestio ordinaria 상설 사문회 105, 150, 162, 163, 168

【V】
ver sacrum 신성한 봄 262

【ㅊ】
(속주) 착취 100, 117, 174, 321~325, 345

【ㅌ】
토지 분배 110, 122, 128, 130, 139, 146~148, 150, 152, 153, 159, 160, 177, 180, 192, 193, 307

옮긴이

김남우
연세대학교 철학과를 졸업했고, 서울대학교 서양고전학 협동 과정에서 희랍 서정시를 공부했고, 독일 마인츠에서 로마 서정시를 공부했다. 서울대학교에서 호라티우스 서정시 연구로 박사학위를 취득했다. 정암학당에서 연구 책임자로 키케로 연구 번역을 맡고 있으며, 희랍문학과 로마문학, 희랍어와 라티움어를 가르치고 있다. 베르길리우스의《아이네이스 I》, 프리드리히 니체의《비극의 탄생》, 키케로의《투스쿨룸 대화》와《설득의 정치》, 에라스무스의《격언집》, 스넬의《정신의 발견》등을 번역했다.

성중모
서울대학교 대학원 법학과에서 고전기 로마법의 소유물반환청구소송에 관한 연구로 석사학위를, 독일 본 대학교 법과대학에서 민법상 첨부에 의한 손해보상청구권의 학설사적 연구로 박사학위를 취득했다. 현재 서울시립대학교 법학전문대학원에서 민법을 교수하며 민법, 로마법, 서양법사를 연구하고 강의한다.《개설 서양법제사》와 키케로의 연설모음《설득의 정치》를 공역했고, 《유스티니아누스 법학제요》와 아리스토텔레스의《아테나이 국제》를 번역하고 있다.

몸젠의 로마사 제5권 ─ 혁명: 농지개혁부터 드루수스의 개혁 시도까지

- ⊙ 2020년 7월 9일 초판 1쇄 발행
- ⊙ 2024년 7월 19일 초판 3쇄 발행
- ⊙ 글쓴이   테오도르 몸젠
- ⊙ 옮긴이   김남우·성중모
- ⊙ 펴낸이   박혜숙
- ⊙ 책임편집   정호영
- ⊙ 펴낸곳   도서출판 푸른역사
   우) 03044 서울시 종로구 자하문로8길 13
   전화: 02) 720-8921(편집부) 02) 720-8920(영업부)
   팩스: 02) 720-9887
   전자우편: 2013history@naver.com
   등록: 1997년 2월 14일 제13-483호

ⓒ 푸른역사, 2024

ISBN   979-11-5612-169-5 94900
        978-89-94079-82-0 94900 (세트)